开悟

【证严法师的生活禅心】

证严法师/著

图书在版编目(CIP)数据

开悟:证严法师的生活禅心/证严法师著.—北京:九州出版社,2007.8

ISBN 978-7-80195-615-6

Ⅰ.开…　Ⅱ.证…Ⅲ.禅宗-通俗读物 Ⅳ.B946.5-49

中国版本图书馆 CIP 数据核字(2007)第 119792 号

著作权合同登记号:图字 01-2007-3999

原版权所有者:静思文化志业有限公司

开悟:证严法师的生活禅心

作　　者　证严法师　著

责任编辑　姬登杰　　　　责任校对　艾妮

出版发行　九州出版社

地　　址　北京市西城区阜外大街甲 35 号(100037)

发行电话　(010)68992190/2/3/5/6

网　　址　www.jiuzhoupress.com

电子信箱　jiuzhou@jiuzhoupress.com

印　　刷　北京晨旭印刷厂

开　　本　787 毫米×1092 毫米　　16 开

印　　张　18.25

字　　数　280 千字

版　　次　2007 年 9 月第 1 版

印　　次　2007 年 9 月第 1 次印刷

书　　号　ISBN 978-7-80195-615-6/B·212

定　　价　29.80 元

目录

"人者，心之器也。"整个世界的脉动，都存乎于人的心，为心所主导，为心所感动。然而心在主宰生命时，需要用"爱"来灌溉，用"爱"来滋润，用"爱"来成长，用"爱"来维系物我、群己之间的关系。

辑四　至爱篇

辑五　至心篇

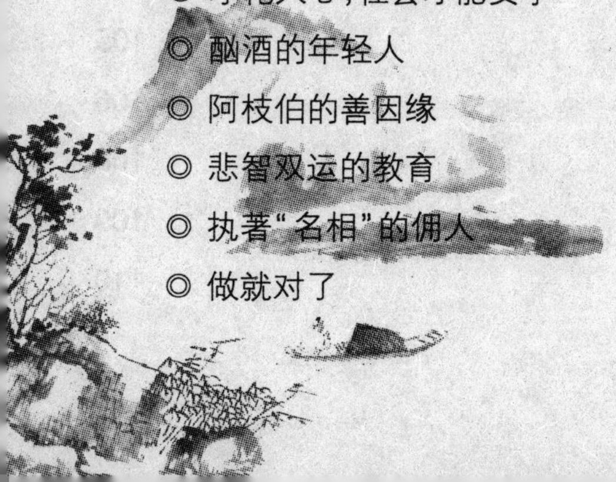

中　篇　生命的感言

清净的本性，人皆有之；在疫情蔓延之际，看到许多人勇敢奉献，令人敬佩。倘若人人都能以平和心向大自然屈服，进而和谐共处，回归谦卑、虔诚、戒慎、礼让的道德秩序，这才是稳定社会的力量。

辑一　谈贫与富

辑二　谈欲念与信念

辑三　谈智慧人生

下篇　生命的厚度

生命的长短，我们无法改变，但是人人都可以自我开拓生命的宽度，更重要的是让自己的生命有深度、厚度。所以，要懂得发心，能尽一份生命的力量，开展大爱、利益群生，心就能宽；心宽，就能包容世间的一切。此外，还要把握当下，恒持刹那，不断地身体力行去付出，就能呈现生命的深度与厚度。

辑一　心灵的深度

辑二　真情的厚度

辑三　人生的宽度

自序

现今全球污染严重，温室效应影响气候失调，导致各地旱灾、水患频仍，更严重的是冰河快速地溶化，都与世界环境的变迁息息相关。

我们已推动十余年的“环保”，已蔚为全球重视的课题。有人认为这与人个有什么关系？个人制造的垃圾、二氧化碳也不多。其实每个人都必须有环保意识，因为我们都在同一个天盖之下、地载之上，无不都是生命共同体。

因此我们推动“克己复礼”运动，希望从人人做起，克制自我欲念，找回过去的人文之美；人文首重于礼，《论语》：“礼之用，和为贵，先王之道，斯为美。”倘若人人有礼，则无论什么环境，都能有一分和气：人人以礼相待，互相尊重与敬爱，那么就没有敌人，社会就能安和。

因此教育非常重要，所谓“教之从幼，育之礼仪”，然后要教之敬师、重道、勤学习；青年则要明礼节、懂义理，才能体会人生深奥的道理。走入社会，则肩负人文的教育与传承。我们要发挥生命的价值，能自爱爱人，树立人本道德智慧。

相对于大自然，个人虽然渺小，但是每个人都有无限的潜能，只要凝聚众人的爱，就会形成一股很大的力量。

生命的长短，我们无法改变，但是人人都可以自我开拓生命的宽度，更重要的是让自己的生命有深度、厚度。

所以要懂得发心，能尽一份生命的力量，开展大爱、利益群生，心就能宽；心宽，就能包容世间的一切。此外，还要把握当下、恒持刹那，不断地身体力行去付出，就能呈现生命的深度与厚度。

我们应学习古人勤俭持家的精神，更应利益他人，惜福爱物。欣见愈来愈多年轻的生力军加入环保与慈善志工的行列，发挥济贫扶弱的良能。

本书中有许多善的循环、美的故事，希望每一则真实的生命故事，能启更多人的一份爱心。爱，是生命中最美的至情；清净的大爱，则是抚平悲情的最大力量，也是净化世间最大的泉源。

释证严

上篇 生命的至情

『人者，心之器也。』整个世界的脉动，都存乎于人的心，为心所主导，为心所感动。然而心在主宰生命时，需要用『爱』来灌溉，用『爱』来滋润，用『爱』来成长，用『爱』来维系物我、群己之间的关系。

辑一　至情篇

“人者，心之器也。”整个世界的脉动，都存乎于人的心，为心所主导，为心所感动。然而心在主宰生命时，需要用“爱”来灌溉，用“爱”来滋润，用“爱”来成长，用“爱”来维系物我、群己之间的关系。

期待大同的世界

老农夫已到退休年龄，他的牛也逐渐老迈，动作迟缓。但是老农夫并没有忘记牛的恩情，将这只牛视为自己的孩子般疼爱！若人人能常怀有知恩图报的心，大同平等的世界便指日可待！

我在报上，看过一篇很令人难忘的报导。在宜兰一个很宁静的村庄，每到黄昏时刻，有一位老先生总会牵着一头水牛到草地上吃草。牛在吃草时，老先生就在一旁休息，形成一幅很美的画面。

老先生年轻时是务农的，必须靠牛来耕田。当时，他每天一大早就把牛牵出去工作，到了黄昏又牵着牛满载而归，每天都过着充实而平静的生活。

日子一天天地过去，老农夫已经七十多岁，到了退休的年龄。他的牛也逐渐老迈，动作迟缓。老农夫并没有忘记牛的恩情，他爱它、疼它，每天牵着牛在外面吃草，也享受了恬适、宁静的乡间生活。

但老农夫的亲戚朋友都告诉他："这只牛没有在耕种，也没有什么用途，你每天牵它多麻烦啊！卖了吧！"

老农夫觉得牛是他们的"恩人"，不忍心把牛卖掉；如果卖了，它也只有任人宰割的命运，变成桌上的一盘盘佳肴。所以，老农夫还是每天牵着老牛过日子。

过了一阵子，老农夫觉得自己的岁数大了，已无法再常常去割草、牧牛，将来这只牛要怎么办呢？他正担心这件事的时候，镇上的人早已将农夫这种疼牛、爱牛的感情传为佳话。

有个农场的主人，听到这件事后很感动，便主动前来找老农夫，表示愿意收留、饲养这只牛。老农夫想：自己没办法再继续饲养下去，有人要养也是好事。不过，他不放心，还亲自跑去农场看饲养的环境怎样？

看了之后，他安心了！但是他有条件：

第一、要让老牛吃得好；第二、要住得好；第三、要让它安然终老。农场主人听了更是感动，老农夫竟然将这只牛当成自己的孩子般地疼它、关心它。于是，农场主人答应说："我一定会依照你的心愿，好好对待这头牛。"

现代的社会，如果人人都像这位老农夫，抱持着众生平等的观念，使人与动物的感情融洽，且有知恩图报的心，那么这将会是平等的社会、大同的世界。

现在已经进入一个新的世纪。我们期待在这个世纪初的时候，大家赶快努力发挥大爱，进而祥和社会、创造大同平等的世界。

拉住生命的绳索

> 有个小孩，掉进深达二十六公尺的涵管洞里。大家用尽办法，拯救受困多时的小孩；但平时人们对于一条条从水中钓起的鱼儿，却忍心看它们痛苦求生的模样。

曾经有一则新闻：嘉义有一位喜好钓鱼的父亲，有一天带四岁儿子一同去钓鱼。那位父亲只顾专注于钓竿的动静，忘了身边还有个小孩。这孩子很好动，一直在附近走动玩耍。可是一不小心，掉进施工中的涵管里了！那个小洞有二十六公尺深，小孩掉下去时，幸好有人发现，大家立刻想办法要下去救那孩子。

可是，那二十六公尺深的涵管，洞口很小，大人无法下去。底下又黑暗无比，小孩在里头号啕大哭，因此大家更加紧张。后来动员了大吊车用绳索下去救，希望小男孩拉住绳索，再把他吊上来。可是，孩子因体力不支又掉下去了！连续好几次，都是如此。

周围围了很多人，大家都很关心。孩子的父亲更是紧张，在上面一直给儿子打气说："不要怕，很快就会把你救上来！"

父子情深的一幕，很是令人感动。终于把小孩救了上来！

在暗无天日的涵洞里待了八个钟头，孩子不知怎么度过的？好在这男孩确实福大命大，只受到一点皮肉之伤，终于化险为夷！

平常，我们都说要"尊重生命"。但是这句话有些人只会用在自己身上，却很少去尊重其他的生命。即使能尊重别人的生命，也不会尊重小动物的生命。

人为什么不能将爱放大一点呢？除了爱自己的生命、尊重他人的生命之外，应该要能推展到其他种类的生命。不论哪一类型的生命，我们都应该爱护、尊重。然而许多人为了口腹之欲、为了娱乐，不仅不知体念其他的生灵，更是迷失了自己这份"大爱"的善良本性。

不尊重其他种类的生命，为了自己的快乐而浑然忘我，残杀小生物，这种心态要靠宗教的精神来净化。所以凡是有正义的信仰者都要很用心！因为"人能弘道，非道弘人"，我们要有使命感，将正确的道理推展到社会。大家一定要身体力行，才能呼吁社会大众尊重生命。

以禅思开启大爱

> 猎狗感恩老人生前对它的照顾，所以不管是刮风、下雨，它都天天留守在墓园。十四年后，猎狗死在了墓前！附近的居民被猎狗的行为所感动，便为它雕塑铜像、立碑文。

我在书上看到一则苏格兰的故事。书上说，当地有个墓园，里头有一只铜狗的雕像。在那铜狗雕像之下，有一篇感人的文章介绍它的义行，让人们把知恩、报恩的心态重新启发出来。

那是一只流浪的猎狗，因找不到东西吃，身体非常瘦弱、有气无力的。某日，正好被村子里一位生病的老人家在一家餐厅外面看到。那只瘦弱的猎狗向老人摇尾乞怜。老人虽然很同情它，但是他自己已经有病在身，是强打精神来到附近的餐厅吃饭的，实在无可奈何！

老人进去餐厅吃饭，因为身体不好，吃不下的食物还很多，他就把剩下的食物拿出来给那只猎狗吃，还摸摸它的头说："你好可怜！可是我已经生病，即使想帮助你也没办法啊！只能有一餐算一餐吧！来！吃了以后，还得继续你流浪的生活。"

虽然只是几句话，但是非常感人！那只猎狗好像也听得懂，它以感恩、乞怜的眼神看着老人。老人又拍拍它的头，说："再见！"

那只猎狗很快地把食物吃完，然后跟着老人直到家门口。它看着老人走进屋里，此后就天天徘徊在那屋子的附近。虽然它还是天天到处流浪乞食，但是每天都会回到老人的屋子附近。

过了没多久，那老人去逝了。他的亲人来帮他料理后事，当大家在处理时，那只狗也跟着前前后后围绕不走。老人安葬后，那只猎狗日日夜夜留守墓园，不管是刮风、下雨，它都徘徊在那里……

后来，老人的亲友被它感动了！因此，在墓园旁边为它搭起一个小窝，让它有个遮风避雨的地方。此后，除了白天找食物的时候暂时离开外，它都一直守在那里。若有人给它食物，它也都衔回到墓园才吃。

十四年后，那只猎狗也死了。附近的居民有很多人都被它的行为所感动，因为它一直忠心耿耿地守着墓园，他们觉得人类应该学习它的知恩、报恩。因此，猎狗死后，他们就为猎狗雕塑铜像，还立了碑文，描述它对人类的报恩义行。

人类自称为万物之灵，偏偏常常以强凌弱，或是以众暴寡。所以，我觉得人类才是最可怕的动物！佛陀为了纠正人类错误的思想，因而倒驾慈航来人间。他的教育无非是希望启发我们的爱心、智慧，让我们知道天地之间，一切的动物、生命和人类是平等无别的。

从口蹄疫风暴看尊重生命

口蹄疫风暴，使大家谈“猪”色变，人吃了病猪会不会感染？猪的粪便流浸河水中，鱼会不会被传染？这种种问题关心的层面，似乎还是满足人的“口欲”，未曾尊重生命的生存权利。

这一阵子，社会新闻所报导的都是猪得了“瘟疫”的消息：生意人怕利益受损、养猪人家怕血本无归、吃的人怕被感染……有的媒体甚至以大篇幅来报导如何扑灭生猪，残酷镜头一再出现，我实在很不忍心再看下去，而且这些画面对社会人心的影响很大，更是令人担心。

在电视上，看到猪在活生生地行走时就被电棒击昏或是施打毒针……尽管猪拼命挣扎，仍然被人用堆土机推进一个大坑洞，活活掩埋起来。这种景象使我想起卢安达内战后，紧接着发生传染病时的惨状。

世间为什么有这么多众生相互残杀？这种残杀的情况，我不知道要用什么言语来形容？看了真的好心疼。人类生为万物之灵，却弱肉强食。这些动物，难道生下来就该饱人口福？而且，人吃动物难道是理所当然的吗？

有些媒体报导：吃了感染“口蹄疫”的猪肉，会有头痛、发烧、口干、恶心等症状，要大家提高警觉；但是后来又报导说人类感染机会不多，大家还是可以放心地吃。

这是多么矛盾啊！由此可见人们对口腹之欲的“贪”仍然放不下；这几天很多人都不敢吃猪肉，然而，却改吃其他肉类。

我也从广播节目中听到，有人问专家学者有关“口蹄疫”的问题：人吃了病猪会不会被感染？若感染后会如何？还有人很担心地问：猪的粪便流浸到河水中，鱼会不会被传染？人吃了有病菌的鱼会不会怎样……？这种种问题关心的层面，似乎还是人的“口欲”！

天生万物都有其生存权利，任何生物都不应相互残杀。大家要好好培养对所有生命的爱心，如此，不但可以保护自己，也能让众生共造福业。

总之，我们要呼吁众生一齐来爱惜动物，因为爱惜动物就是爱惜生命、尊重生命，同时也是保护人类，无形中，更达到了“净化人心”的目标。

平等心

> 学僧对禅师既不欢喜礼佛也不礼祖的态度，感到十分不悦。禅师说：“至道无难，唯嫌拣择，但莫憎爱，洞然明白。”听了这四句话后，学僧恍然大悟！

禅宗有一段故事：达摩祖师的墓地位于河南省，有一位学僧发誓要守墓、照顾墓园。有一天，远方一位禅师，来到达摩祖师的墓前。这位守墓的学僧来迎接他，且恭敬地问禅师说：“禅师，您要先礼佛？还是先礼祖？”

这位禅师说：“我既不礼佛，也不礼祖。”

这位学僧听后内心不太高兴，态度也随即改变，用不客气的口吻说：“佛与祖师，与你结了什么怨仇？”

禅师心平气和地反问他说：“佛与祖师到底给了你什么恩惠？让你替佛与祖师如此说话！”

这位学僧听了愣了一下，觉得这位禅师的话很有禅机！所以心念一转，又恢复了恭敬的心，并问禅师说：“请教禅师，我到底应该如何自处？”

禅师说：“佛与众生平等，看待一切众生要泯灭仇与怨，不可有恩怨的心态。如果能这样，心才会平静。”

学僧又问：“要如何才能恩怨平等？”

这位禅师回答：“至道无难，唯嫌拣择，但莫憎爱，洞然明白。”听了这四句话，这位学僧恍然大悟！

这四句话的大意是：真正的至道，在我们日常生活中。有心体会真理，哪有什么困难？因为生活就是法，一切的动作无不是道！最怕的是有分辨心，分辨何种工作高尚？何事卑微？其实，工作无高低，一切事都要去做，守住本分就对了！所以说“唯嫌拣择”，不要妄加分辨。

所谓“但莫憎爱”，最重要的是不可起怨嫌之心，也不要有特别贪爱的念头。如果能够不分工作的高低，也不分辨爱及不爱，如此内心对一切的境界，都能了然明白，自然能体会到佛法不离世间法，不离于生活周围之间。

最重要的是，学得“平等心”。对人不能有瞋心、不要有厌憎，也不要特别亲密。我们要付出的爱不是私爱，应该是广大无边的大爱。不要在私我、小爱中打转而混乱了自己的心，也不要为了一点怨与恨，使心念时时打结。

要调适这念心，使我们的心能平静、无怨恨，不受外境好坏的影响而自我烦恼！能够如此，学佛确实是“至道无难”，当下即是法啊！

珍惜清平的日子

在台湾，一场大雨带来严重的灾情；在柬埔寨，从政者因为政治立场不同而发生内战，使得当地居民人心惶惶。这种瞬息的天灾人祸，谁能预料得到呢？反观我们处在清平的日子中，更要懂得知足、珍惜。

最近，我们从媒体上可以看到，世界各地有天灾、有人祸，真是苦不堪言啊！

在台湾，一场大雨使得许多地区的居民手足无措，无法及时走避，酿成惨不忍睹的情景。幸而慈济人都能付出爱心，关怀灾民。以高雄冈山为例，当大雨不止，水患正慢慢侵袭居民时，就看到一群爱心人士适时伸出援手，分送热腾腾的食品到受灾区，让灾民安然度过受困的日子。

这场大雨，也带给了南投县中寮乡灾难。当时村民只隐约感觉到雨势很大，但听到一阵巨响后，就已天摇地变，发生“走山”的情况。生活宁静安逸的乡村，瞬息之间造成山动、地滑，整片山地陷落、房屋倒塌！这种天灾地变，谁能预料到呢？

尤其新竹尖石乡，当大雨滂沱时，正值放学、下班时间。当地有一条临时的便道是许多人回家必经之路，尽管雨大、水急，大家仍勉强通过；不幸车子开到半路时，忽然山洪爆发，连车带人给冲走了！

倾刻间，十二条生命就随着溪流而去！这是多么让人惊心动魄的事。跟在后面的人，眼睁睁地看着前面的车子和人一起被洪水冲走，仅仅只有几秒之差，也险些被冲走。这一切都发生在瞬息之间啊！

慈济人一接到消息，立即赶到灾区慰问，帮助受难家属。在数日之间，就地搭棚、供应伙食，并安慰他们。几百位山地救援队循着溪流在水中寻找，找了好几天，才慢慢发现了一些尸体。但是，有的尸体没有头了，有的少了下半身……形态非常凄惨。家属情何以堪啊！到处是哭天喊地的景象，这就是天灾！瞬息的灾难谁能预料呢？

此外，前一阵子柬埔寨发生政变，从政者因为政治立场以及见解不同而发生内战。使得当地居民人心惶惶，台商与其他外商就像逃难的难民，到处寻找渠道，等待机会早点离开当地。

柬埔寨的人民命运又是如何呢？有一位台商说："那里发生政变，我们还可以逃回台湾。但是，柬埔寨的百姓要往哪里逃呢？"二三十年来，当地不断发生政变、不断地有内战，百姓的生活怎么过啊！

记得两三年前，慈济赈灾团前去帮助每逢水患必遭大灾的柬埔寨灾民。那年他们又逢水患，我们供应他们十三省所需的稻种。今年四月初，正当我们为柬国百姓欢喜稻子可以丰收、生活可以安定的时候，没想到却发生人祸，人民又得遭受战乱之苦。

不管是天灾或是人祸所造成的灾变，一切无不是苦难。反观我们处在这种宁静清平的环境，大家要懂得爱惜。有的人在这种平安、快乐的社会，竟然天天过着糜烂颠倒的生活，多可惜啊！在平安的日子里，好好把握时间，为人生多奉献，这就是福。

战争之害

> 战乱使得车臣人民家破人亡、生离死别，整片国土几沦为废墟，一片凋零景象！我们生此太平之世，应知福、惜福，发挥爱心、付出良能。

三位法国"世界医师联盟"的代表，来花莲参观静思精舍及慈济各事业体，并报告与慈济合作的成果——衣索匹亚及车臣医疗援助方案。

他们拿出几张车臣战乱地区的照片给我看，照片上一片雪地，原本应该是很美的景象，但是那些房屋，不论是高楼大厦或平房，都被轰炸得残破不堪，好像一堆废墟。

当时我心想当地人民的家园全被破坏了，他们要住在哪里？尤其在寒冷的冬天，气温降到零下几十度，他们如何维持生活呢？看到这些照片，我真是万分心痛！

世界医师联盟代表告诉我，当地因战争死亡、伤残的人很多，而精神失常的人也不少。

我问："为什么会有很多精神失常的人呢？"

他们回答："是因为生存压力太大，时常处于极度的恐惧中！"

的确，处于战争的环境里，不只是身体受伤，甚至要面对死亡，还可能因过度恐惧而发狂，造成家破人亡、妻离子散。生活在这样的世界，真的是苦不堪言啊！

我们的社会几十年来没有战乱，生活还算很平静。只是现在的年轻人，大都过着丰衣足食的日子，不知战乱的可怕，也不晓得贫穷的痛苦。所以，一味地追求物质享受，只知要求别人满足他们的欲望，而不知自己的本分与责任何在。因此，社会上各种青少年问题日趋严重。

所以，我们应该要知福、惜福，并且发挥爱心、付出才能，以身作则来培育善良纯真的下一代。

如果我们想要国家长久平安、社会永远祥和，代代子孙不受战乱之苦，唯有大家多发挥爱心。

孩子，我要如何陪你长大

做父母的，难免会望子成龙、望女成凤。但过度的要求及呵护，反而会适得其反，酿成无法弥补的遗憾！

尽管现在的台湾已经人人丰衣足食；但是悲哀、苦难的心情，仍存在于多数人的心中，人生的苦乐让人很难理解。

很多父母为了孩子的考试而烦恼。担心孩子读书太辛苦，又忧虑孩子是否能考上理想的学校，这就是天下父母心。

有一天，同时有两对父母各自带着他们的儿子来找我。因为父母要求儿子考试一定要考第一名，没想到孩子分别得了精神分裂症、忧郁症！

做父母的难免会望子成龙，孩子从小就很优秀，忽然变成这样，父母的心做何感想？难怪他们的母亲满脸泪水，做父亲的也含着眼泪，可怜父母心啊。现在所有为人父母者的心声就是："孩子，我要如何陪你长大？"

在那同时，又有一位慈济的荣誉董事打电话来，因为他在美国读书的孙子出车祸，他心急地大声哭泣。这孩子和朋友在半夜一起去飙车，车速高达一百三四十公里，在途中看到警察，紧张之下就急转弯，因而撞到大树上。在那么高速之下，可想而知后果必然非常严重！当爷爷的很着急，当奶奶的也受不了，而父母更像热锅上的蚂蚁。

当爷爷的说："我们希望孙子能够更有成就，怕他们在台湾功课压力太大，所以让他们三个兄弟姊妹去美国读书，父母常常像'空中飞人'一样来回奔波照顾他们。"

他们让孩子们住最好的、吃最好的、用最好的，用钱也很宽裕。出事那部车是全美最好的几部车之一，现在却已撞得面目全非。可见他们在物质方面的给予太过度了。

人生的悲痛，不在于欠缺物质。像前面说的那两个孩子，他们不是不喜欢念书；他们很用功，而父母一向要求孩子成绩要比别人好。可是现在却出了问题，父母很担心将来孩子能不能恢复正常。

后面的那位孩子，爷爷、奶奶担心他们在台湾念书的压力太大，因此送到美国，父母就得来回照顾；孩子在美国的行为和生活也有照顾不到的时候，结果竟然发生这种不幸！

所以，我常说人生未必有钱就幸福。其实，平安就是福；能过着平平安安的日子就是福中之人。

母爱就像长流水

七八十岁的老母亲，中风后半身不遂。她的四个子女，却互相推托照顾的责任。以前她为了养育孩子，无怨无悔地付出！就像流水从无间断地由上往下流，而孩子对父母的孝心呢？

前一阵子，慈济医院的员工说了一个让人非常感慨的个案：有位七八十岁的老母亲，她有四个子女。但她生病住院时，却很少来看她，一个人十分孤单、落寞。她虽然中风、半身不遂，但头脑还很清楚。照顾她的儿女、媳妇竟然彼此在计较——谁照顾的比较久，谁照顾的比较少。

当医生说可以出院在家调养，她的儿女们便用轮椅接她回家。推到楼下时，儿女边走边讨论什么时候到谁家；有的说因为住楼上比较不方便……结果办手续时，儿子竟然问办事员："医院有没有安乐死？"

以前这位母亲为了养育四个子女，无怨无悔地付出疼惜与爱护；直到现在该嫁的嫁，该娶的娶，各自成家立业。而小时候不管哪个小孩生病，当母亲的常心急如焚，就像咬到任何一根手指头都会痛一样。但是等到年老后，母亲有病痛，做儿子的竟然觉得很厌烦！母亲从小照顾、喂食的亲子之情，竟已消失无踪！

这让我记起十几年前，有一个两岁的孩子，在一家店门口失踪。做妈妈的急得吃不下、也睡不着，找孩子找得快发狂了！孩子的祖母也是一样的难过，为此去问神、问乩童。出门后却不幸被车子撞倒，两天后就去世了。

孩子的曾祖母已九十岁，听到不幸的消息，也因为受不了刺激而中风，拖了两年多也去世了。只因一个小孩失踪，使得全家风云变色、愁云惨雾。

十几年来，这位失去孩子的妈妈每天以泪洗面，在孩子的照片前叫孩子的名字，母爱像长流水，永无间断地从上往下流。而孩子对父母的孝心呢？

"百善孝为先"，很多好事都是从孝开始。但多数人只知如何疼爱子女，却不知如何孝顺父母？难怪，现在很多人说"孝子"是"孝顺儿子"，不是孝顺父母！

父母难为

父母为孩子操心、担忧的情形，时有所闻！其实，父母给孩子的应该是关怀，而不是溺爱。真正的关怀，是要设法使孩子自立、认清人生正确的道路。

有一次我去台中时，一对夫妻带着两个孩子来看我。一个读小学，一个刚上初中，两个站在一起几乎一样高，长得也很可爱。但是其中一个孩子的穿着和动作，看起来真的像个“小阿哥”。

这对父母跟我说：“为了孩子，我们好辛苦喔！他平时不听话，经常离家出走。不但逃课，还会抽烟、吃槟榔、喝酒，甚至吸毒！”

我问那孩子说：“你几岁了？”

他说：“十四岁！”

我问：“你真的会抽烟吗？”他低着头。

“你真的会喝酒？”

他答：“一两次。”

“你真的会吃槟榔？”他又垂着头。

“你真的会吸毒？”

他答：“偶尔会！”

听那孩子的回答，再看他的外形、了解他的生活习惯后，我难免讲了几句比较重的话，他的父母却赶紧轻声细语地对孩子说：“师公很关心你喔！你有没有听到？”他们的语气比我还温和，可见这对父母平时多么疼爱他们的孩子！

我有点看不过去，就说：“你看！你的父母这么疼你。我较大声地说你几句，你爸妈就心疼，舍不得！你如果不改过，我一定会建议你父母让你到尼泊尔和灾民一起生活，到时候看你还有没有烟可抽？有没有槟榔可吃？有没有酒可喝？那里几乎连饭都没得吃，看你还能不能吸毒？”

又说：“你在家里多幸福啊！看看灾区的孩子，他们穿的是什么？吃的又是什么?”

那孩子静静地听，好像也知道自己不对。但是，要他改过，我想并不是很容易。因为，父母给他的是溺爱，而不是关怀。真正的关怀是要设法使孩子自立，让他认清人生正确的道路。

他的父亲也很努力地教育孩子，但是，看他似乎有很大的无力感！这位父亲，原本也会抽烟、吃槟榔、喝酒。有一次跟着“慈济列车”来花莲，他听到我说：“父母是子女的‘模’，父母的行为是孩子学习的榜样！”他听了以后，下决心要改过，结果，那些不良的习惯真的完全改掉了！他原本想带孩子一起来改掉习气，结果是自己先改了，而他的孩子却仍然我行我素，令他十分担心。

我常听到很多父母的心声，如：有人为教育子女的问题而叫苦；有的是孩子不听话，让父母寝食难安；有的是孩子患重病；有的是子女精神失常。想想，人生之苦何其多啊！父母为孩子操心、担忧的事情时有所闻，但是，却很少听到子女为父母的生活、健康而担忧！

文中父亲的用心是否有效呢？我们也抱着期待与祝福！其实教育子女，只要以身作则，多给孩子一些关心和信心，并对他放心，实在不需要事事担忧。

“求不得”苦

有位企业家夫人为了求子，寻遍名医、尝试各种方法后，仍“求子不得”！一位母亲为孕育一个新生命，不知道要承受多少身体的折磨及心理的负担？想想，生命多难得啊！

在台北有一位企业家，他拥有财富、地位，唯独没有孩子。为了想要个孩子，太太找遍了名医。有时也得到短暂的欢喜，但最后总是落空！

但他们仍然不死心，又尝试各种方法，如人工受孕、试管婴儿等。夫妻俩这么辛苦，无非就是渴望有个孩子能传宗接代，继承庞大的家业。但是，他们等了许多年，却依然还在苦苦等待。

他们在国外待了两三年，先生因为经常国内、国外两地跑，竟然有了“婚外情”。太太的心里是何其难受啊！不但要承受“求子不得”的苦，还要忍受先生的婚外情。

其实，以佛法的角度来看，没有孩子是件比较轻松的事，而且若以博爱之心对待普天下的孩子，还怕没有孩子吗？

有一天，这个企业家来看我。我劝他：“把太太接回来吧！”后来她真的回来了，但整个人都变了，过去她长得多漂亮呀！而现在却变得十分消瘦、憔悴！

我就问她：“怎么了？我差一点认不出是你！”

她很伤心地告诉我说：“师父！我好痛苦喔！原本也想向您说：‘我有了！’现在……”

她的先生接口说：“师父要我们别紧张，不要有得失心，要有平常心！”

对啊！每次他们告诉我“有了！”我都这样说：“该来的就会来，不该来的再紧张、再欢喜也没有用啊！”我常常劝慰他们，到头来他们还是空欢喜一场。

流产对身体的伤害很大，加上心理的打击，难怪她如此憔悴！尤其是母亲，为了要孕育一个新生命，不知道要承受多少身体的折磨和心理的负担？想想，生命多难得啊！所以，我们要好好爱惜身体、尊重生命。

辑二　至为篇

要知福、惜福、再造福！如果没有继续造福，就好像是银行存款，只有提取却不存入，这样迟早会被领光的。我们领出一块钱，至少也要再存入一块半，这样的人生才会愈来愈富有。

为富不仁的董事长

一位财大势大的董事长，在他风光得意时，却恃富而骄，不知体恤工人，对朋友无情无义。后来潦倒时，落得没有亲友愿意伸出援手帮助他的下场。

人间百态，有许多的人生是随世事而流转——记得二十几年前，慈济救助过一位过去身为董事长的人。原本他过得非常风光，但是恃富而骄，非常霸道。后来落魄时我们救助他，以前认识他的人却说："这是报应！你们为什么要帮助他？"不但不同情，还辱骂他。

他原本拥有好多个矿山，家产富足，但是却贪迷五欲，财大气粗，对人苛薄无情、对朋友无义。天有不测风云——矿区频频出事，后来，他也发生车祸、撞断了腿。为了医治腿，找遍名医，但皆无效，医到后来，矿山、房子都卖光了，事业也一败涂地。最后，他在一间朋友的破房子里被我们的委员发现。

那时，他坐在屋檐下动弹不得！那受伤的腿肿得好大，而且腐烂、发炎。有人上前探询："你的腿伤那么严重，为什么不去看医生？伤口为何还抹上盐？"

他说："已经无法医治了，只好抹上盐让腿痛到极点后，才会麻痹不痛！"

我们将他送去医治，但伤口已严重坏死、必须截肢。伤口治好后，还好他可以拿拐杖走路。但治好腿伤，他却无家可归，因为那破房子不是他的。当时慈济为贫户建了一些房屋，使他和太太有个安身之地。现在加里湾那里的房子，有一间就是他们住的。

过去他财多势大时，不知体恤工人、对朋友无情无义，结果下场多么惨啊！腿断了，一般人顶多皮裂、骨断，治疗几个月就会好了；而他却拖了好几年，把家业全部拖垮，乃至身无立足之地；又没有药物可用，只好用盐敷自己的腿伤，难道这不是人间地狱吗？

风水与福慧

有位社会名人，带着香和纸钱前来精舍，并侃侃而谈其平日对寺庙所做的布施。布施固然重要，但以智慧行事才能福慧双修！

曾经有一位社会名人来访，却带了香、纸钱和金牌来。他问我："你们的'金炉'在哪里？"

我说："我们这里不用烧纸钱呀！"

他惊讶地说："哪有到庙里不烧纸钱的？"

我说："佛教是不用烧纸钱的啊！"又过了一会儿，他拿出一个红纸包，里面有一片金牌。他说："我这块金牌要挂在哪一'仙'（尊）？"

我回答说："佛教不用这些。佛陀不喜欢戴的，不用啦！"

他说："怎么这么奇怪？以前我到庙里去，也都送金牌呀！"

我说："我把它收下，用在救济的工作上，好吗？"

他说："既然这样，就随你处理吧！"

他礼拜之后，我请他到客厅坐。原本他是为公务而来，应该是要听我报告功德会的事情；可是他谈的尽是——我到哪个王爷庙布施了多少、到哪家天宫布施了几根龙柱、我的祖父母到哪里去问风水，然后才找到某个“好地理”……

我听他说完这些话，心里感叹道：“佛陀说‘富贵学道难’，真是一点不假！”

佛陀说“富贵学道难”，意思是指物质富有、名位显贵的人要学道，确实是很难！因为一般凡夫都有心病——贪、瞋、痴，这是一般人的通病；另外还有贡高我慢、疑念等。有钱人难免会贡高骄傲，无法做到“富而好礼”，所以说“富贵学道难”。

有钱的人，应“取之于社会，用之于社会”。能够如此，必能受人爱戴、尊敬；受人尊敬，自然成为“贵人”。常听人家说：“还好遇到了贵人……”而“贵人”就是能发挥生命功能，去帮助别人的人啊！

世间没有定命、定数，一个人的命运是贵是贱，也不是定数。如果是困境重重，但能坚毅突破，一样能转变自己的命运和业力。世间没有不可转变的难事！只要是虔诚的学道者，普天之下没有不能扭转的难事。

我们除了修福之外，还要修慧——福慧双修。布施固然重要，学道也不能忽视！福慧俱足的人生，才是可贵、幸福的人生。

一念差，步步错

有位病患者在年轻时不但有婚外情，还整日在外嫖赌。回到家虐待妻子，对儿女也不曾尽过责任。到了年老时一身都是病痛，有家归不得。

曾经有位路人昏倒在路旁，被人送到慈济医院。

在加护病房时，他全身污秽，不知道多久没有洗澡了。志工们耐心地为他清洗，在洗的当下，他们心想：如果今天被洗的人是我，那真是惨不忍睹，所以很感恩他的示现。

他们也都一再地警惕自己，年轻的时候千万要谨言慎行；否则等到老了可就苦不堪言。清洗的过程虽然很辛苦，但是等到他全身干干净净，师兄师姐们的心也被洗得干干净净了！

这位患者年轻的时候很会赚钱，养家绰绰有余。虽然家中已有妻儿，可是他却不肯安分守己，一赚到钱就不知道节制。不但有婚外情，还整日在外嫖赌。回到家虐待妻子，对儿女也不曾尽过一点责任，以致妻离子散。等到年纪大了，一身都是病痛，才想要孩子们来照顾他，然而已求不得了。

我们的志工带他去和儿女见面，但儿女都说不认识他。带他去见太太，太太更是生气得不肯原谅他，现在真是有家归不得！这个人和家人的恨结得如此深重，真不知道他为什么将为人父、为人夫的角色扮演得这么差，才得不到家人的尊重。

看看这个人，年轻的时候，不懂得好好爱惜自己，负起该尽的责任；等到老了、病了，想念孩子，孩子却不承认他。所以年轻的时候，我们应该谨言慎行、向上向善。如果一念差，步步错！那么人生就真的漂泊在尘埃之上，这种人生多离谱啊！

慷　慨

有位富商，每天花费上万元在应酬上；另一位低收入者，则将存了多年的积蓄全用来捐赠病床。同样是结缘，利益众生的效果却迥然不同。

我曾听一位委员说，他有一位非常有钱的朋友，财产多得不知如何计算。他问这位朋友说："你知道慈济这个团体在做什么吗?"

朋友说："慈济做的事，我曾听过啊!"

"那你想参加吗?"

这位富有的朋友说："我已经做很多了呀！佛教讲广结善缘，我也结了很多缘啊！你想想，我一天到晚请客，那一桌桌的酒席，光一桌就一万多元。我不是很慷慨吗？而且每次给小姐的小费每人都一千元以上。很多人说我不慷慨，到底我哪里不慷慨?”

他是非常慷慨。可是他不知道一桌的酒席费用，可让暗角的众生，维持很久的生活费用；破茅屋中，淋雨受寒的老弱贫病、孤儿寡妇还等待救助!

他更不知道一桌数万元酒席的钱，在医院中也许可以救回一条人命。他或许都没考虑到这些，只是天天过着纸醉金迷的生活，这便是顺于生死的众生。

另外，有人告诉我一个故事，他说：“我今天很感动！我带了一万五千元要捐给医院，购置病床，是一位很‘伟大’的人托我拿来的。”

他又说：“他是慈济长期救助的低收入户。慈济给他的钱（每月三千元)，他每月至少节省三百元。长久累积下来，已有七八千元。过年期间，隔壁邻居和亲友也接济了他一些，他就把这笔钱储存起来，总共有一万四千多元。然后这个月拿到三千元救助金时，又赶紧补足为一万五千元。他一直想达成捐病床的愿望——于慈济医院中，也有一份力量在里面。这是他一生中最大的愿望，当好不容易凑足这笔钱时，就很高兴地托我转交给师父。”

300元和15000元之间的差距，实在很遥远！必须用几年的时间才能存这笔钱，而他有这份善愿后，不怕数目少，也不怕耗时多年才能完成。以他的环境要布施并不是件容易的事，但他却能突破这个难关。

有些人天天过着糊里糊涂、懵懵懂懂的生活，顺着社会的潮流，而沉迷于生死之中；有些人醉生梦死，纵然他们财物富有，但要他奉献点滴帮助别人，做些有意义的事却不肯，或根本就没有这种机缘。

其实，要突破世间种种的难关，最主要是克服自己内心的贪欲。贪欲有很多种，包括：财、色、名、食、睡等。如果顺着它们，便是生死流中的凡夫。对多欲的人而言，布施确实是很难的事，但对于有心人，则凡事都不会被难倒。

以心转境

人常常为身外之物所牵绊而不自觉。若能明白将有形的物质转换成无形的功德后，便能拥有“富中之富”的人生。

有一位企业家唐先生，带全家人来慈济台北分会，他的岳父带着一块净重一斤的黄金要捐给慈济建医院。唐先生说：“我岳父以前很烦恼，自从认识慈济以后，他的烦恼大多已丢给师父，现在最后的这个烦恼又要再丢给师父。”

我问：“以前他丢什么烦恼给我？”

他说：“我岳父今年八十多岁，以前他很向往当‘员外’的富贵生活，所以有钱就去买黄金。总共存了一百多两黄金放在床底下，他觉得很满足，但也很烦恼。因为别人邀他出门旅游，他都不敢去——怕黄金被偷。”

“有时暂时外出，在半路上却常担心：‘我的房门不知有没有锁好？’所以，他常常走到半路又折回看床下的黄金是否还在，直到去年见到师父之后，他终于想通了。于是把黄金卖掉，捐了一百万元善款。当时他心想，若不留下一块金子当作纪念，实在是满可惜的，所以，特地留了一块一斤重的黄金，藏在柜子里。”

唐先生说，岳父布施百万元后，虽然很高兴，但是仍有“少分”的烦恼。因为还有一块黄金放在柜子里，他还是很不放心。有一天，他终于觉悟了，心想：我年纪这么大了，还要为这种身外之物烦恼，多不值得。所以就跟女婿说：“你带我去见师父，我要连这个‘烦恼’都捐给师父。”因此，他连这一斤的“烦恼”也捐出来了。

我问他：“现在你是不是很轻松？烦恼是不是都扫除了？”他很欢喜，笑哈哈地说：“是！是！我很高兴，不再有烦恼了。我把应该做的都做了，心里的‘烦恼’都丢给师父，让您去成就济世志业。”

这就是以心转境啊！而不要被境转了心。由于他接触佛法，了解慈济之后，明白要将“拥有”的烦恼转成菩提，将有形的物质换成无形的功德。他懂得在富裕中培养大爱。所以，拥有“富中之富”的人生，才是真正一位有智慧的人。

同样是人生，生活是否快乐，在于心念的方向是否正确？如果一不留意，往往就会差毫厘而失千里。有些人徒具富有的物质生活，心灵却非常贫乏、烦恼；若能打开心胸，自然能接触人生之大爱，成为“富中之富”的人生。

总之，要顾好一念心，不要被境界所转，应该善用爱心建立有意义的人生！

钻石眼猫的婚礼

有位富商为了一对钻石眼猫的婚礼，竟花费了数万美元；而在同一时刻、同城市里，却发生水灾、造成极大的灾情！我们应运用清净的智慧，发挥人生的良知良能。

不久前，看到一则新闻——在泰国有位富商，他有一对心爱的钻石眼猫，他很疼爱它们。听说钻石眼猫是很稀奇、很吉祥的动物。富商为了让这对猫举行结婚典礼，总共花了美金八万八千元，甚至还发帖邀请泰国政治首长参加典礼，把这对猫当成“人”一样在爱护。

但是，就在那一天，我接到一通传真和电话，说曼谷发生水灾，许多灾民断粮、无家可归，慈济人已开始准备发动救济工作。

我们仔细想想看：同样在这一天，富商为一对心爱的宠物举行这么盛大的婚礼，花了这么多钱，却不能去关心、帮助那些受创的灾民，这是一件很矛盾的事。富商那样做是不是智慧之举？值得好好分析啊！

所谓“智慧”，“智”是分别智，“慧”是平等慧。“智”是可以分别世间森罗万象的事物，是善、是恶、该做、不该做，都需要用智去抉择。所以，智叫做分别智。“慧”是平等慧，平等慧就是视一切众生皆平等，一切有生命的众生，我们都要尊重。能够等视世间，就能有清净的智慧。

一般人的智识聪明，虽能分别世间一切事相，却因欠缺清净的平等慧，虽然是以爱为出发点，但却没有正确的方向，所以容易偏差。

"口渴一滴如甘露"，爱要用在很需要的时、地，能够付出及时的帮助，才是真正平等的大爱，也才是真正清净的智慧。能发挥这种智慧，分别真实情况和及时救人就叫做"智德"。

另外一种是"断德"，"断"就是断除习气，当机立断的勇气、毅力。世间哪些事真的需要我们去做，就要把握当下、排除万难去做。把握因缘，发挥良能良知；若是不该做的，哪怕有多大的诱惑，都要当机立断，不被诱引。

要将"智德"、"断德"落实在日常生活中，必须对生活周遭的事物用心分析；预防污染不净的事件，进入我们的心，时时刻刻以大爱用心付出。若稍有不慎受到污染、做了错事，也要立即警觉反省、时时刻刻维护自己的清净心，才能发挥人生的良知良能，这也就是智慧的决断。

虽富犹贫的老人

形单影只的老人，病倒了却无人照料。他回忆自己年轻时，对人吝于付出关爱；如今落到如此孤单的景象，深感无限的悔恨！

不久前，听志工说过这么一件个案：有一位老人，早年事业做得很昌隆，拥有许多房地产，也将子女抚养得很好，并且让他们出国留学。子女们成家立业后都留在国外，只留下年迈的父母在台湾。老太太往生后，就只剩他一个人。

因为他年轻时缺少对他人付出爱，所以一直孤独地生活。后来孤零零的来到花莲，买了一幢别墅，装潢得很好，但还是孤单的一个人住，生病了也无人照料。

他在慈济医院进出，都是形单影只，只有志工们关怀他。虽然，最亲近的是子女，但是他们都住在国外，生病时完全得不到子女的照料和关心，连亲戚朋友都和他很疏远。他也知道因为以前自己很少付出爱，才会落得如此孤单。

他说他已知道应如何做了，只要等到身体好起来……遗憾的是，他还来不及做到，就气喘病发作，往生了。

虽然他拥有一切物质财产，但是到最后又能带走什么？最后他想付出，却已经来不及了。我想他这一生都没有快乐过，尤其是晚年，竟落得如此的凄凉和孤单。

他走了，带着什么去呢？是满怀的遗憾！这就是“悭贪”的烦恼，这种烦恼是生生世世纠缠不清的，所以叫做“结”，是看不开的人生。

我们平常应该互相关心，有能力就要去付出，帮助别人是最快乐的事；若自己有力量却不愿帮助人，这就是悭贪。付出的人生是幸福的，可是大多数的人却不明白这个道理，不知道付出的快乐。不愿意付出的人，绝对无法得到可敬、可爱的品格。

有的人，把功夫教人后，心生后悔，担心对方会胜过自己；有的人，拿钱帮助别人后，却觉得后悔，心想：自己怎么这么傻？有钱不会自己用，为何要去帮助人呢？对方并没有感恩我！

像这样付出之后，一直耿耿于怀，这是“悭”的烦恼。事实上，付出就是植福，应该觉得很快乐。就像我们走路，前脚走，后脚一定要放，不要一味地想——后脚所踏过的地方，还是我所占有的。人一定要向前走，走过之后不要放在心上；如此才能不断地前进，这就是学习扫除悭贪最好的方法。

富中之富

一块价值新台币五百万元的翡翠钻石，可以为尼泊尔灾民盖一座慈济村，让一百户人家、数百个人生活下去……一位慈济荣董，在体悟到发挥使用权的可贵后，将一己之爱扩展为至情大爱。

有人问我，尼泊尔是释迦牟尼佛诞生的地方，应该是个吉祥地，为什么会那么贫困呢？

两千多年前，佛陀在世时，尼泊尔就非常的贫穷。从佛陀离开人间到现在，尼泊尔依旧极为贫穷，而且还时常发生灾难。佛陀为了苦难的众生来到人间，所以他总是选择恶业汇聚，也就是最苦的地方出生，这就是“倒驾慈航”。生长在苦的环境中，你告诉他苦，他才了解苦是什么；没有吃过苦的人，你告诉他苦，他一定无法体会。

慈济有一位荣誉董事，捐了一块价值新台币五百万元镶钻石的翡翠，赞助国际赈灾。我问她：“你怎么舍得把翡翠捐出来？”

她说：“师父，您不是说要发挥使用权吗？在认识您之前，因为不懂事，才会花钱买了这块翡翠。买回来后不敢放在身边，便摆在银行保险箱内。不但要缴保险箱的保管费用，每隔一段时间，还要去查看有没有遗失？真是一件烦恼的事情！拥有和没有实在没有差别，一点所有权也没有。”

只要这样的一块翡翠，我们就可以为尼泊尔灾民盖起一座慈济村。只要新台币五百万元，就可以盖一百间房子，让一百户人家、数百个人生活下去。我们去尼泊尔勘灾时，看到他们的房子已经完全被水冲走了。台湾的冬天，一旦气温降到摄氏十度，就说是寒流来袭；看看尼泊尔灾民穿的与住的，想象一下：在摄氏六七度的天气下，他们如何生活下去呢？

台湾现今的社会，丰衣足食、生活富裕；然而台湾以外的地方却是天灾、人祸不断。慈济的任务就是引导富有的人，发挥爱心去帮助困难且无力生活的人。富有固然快乐，但是富有若加上爱心，那才是真正的富中之富！

人生没有所有权，只有使用权。我们在世间除了要懂得如何赚钱之外，更应该懂得如何去用钱，还要用得很漂亮。

然而，有的人却有钱得令人讨厌；他前面花钱，后面马上有人骂他。真正有福的人生，就是要会利用人生的使用权。懂得发挥使用权的人，他知道“东西”放着没有用，处理之后经由爱心人士购买，这些钱就可以让灾民得到温暖。

要知福、惜福、再造福！如果没有继续造福，就好像是银行存款，只有提领却不存入，这样迟早会被领光的。我们领出一块钱，至少也要再存入一块半，这样的人生才会愈来愈富有。

发挥人生使用权

以卜卦、算命为生的盲胞，深深体悟到："既然人生没有'所有权'，我为什么要苦苦地置产呢？我要将辛苦赚来的钱，发挥在真正有用的地方！"

前些日子，我在台北接到本会打来的电话：有一位住在高雄的盲胞，带了十几位盲胞和他的子女，专程来到本会。这位盲胞开出六七张共一千万元的支票，捐给慈济做建设基金。

工作人员问他为什么这样发心？他说，自小就过着坎坷的日子，三岁时母亲去世，由祖父母抚养；到了六七岁时，祖父母又身亡。由于身体不好、乏人照顾，罹患眼疾又没适时妥善治疗，因此眼睛在五六岁时就完全看不见。他的童年，就是在黑暗贫困中度过。

长大后，他以卜卦、算命为生。由于大家对他都很信任，所以赚了不少钱，除了买一栋房子安身之外，还另外买一栋房子置产。

有一天他收听"慈济世界"广播节目，听到我说："人生只有使用权，而没有所有权。单会赚钱不稀奇，会用钱的人才有智慧！"……这些话令他感到很震撼！

又有一次，他听到我说："现在名医很多，但良医有限。因此除了建医院外，我还要办医学院。"他将我说过的三句话连在一起，想到自己小时候就是失去医治的机会，又乏人照顾才会失明，以致一辈子痛苦地生活在黑暗中。目前自己已有一栋安身的房子，再置产又所为何来呢？

他深深地体悟到："既然人生没有'所有权'，我为什么又要苦苦地置产呢？我要将辛苦赚来的钱，发挥在真正有用的地方！"因此，他对子女说："现在我们已经有了住的地方，另外那一栋多出来的房子，如果要分给你们五六个子女，每个人也分不了多少。钱是我赚的，让我把它用在有意义的地方吧！倒不如把房子卖了、捐给慈济，发挥人生的使用权。"

多感人啊！像他能够把钱用在适当的地方，用得多美！偏偏有很多人把钱用来花天酒地、狂饮豪赌，以为这样花钱才够“气派”，最后身败名裂、倾家荡产，这样值得吗？

心的迷惑

> 贪、瞋、痴三毒的产生，在于起心动念的不纯正。让迷惑的心转为定力，并将自己的良能发挥于人群中，自能摆脱这些障碍。

心若着迷财物，轻者会引发内心的烦恼；重者导致精神失常。比如现在有玩六合彩、股票的情形，常听说有人为了六合彩而精神错乱，或为了股票的跌停而精神失常，甚至家破人亡。这种种现象，已成为近几年来的社会问题。

有一次我到台中时，有一位电台记者跟我说：“师父！现在的股票已经迷惑了人心。”

她又说：“有一天，我去彰化的一家医院采访新闻时，凑巧从其他医院转来十几位精神病患。那家医院本来病患者就很多，忽然又来了那么多精神病患者，因此没有病房可以容纳，医生也照顾不来。有人赶紧去问院长，要如何处理这些患者？”

院长说：“那很简单！去拿个板子，上面写着股票涨停板，贴在墙上就好了。”这帖药真的很管用！墙上张贴了股票涨停板后，那些精神病患看了非常高兴，大家欢喜鼓掌，笑得好开心！有的安心地睡着，有的精神也恢复了！

很多人常常因为对“今生”的不了解，兴起探求“前世”的念头。其实，这是多余的。

心若为善，便是天堂；心若守规矩，就是人的境界；心若起杀、盗的恶念，便容易堕入地狱；起了贪念，就是饿鬼的境界。因此，心受外界所转动而无法解脱。

有人说：“色不迷人，人自迷；财不害人，人自害。”一个有智慧的人，会将财、色、名、利等看得较为淡泊，把感情运用在觉有情上。难得生于人间，难得有这份感情的功能，应该要好好地把这份功能散播于人群中，这就是菩萨的智慧。

把握现在，及时付出

> 老人本想将猪杀了，吃个过瘾。但他及时将嫌恨、报复的恶念消灭，生起善念而得解冤释结。一个人如果能在烦恼之中，及时生起善解、包容的心，化恶为善，就是造福啊！

有一则简单的故事：在某乡村，有一户老人家的隔壁有一间大猪舍，猪舍里有一只刚出生不久的猪。老人每次经过猪舍，那头猪看到他，就会露出凶恶的神情，作势要攻击老人。老人看到猪的模样很害怕，都要赶紧冲过去。因为猪舍是老人每天外出唯一必经之路，造成他出门时都得探头看那头猪是否在睡觉？唯恐看到猪凶恶的模样。

有一天，老人想："我到底和猪结了什么怨仇？每次经过，它总是对我不友善、阻挡我的去路。"一时恶念心起就想："好吧！我就买下这头猪把它杀了，吃个过瘾！"果真，他花很多钱买下了这头猪。

但是买下之后，他心念一转又想："佛法讲因果，起心动念无不是业。这头猪对别人都很温驯，对我却很凶恶！佛陀说：'如是因、如是缘、如是果、如是报'，也许是过去我与它结了恶因，现在才有这么不好的缘。冤可解、不可结，不如将它放生吧！"后来，这头猪就被送到寺庙的放生园。

经过几个月后，老人到放生园看这头猪。猪看到老人来了，好像见到大恩人一样，围绕在他前后，向他表达内心的感恩！老人深有所感地说："幸好我能及时将嫌恨、报复的恶念消灭，生起善念而得解冤释结。"

这是一则浅显易懂的故事，但富有很深的道理。一个人如果能在烦恼中及时生起善解、包容之心，化恶为善，就是造福啊！世间有很多事，是因一时的心念偏差而造成遗憾！甚至，一生的道路受到很多的障碍。

人与人之间难免会有烦恼。能在日常中把生活、事情单纯化，就能道业精进、烦恼消除！烦恼不能累积在心中，时日于无形中过去了，烦恼也要随着时日而消逝，这叫做“灭烦恼”。如果让时日空过又累积烦恼，就是业障。

芸芸众生常有疑问，要怎样才是精进？要怎样才是真修行？其实简而言之，“把握现在”就是真精进。有时在日常生活中遇到逆境时，一味地在内心懊恼也只是浪费时光！

时日易逝，而一切道业的成就都需要靠时间来累积。我们若想诸事如愿，唯有把握时间及时付出、及时改进，才能精进再精进！

辑三　至诚篇

“普天三无”，如果好好地运用，不但可以净化自己，也可以净化他人；不只可以使我们的社会安定祥和，也可以帮助世界其他地区的社会安定祥和。

成人之美

> 一位年轻的住院医生在教授的鼓励下，发表了利益众生的论文，并因此一举成名！他在获得成就之余，对于教授不居功的栽培之恩更是感激！

一百年前，在美国有一位住院医生，他在医院的附设医学院念书，也参与临床工作。他发现病人若全身麻醉，快清醒时会很痛苦；所以，他很用心研究局部麻醉的技术。

有一天，他忽然想到病人在手术后快清醒时，只要用一滴麻醉药就可以局部解除他的痛苦。他想这一部位可以用，那其他部位应该也可以用，就拿去做皮下注射，结果很成功。因为人的痛觉是由局部神经传达到大脑，大脑发出信号才感到痛。只要麻醉药在局部阻断，不让痛觉传到大脑就不会有痛的感觉。他发现这道理后，好像发现新大陆一样非常高兴！

当时他的教授正好经过，他就告诉教授这件事。年轻的医生还自称：“这真是个奇妙的发现！”教授面带笑容地点点头。

他看教授只是微笑点头，没有很惊愕的反应，就问道："教授！您觉得怎样？对于我的新发现，您有没有什么批评指教？"

教授说："我相信。"

这反而使医生更为惊愕："您是说您早已知道可以局部麻醉？"

教授说："不止知道。我在十二三年前就发现，也指导过牙科医生在拔牙方面做同样的局部麻醉。"

年轻的医生听了之后，像一个泄了气的皮球一样。别人十二三年前就发现了，他到现在才研究出来。他问教授说：

"您为什么不发表论文呢？"

教授回答："因为我太忙。而且，我觉得这个方法只要可以运用在病人的身上，发挥临床的效用就可以了！"

这位年轻的医生有气无力地说："我已经把这篇论文寄出去了。"

教授很高兴地以慈祥的双眼看着他，并拍拍肩膀、替他打气说："你应该发表，因为我没有时间发表；而且你研究的时间比我长，所以该由你发表。让全医学界的人都知道，使它发挥最大的效用、利益在患者的身上，减轻他们的痛苦。"

这篇论文发表后，真的轰动医学界的人士。大家都赞叹他的成就，这位年轻人因此一举成名，成为脑神经外科的权威。但是，这位年轻人对于教授不居功的栽培之恩更是感激。因为有了这位宽宏大量的教授，才能成就一位开创脑神经外科医学功能的医生。

自助人助

有一间工厂发生爆炸事件，负责人以诚恳、负责的心抚慰伤员，并扛起赔偿的重担。事隔多年后，他的事业东山再起！

几年前，台中县大甲镇发生一起工厂爆炸的意外事件，造成几十人死伤的惨剧，震撼了整个社会。

爆炸发生在中午用餐时间，当时有位工人刚用完午餐，正准备要抽烟，没想到打火机一点燃就爆炸了。根据调查，爆炸发生的原因是厨房瓦斯外泄造成的。有人说，在用餐时就已经闻到瓦斯味，只是大家都疏忽了；竟然没有人想到要去察看，以致酿成无可弥补的重大灾害。

我们在爆炸后的第二天前去探视，以了解需要什么帮助？工厂负责人很勇敢地说："经济上的帮助倒是不用。因为我有一片土地可以卖掉，用来负起赔偿的责任；但是，希望功德会的委员能对伤员的心理建设有所帮助，为他们做心理辅导！"

听到负责人这一席话，我深信这个工厂一定能很快重建。事隔多年后，这个工厂的负责人和他的母亲、家人都专程来花莲看我，为的是要表示感恩之忱。他的母亲说："多年前，就一直想来拜见师父！"

他们告诉我已经有二十多人回来复工了，而且没有一点埋怨。我对他说："由此可见你们平时的为人很好，所以没有埋怨和争执。"

他说："在那段时间内，我非常感恩！很多人都要来帮忙，有人拿五百万、一千万到我家来，表示不用利息，以后再还；有人表示要乐捐，但我不能接受。我非常感谢大家的精神鼓励，也非常感激我的员工回来继续支持我，让我的事业能够东山再起。"

他的切身经历，好像就在告诉我们：自助必得人助！

今日事，今日毕

> 养牛的人错过当下挤乳汁的机会，造成乳汁挤不出来的结果。人有无限的可能，但难免会产生"等一等"的心态，想累积多一点再一起做的想法，徒让精神与体力白白流失！

有一位养牛的人，他养的母牛，乳汁特别多！他觉得自己的养牛技术比别人好，因此很骄傲。逢人便说："我养的母牛，能挤出很多乳汁喔！"

有人说："既然你的母牛乳汁那么多，你应该展示一下啊！"他扬扬得意地说："当然可以！几天后，随便你们几个人来，我都能供应你们好喝的鲜奶！"

为了多储存一点，让大家都可以喝到新鲜的牛奶，于是他赶紧去挤牛奶。可是隔天却发现，昨天的牛奶都酸掉了！

当时还没有冰箱，无论怎么收藏，都会很快就酸掉。于是，他心想：既然这样，倒不如囤积在母牛的肚子里，那就不必担心了！他仔细盘算，一只母牛一天可以挤五桶牛奶，五天就有二十五桶，干脆等五天后再来挤。

这期间他把小牛牵走，不让小牛吃奶；又让母牛一直吃草，增加营养。五天后，他高高兴兴地要去挤奶时，却发现一滴也挤不出来！

就像人类哺乳一样，如果孩子每天按时吃，时间到了，妈妈自然就有乳水，孩子也能吃得很饱；如果孩子几天不吸奶，妈妈的乳水就没有了。牛也是一样的情形啊！

人有无限的可能、无限的力量。但是有时会因一些因素，让人面对工作时产生“等一等”，要累积多一点再一起做的想法。于是工作囤积多了，简单的事也变得复杂、不好处理；加上工作累积到一定数量，就得特别挪出时间去做，无端增加工作时间。

更重要的是，人的力量也像牛乳一样，当下不去利用的话，这份力量是无法“储存”到以后再用的。

生命的“使用权”要充分运用，珍惜分秒做好该做的事。切莫拖延或粗心大意，让精神与体力白白流失！所以“今日事，今日毕”，只要善于利用琐碎的时间把事情随手做好，就能免除许多“后患”。不但利人利己，也是真正在享受人生的使用权。

勿以恶小而为之

“菩萨畏因，众生畏果。”有位居士的家中临时缺盐，便向邻居借了一些。若干年后，他突然忆起这件事的因果，立即还给对方一千斤的盐。

在佛典中有一则故事：有一位很虔诚的居士，十分精进用功。每天将日常生活的工作处理完后，就练习打坐。

有一天中午，他要做菜时，发现盐罐子空了。由于店铺距离他家甚远，所以便向隔壁邻居借用了一些。

他走到邻居家，怎么叫门都没人回应。于是独自走入厨房，心想：盐是很便宜的东西，我拿一点点应该没有关系吧！所以就舀了一汤匙回去。之后，他把这件事给忘了，每天还是不断地精进、打坐。

过了一段时间，只要他一打坐，眼前就有一堆白茫茫如山的东西浮现。他不断地思考，到底怎么回事呢？而这种情况又是什么原因造成呢？

若干年后的某一天，他终于想起向邻居借盐的事。“拿人一两，还人千斤。”于是，他赶快向盐商买了一千斤的盐送还邻居。邻居看到屋前迭了一大堆的盐，很惊讶地问：“这到底是怎么一回事？”

这位居士说：“很抱歉！这些是要还旧债的，是我欠你的。”

邻居说：“你什么时候欠我东西？”

他说：“几年前的某一天，我家缺盐，你正好不在家。我为了一时的方便，私自拿了一小汤匙的盐回去用；之后，我就忘了这件事。但是后来每当我打坐时，却不断有一堆白茫茫的盐浮现眼前。我知道这是因果，现在若不赶快还，将来不知道要怎么偿还？虽然我拿不到一两，但是我要还你一千斤，这就是利息。趁我现在明白时，必须及时还你。”

邻居听了，很纳闷地质疑说：“因果这么可怕吗？这么一点点东西也算是偷吗？”

这位居士说：“只要是没经过人家允许的，拿了就叫做偷盗。我不能犯偷盗罪，所以我拿了一两，应该还你一千斤。”这个故事，有的人听起来会觉得不可思议！种子虽然很不起眼，但是一粒种子一入土，将来就会长大、结果，而且是果实累累。所以，我们要相信因果。但是有些人心有贪念，不肯守本分，不顾守自己的环境，只想贪多；看到别人的东西就想要占为己有，大则抢、小则偷。不管是抢多或是偷少，这点滴都在因果之中，不能不偿还。所以，有一句话说：“偷人一两，要还人千斤”，因果不爽啊！

总之，在日常生活中，应该要谨慎小心。小过错的“因”，犹如一颗种子；种下之后，将来的结果就会很大。所以，不要认为：“这只是小小的过错，没关系。”的确是要时时刻刻提醒自己。

爱吵架的夫妻

爱发脾气的一对夫妻，稍不如意即吵架，严重干扰了邻居的生活。最后，他们以“感恩心”化解了彼此的怨怼。

有对夫妻开了一家糕饼店，因为生活忙碌又欠缺涵养，两人经常稍不顺意就发脾气。两人每天过着吵架、打架的忙乱日子，左右邻居常被吵得没办法过安宁的生活，便请乡长想办法。乡长说：“我也知道必须想办法解决，但这对夫妻实在很没修养！越去劝他们，他们吵得越厉害，真让人伤脑筋！”

有一天，乡长外出散步，远远就看到那家糕饼店前围着一群人，他心里明白又发生了事情。他来到店门口，穿过人群走进店里，看到先生很激动地对太太说：“你如果再不听话，什么事都反对，我就要拿刀杀你！”

太太也大声说：“杀啊！杀啊！反正我也不想活了。”

乡长上前将两人拉开，说：“外面围了那么多人看你们吵架，你们难道不觉得惭愧吗？”

这对夫妻往外看，果然很多人。但是，他们不仅不听乡长劝解，反而骂得更大声，动作更激烈！乡长看他们这样，故意不理他们，往外大声叫说：“来啊！来啊！所有乡亲赶快来。这里有很多糕饼，大家尽量拿去享用吧！”

夫妻俩听了，急忙问乡长为何如此？乡长说：“反正你们一个想杀人，一个想要死；被杀的人死了，杀了人的要被抓去关，留这些糕饼有何用？”

两人听了，静默无言。乡长就说：“夫妻俩不要动不动就吵架，家和万事兴啊！有缘才能结成夫妻，应该要相互尊重，用感恩心来化解对立。你们听到大家要搬糕饼感到心疼，这表示你们对努力得来的成果很看重！既然如此，就不要轻易毁掉这个家啊！”

夫妻俩冷静下来，觉得乡长的话很有道理，答应以后愿意好好相处，不再吵架了。

为了维系家庭，“工作”是家中每个人的本分。只要认清自己的责任、安守本分，即使终日忙碌，心仍然会很平静；如果有“要不是为了你们，我何必这么辛苦”，或认为“自己付出的比别人多”的念头，则情绪就会不平衡了！这样，心中的烦恼会不断产生，动不动就对家人发脾气，使家庭气氛紧张不安！

心不冷静，就容易产生无明（愚痴，不明白道理）的念头。所以，要学习让心时时保持平静，不要让无明遮住智慧。如此才不会与人起冲突，使自己和对方的身心都能安详清明。

危险的自由——只要我喜欢，有什么不可以

有位荒唐的青年，只为了想进监狱和他的老大做伴，便犯下绑架、勒索的案子。愚痴的自由观，就像无知的孩子在玩火般，实在很危险！

我曾看到一则发生在北投的社会新闻。有一位青年绑架了一个读小学二年级的学生，并向学生的家长勒索五十万元。后来，这个小朋友运用他的聪明逃脱了。但是涉嫌绑架的那位年轻人却还不晓得，仍继续向学生的家长勒索巨款。经过家长和警方的合作，顺利地把这位犯案的年轻人逮捕了。

警察问他绑架的动机？他竟然回答：“因为我的老大被关进监狱，我想犯个案就可以进去里面和他做伴啊！”竟然有这样的人，当今的社会真是无奇不有啊！

人都有所追求！有的人追求心灵的自由，有的人追求身体的自由。追求心灵的自由时，是尽量调服自心，追求真理。因此让心灵得到自在，这就是心灵的自安。有的人内心则被无明所覆盖，对人、事不断地计较，心量非常狭窄。所以，一切世事都变成自己的烦恼。但是，他总认为自己心里想要做的事，有什么不可以呢？像这样的心态，当然天天都是充满烦恼、恐惧。

至于身体的自由，有的人安分守己，一切行事都很谨慎、不犯错，甚至

付出助人，所以能够得到心安身轻的欢喜。可是，有一部分人却抱着愚痴的念头：“只要我喜欢，有什么不可以？”所以去飚车、飙舞、吸毒等，结果却招来许多身体的不自由。

文中这位青年所追求的是——只要我喜欢，没什么不可以！这样的自由就像无知的孩子在玩火般，实在很危险！这是愚痴的观念偏差。

要追求的是智慧，要远离的是愚痴。智慧和愚痴，在观念上只是一线之隔。所以，我们要很用心！这一线之间的判断是否正确，要看我们日常生活中思想是否正确啊！

少年得志悔恨多

一位好高骛远的年轻人，在创业失败后，以为只要赔偿父亲的投资就好了。殊不知债务好还，恩情难报！

有一位年轻人大学毕业后，朋友邀他一起投资创业。年轻人向父亲说明自己的计划，获得了父亲的支持。父亲给他足够的资金，希望他能早日事业有成！

年轻人的父亲说：“这些钱给你投资，让你在社会上磨练应如何做人、如何处事立业，你要好好运用！”年轻人于是和朋友合伙创业。他的朋友认为他有钱，给他“董事长”的头衔。他年轻得志，因此得意忘形。平日即以董事长的口气使唤人，也以董事长的头衔在外面应酬、开支票……很快地，事业失败了，他的资本也被“设计”套走了，更背负了一身的债务。因为开出去的支票全部都是以他的名字开的，他只好再回去向父亲求援。

他的父亲非常痛心！儿子刚创业时，父亲就常常告诫他：“年轻人不要好高骛远，要从基础开始，好好待人，不要一下子就当老板。”但是正当他风光得意之时，这些话根本就听不进去。现在惹了一身债，他父亲十分伤心，不得不狠狠地教训他一顿。

这位年轻人不但无法接受父亲的教训，心里还这么想：“父亲还有钱啊！现在我有困难不但不帮忙，还说得痛哭流涕！”他觉得父亲是在刁难他、不肯原谅他。

听了年轻人的描述，我试着开导他。

我说："你父亲对你的恩情，你懂吗？"

他说："我只看到父亲难看的脸色，心里一直想赶快去赚钱，把钱还给他，他就欢喜了！"

我说："你错了！钱容易还，但是亲情、恩情你一辈子也回报不完啊！从小，你的父亲用心地栽培、爱护你；长大了，希望你的学业、事业有成，待人处事能够成功。他给你资本，是想让你磨练社会经验。你不但没有如此，反而迷失了自己，还因经营不善而一败涂地。你这不叫认真努力地创业，而是投机取巧啊！"

听了这番话，他流泪了！他说："原本我以为是因为赔了这么多钱，才让父亲那么伤心难过，只要设法赚钱还他就好了。现在才知道债务好还，恩情难报啊！"

那年轻人终于听懂了！他说回去要好好努力工作，恳求父亲帮他渡过难关，然后好好重新做人。后来，这年轻人确实重新振作，努力于事业。

守本分

学生的本分是念书，若经常在外流连，甚至彻夜不归，就容易发生伤害自己的横祸。在自己的本分事上精进努力，福虽未至，祸已远离！

有一次，菲律宾的一家舞厅，有三百多位学生在那里举办舞会，他们都是即将毕业的大学生。深夜十二点多正玩得高兴时，不料天花板的照明灯突然爆炸、失火了！

瞬间，舞厅变成灾难现场，三百多位学在一片火海中无路可逃。有一百五十多人不幸被烧死，其余的则受轻、重伤。

如果这些学生谨守本分，不要彻夜不归，就不会发生这种不幸事件。可是他们却深夜逗留在设施不安全的场所，结果竟遭此横祸！这些年轻人正值黄金年华、生命力正旺盛，才刚开始要投入社会。但是宝贵的生命就这样损失了，多可悲、可惜啊！

人生要把握时间，守在自己的本分上尽力付出！修行者要坚守本分，将平常所接触的人、事、物等经验，作为生活中的教育。学生们如果认真于课业、守持本分，就不会常常听到：哪个地方的KTV失火，或哪个地方的卡拉OK、三温暖（桑拿浴）发生灾难，死伤了多少青少年了！

每个人一定要在正确的方向中生活、精进，才能达到自己的人生目标。佛陀教育我们："懈怠"就会"堕落"！不肯守住本分，尽力付出自己的本事及负起应负的责任，都是"懈怠者"。这样的人生免不了烦恼、痛苦……

其实，多数的苦难人生都不是因缺乏物质，而是被心理上的烦恼所困。须知世间的一切，都不是我们所能长久拥有的。所以，我们应该懂得及时善用时间和物资，维持身心的健康，发挥人生良能，为社会人群服务。

生活中各种的人、事、物，都能加强自我的教育。若不把人事当是非，而把它当作教育的话，即能"多经一事，多增长智能"。

总之，既然来到人间，大家都应该为自己的本分事精进、努力，这才是人生的真正意义。当然，尽本分就能得本事，这都要靠自己多用心啊！

瞋为毒之根

"瞋为毒之根，能灭一切善。"有一位愚痴的人，心中充满瞋恨，他每天练习符咒，想置他人于死地。结果，却让自己变成精神失常的疯子。

佛典中有一则小故事：有一个愚痴的人，每天都闷闷不乐！邻居看他这么不快乐，就问他："你每天都郁郁寡欢、不说话，有什么心事吗？"他说："我很生气，心中有怨恨！"

邻居问他为什么怨恨？生什么气？他说："某人在背后毁谤我、骂我、批评我，对我很不友善。我很生气，恨不得杀了他，让他有悲惨的下场！"

这位邻居就说："这件事很简单啊！"

他听到很简单，赶紧问说："你有什么方法吗?"

邻居说："虽然有方法，但是如果你做了这件事，也会对你很不利!"

他说："不管怎样，只要让我称心如意、看到他悲惨的下场，或是置他于死地，我一定要去做。"

邻居就说："我听说用催符咒的方法，能让对方精神散乱，以致颠狂、寻死。"

他听了，心想："好！那我就来学。"

邻居又强调说："如果学这种咒语，对自己也会很不利的。"

这位愚痴、易发脾气的人说："只要我能达成报复之心，我就高兴了；没有报仇，我的心会很痛苦!"所以，他还是去学了。

从此，他每天练习符咒。但忽然间，他的精神完全散乱了！满脑子旋绕的都是要让对方发狂，遭遇悲惨下场的念头。结果，他自己却先发狂、散乱，变成精神失常的疯子。

这个小故事可警惕我们：报复或瞋恨之心，是多么地可怕！佛陀说："瞋为毒之根，能灭一切善。"只要一生起瞋心，善念马上就会被覆盖住。例如有些人想做善事，但有时会控制不了要求回报或求名求利之心；如果求不到就会起瞋恨心，并且转善心为毁谤及不好的心态。

其实，付出爱心，关怀别人是做人的本分事。我们在生活中要磨练心志，使意念不动摇；不要因外界的一点风声雨影就影响自己的心，而起了瞋恨和怒气，想以牙还牙去报复。

佛教有一句偈："瞋是心中火，能烧功德林。"瞋怒、易发脾气如心中之火，一念瞋火生起，就会烧尽功德林。星火可燎原，即使是一点怨气都不要放在心上，也不要想："我又没有发脾气，只是心里不舒服，忍着这口气。"

总之，我们真的要戒慎、预防犯错：不要做错事、不要起错误的念头。让自己每天过得很平静，时时以平常心待人处事，才能保护我们清净天真的本性。

积压的瞋恨好可怕

一位妇人平时被先生打骂，都一直隐忍；但是心中却不断累积瞋恨，当她忍不下时，所有的业障之门都打开了！

现在的人，大都处于纷扰之中。过去，我们认为会动口动手、大打出手的都是男人，因为男人的性情比较刚烈、暴躁。可是，近来不管是大人、小孩，是男是女，往往一动怒就可能会做出惊天动地的事。

前些时候我看到一则新闻，是中部地区的一件家庭惨案。那是一个小康家庭，夫妻俩靠劳力维持生活，育有四个孩子。先生平时很爱喝酒，酒醉之后就大骂，甚至经常殴打妻儿。

那位太太为了孩子，一直忍气吞声。可是，她的先生却变本加厉，常常一回家就骂人、打人。她觉得实在忍无可忍，于是暗下决心——要杀死她的丈夫！

惨案发生后，她还很镇定地做好早餐，把孩子喂饱。一切准备就绪后，便把孩子送到婆家，然后自己去自首！

这位妇人为何会做出这种骇人听闻的案件呢？这就是瞋恨的积压反弹。平常她被先生打骂，都一直忍着；但是心中的怨恨，却累积成瞋恨，因此激发了报复的念头和行为。

惨案之后，她还那么镇定，可见她已下了很大的决心。但是，这种决心用对了吗？不对！由她的动作，我们也可以感受到她很爱孩子。因为她还做早餐，把孩子喂饱、安顿好才去自首；也因为爱孩子，所以她忍气吞声了十几年，她的人生就在爱恨交加之中度过。当她忍不下时，瞋恨心一起，所有的业障之门就打开了！

她自首后，孩子要让谁来照顾呢？从此孩子不只没有父亲，也没有母亲来关照了。她当时如果能够以冷静的心，考虑得长一点——

第一是再忍耐；第二则是以大爱和智慧，设法改变家庭，保护孩子，若用这种方法就对了。可是惨案发生了，彼此可说是同归于尽。留下幼小的孩子，将来会以何种心态面对社会？

这种惨案，对孩子心灵的创伤何其大啊！这一念瞋心起，造成多大的伤害！亡者已矣！而孩子的心灵创伤如何弥补？她自己也不知要被判刑几年？真是“一念瞋心起，百万障门开”，这都起于一念心的不调啊！

急功好利事难成

一位年轻人千里迢迢去参访名师，希望能“早日有成”。他在名师一句“急功好利事难成”的话语指点下，领悟学习之道，终于成为著名的剑道家。

日本有一位年轻人，其父是非常有名的剑道专家，希望在有生之年能够看到儿子也成为成功的剑道家。所以，把儿子介绍到一位朋友家学习。

这位年轻人听从父亲的安排，千里迢迢去参访名师。老师看他是一位可造之材，但故意说道：“你要学剑道，可不是那么容易喔！”

年轻人听了，心急地问：“剑道很困难吗？我必须花多久的时间，才能学到剑道的精粹？”

老师说：“必须以有生之年，全心投入！”

年轻人听了很急，说：“父亲希望我早日有成，我怎能一辈子都在这里学习？”

老师说：“那就十年吧！”年轻人觉得还是太久，要求更快一点。

老师却说：“那就三十年吧！”

年轻人说：“只要能让我早日学成，您要我做什么，我都愿意！”

老师说道：“你这么急功好利，很难成就。学剑道最忌讳如此，我看你就学七十年吧！”

年轻人听了，知道再计较也于事无补，便下定决心：“既然来了，一定要学成才回去。老师要我学多久，就多久吧！”

从那时起，老师就叫他去捡柴、挑水、煮饭、扫地……每天就是做这些。三年过去了，他什么也没学到。有一天，他悲从中来，因为三年没有见到父母，而且一事无成。突然，他的老师拿着木剑从背后一棍打来，他被老师打得眼冒金星，莫名其妙！第二天，第三天……乃至天天，老师要从哪里出现突击，他都不知道。所以，他天天提高警觉，时时刻刻都非常用心应对。

最后他的老师出现了，郑重地告诉他："你基本的功夫已学成了，这木剑你拿着，看我怎么做。"从那天开始，他天天和老师学剑道。

几个月后，他的剑道精粹入微，终于成为日本非常有名的剑道家。由此可知，学习任何技能都不可急功好利，要从日常生活中培养耐心、信心，凡事多用心！

有智慧的信任

一位经商失败的年轻人，原本想逃避债务人的追究，但体悟到有心悔过，一切为时不晚的道理后，他不仅卷土重来，更赢得债务人的信任。

今年七月我到高雄去时，来了一位老菩萨，她说："师父！您说过'普天三无'，普天之下没有我不爱的人、普天之下没有我不信任的人、普天之下没有我不原谅的人。所以我相信任何人，尤其对慈济人，更是不折不扣地相信！可是，没想到……不过我又想起您说过'普天之下没有我不原谅的人'，所以我才慢慢地将心结打开。"

原来，有位年轻的慈济人一心想做事业，正好有人邀他合组公司，让他当董事长，但要他出资四百多万元。他把自己的理想告诉其他的慈济人，他们认为年轻人有这份心，应该爱他、扶他一把，所以借钱给他。其中，这位老菩萨见利息颇高，也将钱借给他。没想到，他竟然被合伙人拖累，最后公司倒闭、血本无归！

我在高雄时，这位年轻人来见我，非常忏悔地说出他的遭遇和内心的挣扎。他说在我到达高雄的前一天晚上，他做了一个梦。梦见端了一杯茶要给我喝，当他很恭敬地走到我面前正要跪下去时，不小心滑了一下，把杯子给打破了。茶水溅了一地，他很慌张、不知所措！我笑一笑，轻声地说：“没关系！破了就算了，捡起来重新再来。”

梦到这里时，他突然惊醒，猛然警觉不该再逃避了！他想我一定会原谅他，所以鼓起勇气带着太太来看我。

当天他把委员证和慈诚证交还给我，说：“师父，这些证件请您暂时替我保存，现在我没资格戴；我要重新开始，努力再站起来！”

我告诉他，现在重新开始还来得及；并请大家原谅他、相信他、给他机会。因为他如果无心悔过，就不会在这么多人面前，很诚恳地忏悔自己犯了慈济的戒规。

也许那位老菩萨当时相信他，是相信“利息多”。因为贪心而去相信，是绝对错误的；现在相信他会悔改，才是正确的。所以，“信任”必须配合“智慧”。

总之，“普天三无”如果好好地运用，不但可以净化自己，也可以净化他人；不只可以使我们的社会安定祥和，也可以帮助世界其他地区的社会安定祥和。

心包太虚，礼让他人

一对意气用事父子，因坚持己见而误了要事。不分青红皂白的公鸟，错怪了母鸟，以致母鸟远离高飞……我执之弊，害人害己！

有一则故事：一位父亲为了宴请朋友，就吩咐孩子帮他买瓶酒来招待客人。孩子在买酒回来的途中，迎面有一位青少年挡住了他的去路。

青少年对他说：“你闪开，让我过！”

这孩子也不甘示弱地说：“是你要闪开！”两人就在路上互相指责。不管路有多宽，他们就是赌气、互不让步！

父亲在家里陪客人，等待孩子的归来。时间一分一秒地过去了，一小时后仍未见儿子的踪影。父亲忍不住对朋友说：“你在这里等一下，我去看看到底发生了什么事?”

在路上，父亲从远处就看到两位年轻人站着不动，便问：“到底发生什么事?”

孩子说：“他不肯让我过去、我也不让他，看谁耐得久?”

父亲说：“客人在家里等着，这里由我处理，你先回去吧!”孩子走后，换父亲跟对方僵持，因而忘了家中还有客人。

另有一则小故事：在一棵大树上，筑了一个鸟巢，里面住着一公一母的鸟。当时正值秋天，果实都已成熟了！两只鸟就赶忙去采果，以储存冬天的粮食。

有一天，水果被大太阳一晒，都脱水、变成水果干了。当公鸟回来时，看到水果一下子变少了，就对母鸟说：“我们俩一起辛苦地去采水果，你先吃为什么不告诉我呢?”

母鸟委屈地说：“我没吃啊!”

公鸟就说：“东西明明减少了，你怎么说没吃呢?”这时公鸟起了瞋恨心，用嘴一直啄母鸟，啄得它遍体鳞伤！母鸟受不了这样的虐待，就飞走了！

夜里，忽然下起大雨。天亮后，水果也因为被雨水浸泡过，又涨大变成原来的样子。公鸟见状，才知道经太阳一晒，水果才脱水变少，并不是母鸟吃的。公鸟后悔不已！在鸟巢旁一直啼叫、呼唤母鸟回来，但是却再也看不到母鸟回来了。

做人要进退得宜，做事要信任他人，待人要互相关怀；如此，才能在人生道上走得很平安，得以顺利地到达目的地。

第一个故事说明：凡夫往往都是为了“我”在执著，不愿退让一步；不仅白白地浪费时间，更耽误了重要的事情。

第二个故事也是警惕我们：做人要相信别人。凡事要经过思考、心量要扩大，要心包太虚、量周沙界，并体谅、爱护他人。如果能这样，生活也才会过得幸福！

内能自谦，外能礼让

有位道士以自大的心态，来评断一切事物；最后，被慧忠禅师考倒而认输。相较之下，慧忠禅师内能自谦、外能礼让，才是真正令人敬爱！

禅宗六祖惠能大师，有一位弟子叫做慧忠。这位慧忠禅师，年轻时就很谦虚礼让、才华洋溢。皇帝听到他的行谊后，就邀请他入皇宫，与他下棋、吟诗，甚至一起谈道问法。慧忠禅师一直抱着谦虚的态度，而且能明朗应对，非常有智慧。所以，皇帝也对他恭敬有加。

有一天，有位道士自称天地宇宙间，万事、万物之理他都懂，要求见皇帝，以显耀他的才华。皇帝知道后，请慧忠禅师来考验道士的能力。

慧忠禅师谦让地说："他什么事都懂，但是我懂得却不多。"

皇帝说："以你所知的来考验他。"

慧忠禅师就问道士："听说你懂得很多，天地万物之理都了解。请问，你比较精通哪一门学问？"

道士说："我上知天文、下知地理，能作文、认字，还能算术、算命理，这些我都很精通啊！"

慧忠禅师就问："你住在太白山，到底太白山是公、还是母的？"道士被这么一问，愣住了！虽然他住在太白山，却从来没想过这个问题。

慧忠禅师用手指着地，再问他："这是什么呢？"

道士说："土地啊！"

禅师蹲下去画了一横，问他："你懂得地上这一画吗？"

道士说："那是一啊！"

慧忠禅师说："土的上面多一划，应该是王。"

尔后，禅师又问他："三七合起来的数字是多少？"

道士说："三七是二十一。"

禅师说："你错了！三加七是十，哪里一定是二十一呢？"经过以上的问答，最后道士终于认输、离开了。

皇帝向慧忠禅师说："我有国家、权位，这都不是宝。最高兴的是有你这位国师，你才是我的国宝。"由这个故事我们可以知道，同样是修行，但是要如何修行，端视自己的修养。

内修自谦，待人要有诚意，行为要端正，处事要谦虚，才是修行的根本。如果妄加自大，以为自己很了不起、什么都懂，有时往往会害了自己。

上述的道士，以自大的心态来评断万事万物，是不是伤害了自己？慧忠禅师内能自谦，对外在的事物也能明朗应对，待人接物都很端正、诚恳，这才真正值得称赞、令人敬爱！

舍得放下，身轻心安

有一位凡事放得下的老人，一心只想施舍、尽力付出！人若学会与人无争、与事无争，才能过着逍遥又自在的人生！

佛在世时，有一位波斯匿王出城巡游。他乘坐在高大的白象上，一群随从围绕其身边。途中，波斯匿王从远处看到一位白发苍苍的老人走过来；他深怕这位老迈的长者受到惊吓，即吩咐身边的随从："停下来！停下来！"让老人能慢慢地走过来。

这位老迈的长者远远看到国王时，也稍微停下。他望见随从的队伍也停下时，才放心地继续向前走。当长者走到这群人的面前，国王以慈祥、轻柔的声音呼唤他说："老人家！看你白发苍苍，好像年纪不小了吧！"

老人仰头看着国王，展露天真的笑容，并伸出四个手指头对国王说："我才四岁。"

国王很怀疑地说："你四岁？"

老人坚定地说："对！我才四岁。因为，我在四年前所过的生活，是很糊涂、懵懂的人生，那不是真正的人生。后来很幸运地得闻佛法，所以我接受佛陀的教育才四年。"

"如今，我凡事都放得下，一心只想要施舍，在我有生之年尽力去付出。

在这当中，体会到付出是多么欢喜、快乐的事；不与人计较是如此的自在！由此，了解到心无烦恼，才能身轻心安！"

"这四年来，我过得很逍遥自在，这才是真正的人生。所以，我真正会做人的年龄才四岁。"

波斯匿王听了欢喜地说："老人家！人生确实要放得下、舍得付出，与人无争、与事无争，这才是最逍遥的人生。我很羡慕你！虽然你听闻佛法才四年，但你的人生已经很有价值了。"

要体会真理，追随圣贤者行迹，必须先学会放得下。有些人常有自我的主见，以为谦让会使自己吃亏；或认为身边事物都是恒常、坚固的，所以不愿让步。这些见解如同用一条绳子将自己绑住，真是苦不堪言啊！如果我们不将过去的凡夫心赶快放下，又如何能学圣贤行迹呢？其实要学会付出、放下，不是很困难；要达到身轻心安的境界，也很容易！只是众生我执放不下，才会这么辛苦！能够放得下，佛法就在眼前啊！

牛儿团团转

相信自己、相信别人，是修行的道粮。对佛、法、僧抱持半信半疑态度的居士，在老师父的开示下，才走出烦恼的迷津！

以前有位居士，在大陆的一座古寺里修行。一段时间后，他心中生疑，怀疑自己选择学佛这条路对不对呢？怀疑自己有没有修行的天分？怀疑是否真有佛的境界？

他也怀疑寺里的出家人——看他们每天似乎都很悠闲、无所事事，到底有没有在修行、懂得多少道理？

有一天，他走出古寺，看到一头牛被绳子绑在树干旁。它想要离开，可是挣脱不了，便一直绕圈圈。他心想，可以用这件事当题目来考一考寺里的老师父。

他回古寺找老师父，问："为何团团转？"

老师父答："因为绳未断。"

他听了吓一大跳，心想：我看到那头牛被绳子绑住，在那边团团转，但是老师父没出去，为什么知道呢？

老师父看到他表情惊慌，问说："居士，什么事让你这么震惊呢？是不是我答错了？"

"不是，不是，您没答错。只是我所看到的，您应该没看到啊！为什么您能回答出来呢？"

"那你看到什么？"

"我看到一头牛被绳子绑在树干旁，没办法脱离、在那边团团转；而您没看到，竟然能回答出来。"

老师父笑了笑，说："你问的是'事'，我答的是'理'；一理通就万事彻，事理皆圆融。你说的是那头牛被绳子绑住；我答的是你的心被'无明'这条绳子绑住，使你在烦恼中团团转。"

居士听了，赶快跪地求忏悔。他说："我不该对佛法、对出家人抱着半信半疑的心态。我信佛，却怀疑是否真有佛的境界；我信僧，却怀疑僧的品格、智慧；我信法，却没有用心将法运用在日常生活中。虽然有信，但是起了疑惑，所以产生障碍，无法精进。我应该把内心这条疑惑之绳剪断，真诚地依教奉行。"

相信自己、相信别人，是修行的道粮。若对自己有疑，就无法产生毅力与勇气；若对他人有疑，就无法与人建立善缘。只要以真诚的爱心待人，以光明磊落的心胸处事，则人生到处都充满了真善美。

这故事虽然简单，却说明了"事理圆融"之理。内心无疑，心境明明朗朗的，看事情就能看得真切，也才能信受别人所说的道理。

"疑"与"信"都由心生起，大家要好好照顾自己的心念，莫无事生疑，制造烦恼的根源。

人我是非的判断

老婆婆吃了香甜的水果后，又喝了臭水，顿觉臭水甘美无比；随即以蜜浆换了一壶臭水，事后却感到后悔不已！很多人在日常生活中，听了很好的道理，却不知珍惜；反而对于有污染的人我是非，未明辨就接受了！

有位老婆婆，带着蜜浆和水果出远门。她走了一段很长的路之后，觉得口渴难耐，就吃了一个“庵摩罗果”（一种香甜的水果）解渴。当时路旁正好有一户人家，于是老婆婆又向这户人家要一杯水。

但这户人家的井是一口死井，里头的水已经发臭了，由于附近没有其他水源，所以大家仍以这些水勉强度日。女主人从井里舀出水来给老婆婆，老婆婆竟然觉得这水甘美无比，如同喝了稀有的甘露。

她请求女主人说：“我想以蜜浆跟你换一壶井水，你愿意吗？”

女主人不解地说：“这口井水质很不好，你为什么要换呢？”

“但是我觉得有如甘露啊！”在老婆婆的坚持下，女主人只好装了一壶水和她交换蜜浆。

老婆婆回家后，立刻又倒了一杯水来喝。可是，竟难以下咽！她觉得很奇怪，于是再喝第二杯，但还是一样很难喝。她感到很疑惑，明明是同样的水，为什么味道不同呢？她又再倒一杯来喝，情况还是一样。

于是，老婆婆请邻居过来，让他们试喝看看。邻人看到那水黑黑浊浊的，都不敢尝试。老婆婆就说：“本来这水真的很好喝，但拿回来后就不一样了。真的很奇怪，请你们喝喝看吧！”

邻人勉强尝了一口，惊讶地说：“啊！这简直是臭水嘛！怎么能喝？”

老婆婆觉得很纳闷，仔细回想才恍然大悟！原来她向那户人家要水喝之前，吃了“庵摩罗果”，由于水果的余香，让人觉得那杯水甘甜无比！找出原因之后，她很后悔用蜜浆交换了一壶臭水。

其实，很多人在日常生活中常会有这样的悔憾。例如听了很好的道理，却不知珍惜；反而对于有污染的人我是非，未明辨就接受。这就像老婆婆把蜜浆拿去换脏水一样。

所以我常说："要把是非当教育，不要把人事当是非。"若能把是非当教育，就如同饮用蜜浆、吃"庵摩罗果"，既解饥渴又口齿留香；如果把人事当是非，就如同喝脏水一样，不仅损害自己，还会被人轻视。

"人身难得"，难得来人间一趟。若不懂得好好应用这有限的人生，就像带着蜜浆却偏偏去向人讨脏水喝。那这一趟人生之路，走得多冤枉、多辛苦啊！

端正身心，诚实待人

一个有惯窃行为的孩子，本来他将会因此而丧失前途！但大家用爱心、耐心及运用智慧，好好辅导他，让他学习为自己负责，因而改变了他的人生！

常在报上看到刊登失窃或被抢的社会新闻，甚至绑架勒索的事件。这都是犯案者没有安分守己，认为世界上有侥幸的事。

在马来西亚，有位无父无母、无家可归的十七岁孩子，从小未受教育，平常都在街头流浪，养成了偷窃行为。当地的慈济人一直想好好调教他，分别带他回联络处及一位居士家居住，甚至还帮他在美发厅找到工作。但是，他所到之处，常常有东西遗失。

大家明知他是惯窃，但苦无证据。问他东西是不是他偷的？他绝对不承认，而且利口辩驳，胆子更大！大家一心期待他能悔过，但是很难啊！常常看到他去买新衣服，问他钱从哪来的？他都说得出理由，所以大家对他都很头痛！

用心辅导青少年的姚居士得知这种情形后，以软硬兼施的方法问他、劝他、辅导他，但都不管用。他绝不承认有偷窃的行为。

当问得很无奈时，姚居士就问他有没有信佛教？相不相信有因果？孩子说："有，但一点点而已。"

姚居士说："你闭上眼睛半小时，看看观世音菩萨要跟你说什么？"孩子真的闭着眼睛，很安静地想。

半个钟头之后，姚居士再问他："你看到观世音菩萨了吗？"

他说："有，观世音菩萨在窗户边。"

姚居士说："你如果偷过东西，应该向观世音菩萨忏悔！"

他就乖乖地跪着、很用心地忏悔，他一直冒冷汗，也哭了。孩子终于承认说："我偷过东西，我很后悔。"而且还说偷了谁的东西。

姚居士说："偷了东西是要还的。"孩子估算每个月的薪资开销支出后，仅剩五十元。

姚居士说："你的态度必须很诚恳。看你偷了谁的东西，每个月还人家五十元。如果你能这样做，我就配合你、再给你五十元，让你每个月可以还一百元。这一生你偷多少，下辈子就要加倍地还人家。不如你这一生好好用心地还，偷了谁的东西一定要分期还清；哪怕是一辈子，也要还完。这样，你的'业'和'因果'才会消除。"

这孩子欢喜地接受，也真的改过了，而且每个月会存钱、还钱。姚居士固定每个月都支持他五十元，这就是智慧的辅导。

有惯窃行为的孩子，本来他的一生将会因此而丧失前途；但若用爱心、耐心好好去辅导，加上运用智慧，让他学习为自己负责，他的人生是可以改变的！

如果有人太过于心软、欠缺智慧，就会采取帮孩子还债，期待孩子会改过的做法。这是不妥的！要运用智慧，让孩子知道每个月要赚钱还自己偷的钱，让他警惕自己。所以说，智慧的辅导非常重要。这位十七岁孩子的故事，很值得我们警惕。因为他从小没有父母教育，才会心存侥幸，养成偷窃的习惯。而我们有很好的环境，对人、对事更要诚实！诚实才能端正行为、不偷盗、不妄语，过着有价值的人生。

辑四　至爱篇

人生要尽量在能做时发挥良能的“使用权”，用到不能用时就应“放下”，然后才会有新的躯体再来服务人群。如此，即可拥有无悔的生命之旅。

人生有爱无憾事

罹患癌症的慈诚队队员，在队友的细心照顾下，生理与心理上都获得了一股温馨的暖流。人与人之间，若能彼此扶持、相互关怀，社会便能呈现一片祥和！

慈济有位慈诚队队员，是位很有责任感的人。可惜，年纪轻轻的却罹患癌症，其他慈诚队员鼓励他回来花莲慈济医院治疗。

他回来慈济医院诊疗，医生很细心地检查，确定是胃癌，但幸好可以开刀切除。手术很成功，而且最重要的是有队友细心地照顾他；自从他回花莲以后，每天都有两位慈诚队员日夜轮流陪伴、照顾他，比亲兄弟还要亲。

我去慈济医院病房探视病人时，看到他已经起来走动。两位慈诚队员各在一边扶着他，其中一位帮他拿着点滴，他们一起在走廊上散步。菩萨之爱与法亲的关怀，从他们的表情、动作中流露无遗，看了真令人感动。

他告诉我说：“很感恩师兄们的照顾！”

我问："你太太呢？"

一旁的慈诚队员代他回答："他们的孩子还小，为了让她专心带孩子，所以请她先回去，我们轮流来照顾就好了！"

好一句"我们轮流来照顾就好了！"这是多么体贴的爱啊！

即使是自己的亲人，也未必能这么用心地投入；而慈济人却能甘愿做，做得满心欢喜。周围的人看了都很赞叹，连医生护士也受到感动，这真的是大爱！

互相爱护、彼此关怀，这样的人生实在很美！然而现在的社会，却有很多人缺少这份互相关怀的大爱；若人人都能彼此关怀，那社会怎么会出问题呢？

那天在慈济医院社会服务室时，有一群学生围过来。我看她们都满面笑容，充满快乐、纯真、活泼的神采。但是，其中有一位却面无表情、也没有笑容。

我问："你怎么了？"

有位同学就说："她心情很不好！"

一位志工在旁对我说："她说读书的压力很大、心情很不好，曾想要跳楼。"

我关心地问她："你到底哪里不舒服呢？"

她说："我也不知道。就是内心很消极，觉得读书的压力很大。"

这群同学很疼爱、呵护她，这正是同学间的友爱。同学心情不好或心里有困难，她们就陪她来看医生、找志工妈妈。这种彼此关怀的同学之爱，也让我很感动！

最近，学生相邀跳楼或开瓦斯自杀的消息频传，这都是一时想不开的盲目行为，说不出特别的原因。现在青少年的心理问题，实在很令人担忧，为人父母者真是很难为啊！若于父母的关爱之外，学校的同学也能发挥关怀与爱心，不幸的事件就能减少。

人生若充满了互爱、互相关怀，是一种多么真、善、美的境界！

总之，人生真的需要彼此相爱、互相关怀，这样才能祥和、幸福。当然，这必须人与人之间都能发挥心中最自然、最清净的大爱。

烦恼来自“小爱”的束缚

一位迷失在欢场中的先生，已经迷途知返，但仍得不到太太的谅解！一位母亲将爱全部放在孩子身上……若能发挥大爱的精神，就不会被小爱的执著束缚住，造成人生的痛苦！

在这两天的时间内，我看到了三种爱。第一对夫妻，由一群朋友陪着来看我时，先生非常虔诚地跪拜，而太太一跪下来就泣不成声！后来先生才轻声地说：“师父，过去我做了一些对不起太太的事。我自知错了，现在真的要改了。”

我告诉那位太太：“怎么样呀？你听到先生这些话，心中有什么感想呢？”

太太说：“我真的很想死，我什么都不要，觉得做人实在没什么价值。”

原来，这对夫妻过去有一段感情的问题，他们的经济环境很好，但先生曾经一时迷失在歌舞场中，心被另外的美色所迷。太太发现先生对不起她后，心结从此就打不开了。由于她无法原谅先生，几年下来就得了忧郁症。整天以泪洗面，看她的眼睛红肿，似乎眼泪不曾停过，真的很苦啊！

苦在哪里？苦在“爱”看不开，她被“小爱”束缚了。即使先生已经从迷途回头，表现那份体贴、温柔，但她还是不能打开心门。他们有两个小孩，她也很关心孩子，但是这份执著的烦恼，让她数次想寻短见，这是一种很矛盾的心态。

还有一位，也是因为爱；爱太过充足，所以她的心灵空虚了。先生对她很好，很老实、很会赚钱，对太太百依百顺，可说是一点缺点都没有的人，太太对先生真是无可挑剔了！他们只有一个孩子，她把爱全部都放在孩子身上。

她觉得在台湾的孩子读书很辛苦，希望到国外找一个轻松的教育环境，同时又能让孩子接受高等教育。所以，她想尽办法让孩子出国。因为是偷渡入境，所以孩子无法正式入学；她就用另一个方式去办手续，小孩终于在国外一所很好的学校读书了。然而，现在那个国家发现她有偷渡的纪录，再也不让她入境看孩子了！

因为这样，现在她的心已经完全空掉了！无法吃、睡，坐立不安，觉得天要塌下来了。我说："你应该多去看看各式各样的人生，看看人家，再观照自己。"

先生怕太太被我"说"得太重，赶紧说："她平常也是很好，她的心地很善良……"

你看，她周围的爱是多么充分，但她却口口声声地说："我的心很空虚！"爱多得已经满出来了，所以不觉得有什么可贵，像这种痛苦，也是很烦恼啊！

第三对是年轻的夫妻，抱着他们患白血病的小孩来看我。这对年轻的夫妻为了小孩，已经用了很多心神，花了八百多万医药费。这个小孩在美国已移植成功，但没想到回来半年后，又发作了。医生告诉他们，孩子这次可能很难治疗了。他们想：孩子短短的生命来到人间又要走了，所以他们要满足孩子一个心愿，带孩子去迪斯尼乐园。

这对父母为了孩子，从前年就不辞辛苦将小孩带到美国、日本医治，大家都很关心他们。这对夫妻在这三四年中受尽煎熬，因为病魔不只折磨孩子的身体，也磨透了父母的心。这也是一种爱，人生有亲有爱，就有怨有恨、有痛苦啊！

人的烦恼，都是因为有爱。有了爱往往又产生恨，有了爱也可能带来空虚的感觉以及无法避免的压力。这是因为在"小爱"的烦恼中摆脱不出来，所以会有种种的苦。

若真的要能"解脱自在"，就必须把爱的心门再打开一点。能够发挥"大爱"的精神，就比较不会被"小爱"的执著束缚住，因而造成人生的痛苦。透彻的大爱，才是菩萨心。

爱惜物命，是慈悲是大爱

六岁就被送往日本大本愿寺当小沙弥的莲如禅师，从小就养成惜福、惜物的习惯。尔后以此精神，弘扬了净土法门。修行即是要从小处着手，处处用心也能一门深入！

在日本的大本愿寺，有一天上完早课后，住持要回寮房时，在走廊上看到地上好像有一样东西；他弯下身把它捡起来，原来是一张纸。

弟子说："师父，这张纸好像用过了。"

师父就说："虽然写过字了，但它还有再使用的功能。"

这位方丈是大本愿寺第八任住持——莲如禅师，他领导大本愿寺，在当地弘扬净土法门。

小时候，他家非常贫穷。母亲教导他要能用心学佛，将来才能把佛陀的教化，散播给所有的人，解开人们心灵的苦难和欲念的烦恼。有一天妈妈不见了，没有人知道妈妈去哪里？于是，这六岁的孩子就被送去大本愿寺当小沙弥。当时的大本愿寺也很贫穷，生活很不好过。但是他谨记妈妈的教诲，再辛苦、贫穷的环境，他也时时用功，非常刻苦耐劳。

二十多岁时，他成为大本愿寺的第八任住持。虽然已是住持的地位，但他惜福、惜物的精神，还是一样坚持。所以，即使已用过一次的纸，他会再用第二次。之后，再拿去包东西，这就是充分的爱惜物命。

我们在日常生活修行中，一定要尊重物命。世间的一切物质，都有它的生命功能，要爱惜一切物命，这是大爱，也是慈悲。

如果现代人也都懂得爱惜生命，甚至连一切的物质也爱惜，我们的社会就不会有这么多的消费和垃圾的问题了。因为很多问题，都是出于人们不会爱惜物品。像现在的垃圾问题，在垃圾堆里，还有很多可以再利用的东西，可是却被丢弃了。因此，变成一堆堆的垃圾山。

我常说："要知福和惜福。"不知福的人就不会惜福；若懂得惜福，他就能保护一切万物的生命。所以，"惜福"是修行的一个法门。

若有心要造福人群，要从日常生活中的“知福”开始。懂得知福，才能再造福，所以，这也是修行的法门。

人生最美的心境

一位老先生怀抱“我家门前清洁，别人家门前也该干净”的心念，每天都去打扫街道。他以实际的行动来爱乡里、爱别人。二三十年来，不管是刮风、下雨，从未曾间断过。

我曾经在电视上，看到一位真正富有的人——他不是物质富有，而是心灵上真正的富足。

他是一位六十多岁的老人，平时靠劳力维生。每天清晨四点多，他就出门打扫中和市区的街道，以实际的行动，来爱乡里、爱别人。他只要看到路面有凹洞，会设法把它补好，以免骑机车的人不小心摔倒。二三十年来，不管是刮风、下雨，他从来不曾间断过。

他的妻子是位很贤淑的女人，虽然没有任何妆扮，却很美。她每天煮好早餐，就去找先生回来用饭。

记者问她：“你会不会找得很辛苦？”

老太太说：“是呀！有时候不知他扫到哪里去了？我就到处找，看得眼睛都快花了！”

记者问老先生：“可曾想过要去游玩？”

他说：“从来没有计划过！”

他的休闲，就是打扫街道、捡拾垃圾、修补路面。他觉得“我家门前清洁，别人家门前也该干净”，这份关爱他人的心灵，真是他人生最美的心境！

他这样做，有没有影响别人呢？的确有人赞美老先生虽然没念什么书，却能如此奉献社会，实在了不起！但有些人，却认为他是神经病。

老太太跟先生说：“你每天做这些没人要做的事情，大家都笑你是疯子喔！”

老先生说：“那是他们的观念不正确！”

多么有智慧的老人啊！对呀！何必去在意别人的批评呢？只要是有益人群的事，就应赶紧利用时间去做。这才是最富有的人生，才能拥有最丰富的心灵。

甘愿做，欢喜受

一位贪杯的企业家，因贪于一时的快感及满足，而做出令自己懊悔的事。人若能清楚分辨应为与不为之事，对事事便能以欢喜心看待！

有一位企业家李居士，是慈济的荣誉董事。据说他以前常常喝醉酒，回到家就呕吐，神志不清，使太太很困扰。

他说喝得醉醺醺的，一时会觉得很痛快、过瘾；但等到酒醒后，日子就不好过了。除了头昏脑胀外，太太还会找他算账。所以这种快乐，只不过是过眼烟云。就像赌博的人，赌输了，开支票时不觉得怎样；但支票兑现时，眼看辛苦赚来的钱一去不回，也会很心痛啊！

李居士以前是“欢喜做，甘愿受”；进入慈济以后，则是“甘愿做，欢喜受”。所以获得真正的快乐，身心轻安自在。

“欢喜做，甘愿受”与“甘愿做，欢喜受”，是完全不一样的。前者是指平时随心所欲，错误的、不该做的，即使有人阻止仍明知故犯；而做了之后所受到的烦恼，当然必须自己承受，别人无法替代。后者则是分辨什么是该做的、什么是不该做的。该做的，再辛苦也很甘愿去做，并抱着欢喜心耐劳、耐烦。

比如慈诚队员们在会场两旁站岗执勤，抬头挺胸、动也不动，我内心实在钦佩！他们大都在社会上有相当的身份和地位，竟然站在这里、心甘情愿为别人服务。不管多苦，他们都能转苦为甘。

另外有位纸业公司的陈董事长，他以前平均一天要喝五六瓶进口酒。我听说进口酒有一瓶八千元的，也有一万元的，可见他一天不知要喝掉多少钱！我想他们以前喝酒时，一定有虚荣的心理：“我喝的是别人喝不起的进口酒！”

但炫耀之后又如何呢?

以前，他总认为酒是香的。去年九月他来花莲，前一晚仍是喝得满口酒味；没想到第二天来到“静思精舍”，顶礼后要站起来的刹那，突然发现酒味怎么那么难闻，让他全身不自在，有罪恶感。之后，他也开始戒酒、茹素了。

为什么他会有罪恶感呢？因为他开启了良知。良知一旦开启，良能也就随之发挥。他投入慈济之后，发现慈济的美，美在付出之后心灵上的踏实感：舍出有形的物质，却得到无形的心灵享受。这种感受是如人饮水，冷暖自知。

无悔的生命之旅

一位学佛多年的企业家，一直对生死很挂碍。在同修的引导下，终于使他认清生死的本质——人生尽量在能做时发挥良能、散布大爱；用到不能用时，就应放下!

有位企业家学佛多年，到过很多道场，有能力做大布施，对慈济也很护持。有时听到有人往生，他就开车载太太去为亡者助念，但自己却从来不敢进入丧家，因为他有很深的恐惧感，甚至到后来，连出门都不敢了。

慈济有很多荣誉董事常常去陪他，带他去散步、爬山。慢慢地，陪他由家里再度走向外面，然后由走路而开车，由城市到高速公路；直到现在，他已完全恢复过去的信心和健康，又能在高速公路上来去自如地开车了。

后来，他们又邀他回来当志工。刚开始，他也很怕进到病房。志工们就陪他到病房里，甚至引导他为病人刮胡子、擦身、剃发，一步步地让他亲手为病人服务，直接与病人接触。后来他觉得习惯了，也就没什么挂碍，有一天，他很高兴地告诉我：“我已经能突破心理的障碍了。”

现在，他已不需他人陪着壮胆，还可以带领别人。不过，最近有一位亡者愿意捐出遗体，作为生理研究解剖用，志工们就邀他说：“走吧！我们一起去为亡者念佛。”

他说：“喔！解剖的样子，我看了会怕!”

大家就鼓励他说：“怕什么？根本没什么？你看了就会知道生命的奥秘，

什么才是生命的真谛！"

就这样半强迫地拉他去助念。刚开始，他站得远远的不敢看，而且闭着眼睛念佛。念到后来，觉得很自在轻安。志工们就叫他"靠近一点，再靠近点！"，他真的再靠近亡者的身边，看到医生第一刀下去，慢慢解剖尸体、拿出各种内脏……

他看得一清二楚，而且一点也不怕，甚至体悟到人生其实也没什么。那就像以前吃荤食时，所看到的那些东西一样。所以，他觉得生命没什么值得担忧！回来精舍做心得分享时，他很自在地说："我看到了，那没什么。"这就是轻安。他从最初对生命的迷惑和惶恐，慢慢累积成"忧郁症"，让他内心日夜不断地恐惧、痛苦。好在有同伴们不断地耐心引导和照顾，使他恢复得如此安然自在。

如果有人问你："什么事情令你放不下？"

或许你会说："我放不下亲人，放不下财产……"

其实，大多数人最放不下的：就是生死问题。

其实，死亡并没什么可怕。就像每天我们累了要休息、睡觉一样，而死亡就像是"长眠"。死只是躯体的长眠，死亡应该就是自在、解脱！

人生要尽量在能做时发挥良能的"使用权"，用到不能用时就应"放下"，然后才会有新的躯体再来服务人群。如此，即可拥有无悔的生命之旅。

悲智双全的小猴子

有一只小猴子，在森林发生大火时，不顾自己生命安危，冒险解救素昧平生的鼬鼠及鼷鼠。清净无染的本性，一切众生皆有；即使是兽类，也有这份智慧和爱心。

在一座山林中，有只小猴子非常天真、无邪、清净，对天地万物都很喜爱。不管是一棵树或一块石头，它都很认真地观察，经常情不自禁地赞叹："好美啊！"听到大地万物的声音，也说："奇妙啊！"看到每种动物，不论凶猛的老虎或柔弱的小鸟，也都觉得很可爱！

有一天山林起火了，猴爸爸和猴妈妈催促小猴子赶快逃命。小猴子跑到半路，想起心爱的包包和书本忘了拿，于是折回头去。当它拿了东西，往逆风方向逃时，看到一只鼬鼠老婆婆因为年老走不动，正着急着。小猴子很不忍心，就教老婆婆趴在它的背上，然后很快地再向前跑。

不久，又看到一只鼷鼠害怕地高喊："谁能带我离开这里呢？救救我的命啊！"小猴子问它为何不赶快跑呢？

它说："我白天看不到东西，晚上才看得见。所以，现在不知道要往哪里跑？"

小猴子说："来！你躲进我的包包里，我带你逃走。"

鼷鼠果真跳进包包里，小猴子就背着老婆婆和鼷鼠，继续朝着逆风方向一直跑。跑到尽头时，却发现前面是很深的悬崖！"如何才能逃到对面山坡呢？如果掉下去，必然粉身碎骨！该如何是好？"

眼看大火浓烟渐渐逼近，小猴子很着急。抬头看看四周——啊！有了！有一棵松树长在悬崖边，树枝向着对面伸得很长，虽然离对岸还有一段距离，但可以用藤条绑着树枝跳过去。

小猴子教老婆婆抱紧它的背，又教鼷鼠躲在包包里不要出来。然后它拉住藤条，一鼓作气，果真跳过去了！老婆婆很感动地说："小猴子啊！你真的很勇敢、很有爱心！森林发生火灾，大家都只顾着自己逃命，而你却冒险解救与你素不相识的我及鼷鼠。你真是这座山的爱之神，是众生的活菩萨！"

清净无染的本性，是一切生命所共同拥有的；即使是兽类，也有这份智慧和爱心。众生只要将心中的五毒——贪、瞋、痴、慢、疑的污染清除干净，这种心地就是世间最美的境界。

像那只小猴子，不管听到什么声音，都觉得很奇妙；不论看到任何生命形态，都觉得是天地之间的美景；有灾难发生时，不仅自救也愿意救人，这就是真正的本性。

人心有圆满的大爱。所以，我们更应该保护好这份世间最珍贵的自性宝藏！

大爱的力量

贺伯台风过境，造成全台灾情惨重！慈济人秉持“人伤我痛，人苦我悲”的心怀，全力协助灾民渡过难关。此举不仅温暖了灾民的心，更希望透过行动促使社会产生“爱的循环”的力量。

此次贺伯台风来袭，造成台湾三四十年来最严重的灾情。全省各地慈济人都发挥大爱的精神，只要哪里有灾难，马上动员去救灾。大家除了设法到现场煮饭、炒面、炒米粉，还冒着风雨送去热腾腾的便当，并协助灾区进行复建工作……我真的很感动，也很感恩！

新竹县的尖石、五峰山区，路坍、桥断、山崩，慈济人不怕危险，不分人己亲疏，接连好几天深入无比艰险的灾区中，运送粮食、物资给灾民。

南投地区受到的重创，更可以“排山倒海”来形容。巨大的山石从山上倾泄而下，挖土机为了抢修道路，连铁爪都卷曲了，可以想象当时山石滚动的威力有多大！

慈济人为了运送物资及勘灾，除了攀山越岭，更乘坐临时用绳索搭起的流笼，渡过深渊断崖。每踏出一步，石头就一直滑落，真的很危险；而他们为了救人，依然“难行能行”、毫无畏惧，这就是慈济人啊！

除了山区发生“土石流”的严重崩落，靠海的嘉义东石乡也是苦不堪言；因为海水倒灌时，连同厕所的污水都一起冲进灾区，使得很多人的皮肤都受到感染。

台风过境后，我亲自到灾区关怀灾民。所到之处，都听当地的民众说：“我们第一个看到的就是慈济人。”这实在是让我感到很欣慰。慈济人总是跑在最前头从事救灾工作，协助灾民度过最困厄的一段日子。虽然大家冒着生命危险令我万分担心，不过这份“人伤我痛，人苦我悲”的心怀，的确令人感动！

目前，灾区救急的工作尚继续在进行中。而且我们更积极呼吁社会善士，响应“乡亲受灾害，大家来关怀”的赈灾活动。全球慈济人总动员，走入街头巷尾劝募善款，尽全心全力为灾民复建家园。

平时，我就常常鼓励慈济人要敦亲睦邻，组织“小区志工”，多做小区服务工作。此次风灾，除了慈诚队员、慈济委员之外，有许多企业家或其夫人，也都捧着爱心箱组队到街上募款，甚至连孩子也一起到街头劝募。这让我觉得我们的社会真温馨啊！这份感恩，实在无法再用其他言语来形容。

所以说，世间万物没有永远属于我们的，人生没有“所有权”，唯有“使用权”！大家不要为一己之私利，而贪求无餍；应把握时间发挥良知良能，无所求地付出。如此，才能真正自利利他，造福人群，为后代子孙建立安乐的家园。

唤起生命奇迹

一位昏迷不醒的植物人，在亲人的声声呼唤下，奇迹般的醒了过来！医学界至今尚无法解释这样的病例，唯一看得到的是：爱的力量之伟大！

电视曾经报导，有一位年轻的意大利人，因为车祸昏迷不醒，变成植物人。但是，他的女朋友还是把男友当成健康的人一样，依然爱他。她每天都去看他、帮他擦洗护理，并且天天在他耳边唱歌、说故事给他听，告诉他社会上发生的种种新闻。

有一天，这位植物人突然会笑了！女朋友看到他有了反应，赶紧大声叫他、摇动他的身体，他终于被叫醒了。他睁开眼睛想要说话，可是声音沙哑而说不出话来，这真是一项奇迹！

当地的医生，一直探讨这件不可思议的事。因为一位昏迷了四年、毫无反应的植物人，竟然被“爱”叫醒了！后来这位年轻人开始复健、学说话，恢复得很好。

医生一直在研究这是什么样的转机，是何种力量让他重生？目前的医学尚无法解释这样的病例，只能解释为：因为有这份爱，才唤醒这位植物人。

慈济医院也有类似的例子。有一位男士，因为车祸昏迷不醒，被送进慈济医院治疗。他读小学三年级的女儿，常在父亲的耳边不断地呼唤："爸爸，你要赶快醒过来啊！爸爸加油，我们需要你啊！"

受限于加护病房探病的时间，志工们便教她用录音机录下呼唤爸爸的声音。于是，她录下这段话："爸爸，自从您住院以后，我们再也看不到妈妈的笑容了。记得以前，您每天早上都会买早点给我们吃；您住院之后，别人买的豆浆都没有您买的那么好吃。爸爸您最疼我们，您要勇敢啊！您要赶快醒过来呀！家里如果失去了您，就失去了一切……"爸爸终于被她叫醒了。其实这不算是奇迹，而是爱的力量使然。爱的呼唤，对生命确实是一股最大的力量！

佛陀将大地喻为人生之母，有了她才有众生聚集之处。大地之爱的确是人生生命之泉源，也是大地生命之泉源。佛陀以种种事相来譬喻人生之爱，除了父母养育子女的慈爱、呵护之外，"爱"也可应用于人与人之间，来救活即将枯萎的生命。

我们应该了解，"爱"如大地、如慈母，大地之爱能载万物，使万物有蓬勃的生机，这力量有多大啊！人也是一样，只要有慈母般的爱、如大地一样的爱，则生命就充满了希望。

意大利的医生目前还在寻找原因；其实，我们活在爱的团体中，觉得这是很平常的事，只要肯付出爱心、肯用心，不论怎么顽固或生命垂危的人，都有希望被唤回来。

辑五　至心篇

人若能以平静、知足的心应对事物，而且一直保有这种修养到终老，才是幸福的真正秘诀！

幸福人生，诚敬悦服

一位患有肌肉萎缩症、身体弯曲的中年妇人，不仅帮人带小孩，还将家里打扫得一尘不染！我们若能以一颗诚恳的心，去面对复杂的人生，则生活中处处见欢喜！

有一位来自基隆的中年妇女，患有渐进式的肌肉萎缩症，身体已百分之百的弯曲。走路时，她是蹲在地上，一步步很艰难地“移动脚步”进来的。

我问她和谁住在一起？

她说：“我自己一个人住，父母都已往生了。”

我再问：“你没有兄弟姊妹吗？”

她说：“有啊！可是都各自成家立业了，要照顾自己的妻小。”

她没有一点埋怨，而且还说：“师父，我生活得很快乐，我还帮别人带两个孩子。”

“你能帮人带小孩？”

她说："可以啊！人家忙就把孩子送来，我双手还很有力气，可以带两个小孩，生活也过得很好。"

有人很感动地说："上人，她不只能带两个孩子，她还把家里打扫得干干净净，一尘不染，她实在很坚强，我们都被她'教导'了。"

看到这样的人生，不只是委员被她教了，甚至连我也被她"教"了。像她这样完全"站不起来"的人，却能活得如此自在，真是令人感动！

我觉得以身、心来说，她都比我健康。她的身体虽然萎缩，但还可以带两个孩子，把家打扫得一尘不染，她比我还有用啊！有时我身体有些不适，就会觉得没力气说话，没力气上大殿……好像有很多事都不能做。难怪慈济人说受教很多，也很受感动。

修行离不开心，心一定要"诚敬悦服"。若能常以最诚恳的心对人、对事；做每件事都有敬重心和诚意；看到事情都能善解、欢喜，这就是最幸福的人生。

"诚敬悦服"是修行人所追求的。面对复杂的人生，不管是早课或每一天的开始，我们都要抱着最诚恳的心去面对。不论长幼、贫富，都应抱持"如见佛"的恭敬心去对待。如果有诚意和恭敬心，做每件事都会很欢喜，不会有哪件事是我们所不欢喜的。如此，人与人之间一定能和睦相处。可见"诚敬悦服"是多么重要，它能让我们生活在清净欢喜的天地里。

像这位妇女，她的心就是道场，家庭就是她清净的净土；面对芸芸众生，她都视为佛的世界。这位妇女，真的是过着"诚敬悦服"的人生。

她对人很诚恳，尊重别人，每天都很欢喜，这是修行者应该过的日子。我们要反省自己，每天是否都有这样的心态？修行不一定要在寺院里，也不一定要在什么样的环境、不一定要有健康的身体才能修行，修行只在于一念心。

"诚敬悦服"这四个字，就是用心在日常生活中时时反省、时时了解自己。能够如此，才能了解别人，才能活出一片清净的天空。

自我净化心灵

一位信佛虔诚的居士，每天很欢喜到寺院以鲜花供佛；但一离开寺院，内心就会现烦恼状。禅师说："花的新鲜与我们身心清净的道理是相同的。常常自我净化、调整心念，才能适应环境；无法要求环境来适应我们的心啊！"

有一位信佛虔诚的居士，在自家屋后开辟了一片花园，种了四季的花草。他每天都勤于修剪、整理花圃，所以枝叶茂盛、花香袭人。这位居士常将这些清雅的花，送到寺院去供佛。

有一天，这位居士遇见寺院的住持禅师，也将花供养禅师。禅师很欢喜地说："你每天都来插花、换水，确实是功德无量！佛经里说：'以花供佛，能生生世世得庄严。'"

居士说："我不求什么！只是每天整理花草、剪下花朵，送到寺院供佛，我的内心就会特别宁静、清凉、轻安，这是我每天喜欢来供佛的原因。"

禅师说："是啊！学佛心中应无所求，当下就是清净。"

居士说："我每次来到寺院都很欢喜，心也很清净；但是回到家就会有烦恼，心不得安宁！我要用什么方法，让我的心清净呢？"

禅师说："花瓶里的花，一段时间后就会凋谢！你知道该用什么方法，让鲜花保持新鲜吗？"

居士说："要时常换水。因为花的茎浸在水中容易腐烂，无法吸收水分供给花朵，花就容易凋谢。所以必须要每天换水，并且剪掉烂掉的梗及茎，这样就能保持花的新鲜。"

禅师说："花的新鲜与我们身心清净的道理是相同的。在日常生活中，我们要常常自我净化、调整心念，才能适应环境；无法要求环境来适应我们的心啊！"

这位居士听完后，随即接着说："我若能常在寺院里，不知有多好！我很期待有一天能放下一切，在寺院宁静的环境中好好聆听佛法，学习佛经梵音的唱诵。”

禅师又说：“其实，呼吸之间就是梵音声。只要把混乱的心念时时消除，这种天地宇宙、周围环境，乃至于你内在的身心动作，无一不是清净梵音声。你两边的耳朵就是现成的菩萨道，身体就是清净的道场！”

修心，最重要的是心念清净。人生不如意事占了十之八九，生活要能事事如意、不受外界干扰，实在很不容易！既然人世间有这么多不如意的环境要面对，不如先自我净化，把内心的世界清净，这也就是修心要下的功夫。

我们在生活中如果好好用心、反观自性，就能自我净化心地，则无处不是清净的道场！何须等待时间与空间的配合？修行，无非是要时时调节自己的心。内心如果清净，大地一切的境界无一不是美景；宇宙之间，万物的声音无不是生命的朝气与大地的生机！

精诚所至，金石为开

发多大的心，就有多大的福；发多大的愿，就有多大的力量。虔诚的鸡头婆罗门，因为一念至诚，终于能一偿心愿，供养佛陀。

有一天，一群婆罗门教徒共聚在一起，希望能供养佛陀，与佛陀结法缘。但是，这群婆罗门的家境都很清寒，无法自己独资设供。所以，大家决定，每人分担一百钱，合力来举办供养佛僧的法会。

其中有一位名叫鸡头的婆罗门，听到有供养佛陀的机会，非常欢喜！但是，每个人都要负担一百钱，这对家徒四壁的他来说，是非常困难的事。

回家后，他向太太说：“有一群婆罗门教徒要合资供养佛陀，每个人必须准备一百钱，我们没有钱供养，该怎么办呢？”

太太说：“家里实在太贫困了！也许，是因为过去我们没有造福的缘故。这次能供养佛是个大福报，如果我们不能参加这次的盛会，以后哪有机会呢？”先生听了之后，也觉得很惋惜！

后来，太太想出了解决的办法。她向先生说：“有一位赊婆密陀罗长者也是婆罗门教徒，此时正需要雇请佣人。我们可以先向长者借一百钱，并与他约定十天内会还他钱；如果没办法还清，我俩一起去他家当奴婢。”这位鸡头婆罗门抱着欢喜心，到赊沙密陀罗长者家借钱。

长者果然很快地借了鸡头婆罗门一百钱，他随即将钱送去给婆罗门教徒。但他抵达后为时已晚，其他的教徒说：“我们所需的钱已经凑齐，不需要你的一百钱了。”

当天晚上，夫妻俩心里很郁闷。他们不断地祈求、求佛慈悲，期望能有机会供养佛及僧众，来圆满他们的心愿。当晚这对夫妻做了一个梦，梦见天人对他们说：“你们的诚意感动了天帝释，明天你们就能圆满这个愿了。”

天亮后，夫妻俩以一百钱准备丰盛的饭菜，期待佛能前来接受供养。佛陀与阿难及三五位比丘，果然如期地在他家门前站着。鸡头婆罗门看到佛陀非常欢喜，与太太在门前向佛陀跪拜、顶礼说：“佛陀啊！我们正虔诚地期待您，您终于来了。”

佛陀对他微笑说：“你们有什么祈愿吗？”

鸡头婆罗门的太太说：“佛陀，我们很贫穷、一无所有。但是，这次能有机会让我们供养佛及僧众，我们已经感到很满足！”

佛陀慈悲地说：“好啊！我与僧众都来了。”

这对夫妻说：“但是我们的饭量，只有这些而已。”

佛陀说：“这些饭已足够了，将这些钵拿去盛饭吧！”

夫妻俩一钵一钵地盛出去，不可思议地，每个钵都盛满了，使每位比丘都得到了供养。佛陀说：“鸡头婆罗门！你发了多大的心，就得多大的量与福，这都是因为你的虔诚。你在过去生中缺少福缘，而这一生的福与未来的福已无量无穷！”

“精诚所至，金石为开”，学佛就是要学这份虔诚心；有虔诚的心，所发的愿必定能实现。

这段故事，让我们知道虔诚的发心很重要！发多大的心，就有多大的福；发多大的愿，就有多大的力量。鸡头婆罗门以一百钱所能准备的饭菜，实在是很有限啊！不过佛陀带来这群比丘，他们的应量器（钵）却令人人都满足，这就是因为鸡头婆罗门虔诚的心，所感得的福德果报。

习气——可爱与可厌的分界

同样是患了老年痴呆症的老人，一位令人心生欢喜，另一位却让人心起烦恼！年轻时心念的养成，产生了两种截然不同的晚年境遇。

有位中年妇人来看我，诉说家中的公婆让她很烦恼。她说："公婆都很老了。婆婆又患了老年痴呆症，很难伺候，一天到晚唠唠叨叨。整理好的东西，她总是又弄得乱七八糟，两老也经常呕气吵架。我想遵从师父的话，对长辈孝顺，可是像这种情形，我要怎么孝顺呢？"为此，她心里又烦又气。

这位老婆婆在年轻时就常常和媳妇挑剔、计较，媳妇也和她计较，所以她心里存有许多埋怨。现在年纪大了，身体失去健康，脑筋也痴呆了，但是她潜意识里的心念，还是怨、恨、报复。所以媳妇整理好的东西，她又会把它弄乱，让人烦恼。

另外，有位李居士的母亲也患了老年痴呆症。虽然她的身体行动已不太自由，也不太会认人、记忆力衰退，但她总是笑口常开，口说好话。所以照顾她的人，也照顾得很欢喜，一点都不疲倦。

李太太说她婆婆从前待人，就是人人都好、事事都好，和左右邻居也都相处得很好。她心量很大，别人若对她有什么恩惠，她都谨记着要报恩。虽然她现在患了老年痴呆症，但是看到人总是说："你好，你做人很好啊！"没有一句不好的话。因为她年轻时就把心念照顾得很好，所以习惯性的什么都好、什么都感恩。因此照顾她的人一点都不累，她的亲人也都喜欢她。

平时修行最重要的，就是要"顾好心念"。心念是我们"来去"的种子，不管现在生活在何种环境中，我们的心念若没有照顾好，那就很容易受环境所影响——于顺境中增加欲念，于逆境中则增加造业的机会。这都要视自己能否把周遭的环境，转变为修行的境界，进而藉境修心。当欲境现前时，要以戒、定、慧来控制物欲的陷阱。

心念的培养确实很重要，一点都不能疏忽！人来到世间，从幼年开始就受环境的熏陶及影响，而养成一些习气；习惯成自然，到老时就更由不得自己了。

由以上两个例子，可知一切都出于心念。今生今世由这种种不同的潜意识，即可感受到“业力”的种子真的很可怕！这股力量竟然如此强烈，更何况是来生来世？

我们若带着怨、恨、恶的念头，将来又要过怎样的人生呢？如果我们抱持大爱、广结善缘，看到人就欢喜，做什么事都很甘愿，那么来生来世就可以得到很多人的爱，也可以去爱很多人。

余习会跟着我们转到来生，您是选择令人敬爱，或是引人厌恶呢？

幸福的秘诀

一对结婚五十多年的老夫妻谈幸福的秘诀，老先生说：“每天早上起来，记得向太太慰劳、赞美几句！”人生若常抱持随喜、欢喜的赤子之心，便能自利利他。

不久之前，有一对老夫妻由子女陪着来花莲，老夫妻都已经八十几岁了。

他们的媳妇对我说：“我的公公、婆婆，都是我们的模范。”

女儿也说：“是啊！有这一对父母，我们觉得自己是世间最有福的人。”

儿子坐在旁边接着说：“我们有这一对父母，真的觉得好满足。”

老太太笑得很开心地说：“是啊！我自己也觉得很有福。儿女都很乖，连女婿也跟儿女一样孝顺，真欢喜！”

老先生说：“我们平常欢欢喜喜地待人，这样所见到的人都会很欢喜啊！”

看他们一家和乐融融，我也很欢喜！他儿子还讲了一个故事：几年前，他们的父母结婚五十周年纪念时，儿女们陪着父母到纽约去玩，可说是全家一起出动，那真是一幅很美的天伦图！到了美国，竟然有一群记者围着他们问东问西。最后一个问题是：“你们结婚的五十年当中，曾经吵过架吗？”

老太太赶紧替老先生回答：“哎呀！欢喜、祝福都来不及了！哪有时间吵架？”

记者又问老先生说：“您用什么方法让老太太这么欢喜呢？”

老先生就从身上掏呀掏地，掏出一个古式、大大的怀表。他打开表盖里面藏着的秘密，上面写着："每天早上起来，记得向太太慰劳、赞美几句！"这就是老先生的秘密！

譬如他常常向太太说："你辛苦了！我们这个家好在有你喔！每一件事都做得很好。"每天他都没有忘记要常常赞叹太太几句。老太太因得到先生的体贴、赞叹，所以再辛苦她都"甘愿做"，不管物质是否充足、生活是否清苦？他们都非常满足！

人生有了欢喜心，则不管见到什么都会很欢喜。因此，他们可以做子女的好榜样，把子女教育得很好。难怪这对夫妻要出门时，子女都争先恐后要陪着父母亲出门，因为和父母在一起很快乐、很幸福。

人人都期待幸福，追求快乐。但是我们都缺乏一种训练，那就是时时以欢喜心、祝福的心对待他人。人若能以平静、知足的心应对事物，而且一直保有这种修养到终老，才是幸福的真正秘诀！

净化人心，社会才能安宁

四个正值青春期的少年，因心念一时的偏差，铸成大错！心念若照顾好，人心才能净化，社会才能安宁。

有三个小学生。在上学途中相遇，便提议逃课去玩。刚巧又遇到一位十八岁的年轻人，他们就很高兴地一起去台北玩。

其中有个小孩担心地说："太晚回家，不知要如何向父母交代？"

另一位就说："我听班上同学说如果逃课、晚一点回家，可以告诉家长是被绑架了。"

三个孩子听了，都认为这个主意很好，就由那位十八岁的青年分别替他们打电话给家长，说他们的孩子被绑架了。

其中，有一位妈妈听到孩子被绑架，而且对方勒索五百万，吓得昏倒、被送到医院急救；另一位妈妈听了很着急，马上报案。而这三个孩子和那位年轻人却在外游荡，一起去打电动玩具。其中一位还偷了一个皮包，里面有三千多元，他们就用这三千元游荡了两天。

由于他们半夜还在外游荡，警察巡逻时觉得不对劲，就上前追问。其中一位很紧张，把身上的六百多元扔了就跑，警察立即追捕，将他们送到少年观护所。问出真相后，马上打电话请家长前来处理。

那位偷皮包的孩子已构成犯罪，除了逃学外，又加上谎报及盗窃，所以三位学童都要受管训；而那位年轻人则涉嫌拐骗。这些孩子也才十二三岁，竟然会自导自演瞒骗父母和老师。他们的理由都是功课很重、念书很痛苦，老师管得很严等。

现在的教育，不知要用什么方法才能平息这些青少年的心态？我想最主要的是整个社会的大环境，造成青少年不懂事；但社会议论对父母的指责和不体谅老师，也会造成青少年的心理问题。所以，社会需要净化；人心不净化，社会就无法安宁。

总之，人、事、物都是在一念间有所变动。转到正的方向就是正；转到偏邪的方向，道路就偏了。不论是正或偏，都在一念心。所以，分分秒秒要多用心才是！

酗酒的年轻人

酒醒的年轻人，看到警察脸上带着笑容，眼光中充满了鼓励和诚恳的眼神；突然间，他完全清醒了！是一种发自内心深处的本性醒悟。

有一位年轻人很爱喝酒，经常喝得醉醺醺的；酒醒后，他颇感后悔。可是酒瘾一发，又忍不住去大喝一顿。一年当中，他因喝酒、闹事被拘留的次数竟高达三十多次。可见，他被酒害得几近毁灭前途。

有一天他又喝醉了，在路上摇摇摆摆、妨害交通。当时有两位警察看到了，想把他拉走，那年轻人拔腿就跑。但警察在后面一直追赶，跑过了好几条街，后来仍被追上了。但年轻人却对警察拳打脚踢，加上酒后的力气特别大，有一位警察的脸就被打伤了。不过，警察还是合力将他制伏，送到警察局，拘留了二十四小时。

离开拘留所，在路上又遇到那位警察正在值勤。年轻人看到警察脸上贴着撒隆巴斯（创可贴），心里既害怕又羞愧！本能地低着头，转个弯往另一条路走去。

警察看到了就叫他的名字，且又随后跟着他。年轻人害怕极了，以为警察要报复。没想到警察追上他时，竟伸手搭着他的肩说："年轻人啊！我今天看到你清醒的样子，真是很欢喜！你看起来这么斯文，又懂得惭愧；如果你能时时保持这份清醒，不是很好吗?"

年轻人听了他的话，心里更是惭愧得无地自容！他抬头看看警察，看到他脸上带着笑容，眼光中充满了鼓励和诚恳；年轻人发现自己这一生实在很少清醒地看看别人，而且是看着一张这么关心他的脸孔。

突然间，他完全清醒了！是一种发自从内心深处的本性醒悟。他告诉警察："我会振作！以后你看到我，都会像现在一样；我绝对不再喝酒，让你失望。"

那位年轻人果真很有志气，他用很长的时间克服了酒瘾的引诱。他不但戒了酒，同时事业也成功了。几年之后，他就像重生的人一样。后来他去找那位警察，警察几乎不敢相信几句鼓励的话，竟然能够让一个沈迷于杯中物的人改头换面，这就是"心会意解"吧！

那位年轻人如果没有用心，那么警察给他再好听的言词，他也不见得会改；正因为他肯用心看别人的表情、听别人的声音，所以他真的听出了别人对他深切的期待、感受到真挚的关怀，因此启发了自己内心深处的良知。

阿枝伯的善因缘

性情孤僻的阿枝伯发心忏悔，要将这一辈子累积下来的怨恨和错误，不断地抛弃掉。多一分清净心，就可以少一分污染心，所以佛性自然显现。

记得多年前，有一位孤老无依的老人来慈济医院住院。因为一直没有亲人来照顾，我们的志工就用爱心去关怀、照顾他。

这位老人的性情本来很孤僻，在年轻时曾做了很多错事，因此大家都舍弃他。老病之后更形孤单，还好有志工去关心他。其中，有一位年轻的慈诚队员和这位老阿伯特别投缘。他每天都进病房两次，早上帮他洗脸、换衣服，然后喂他吃饭，做完这些事后才去上班；下班后又去看他，该清洗的就帮忙清洗，同时陪他谈天，劝他要多念佛。

“阿枝伯”是他对这位老伯的称呼。因为阿枝伯几十年来的习气就爱骂人，所以一般人都觉得他很难伺候。但是这位年轻人很有耐心地听他抱怨，听他诉说对过去人生诸多的不满。

若听到他又重复说起时，他就对老人说：“阿枝伯，这故事我听过了，换我说故事给你听。”然后他慢慢地用佛教的故事、念佛的好处来引导他，终于阿枝伯渐渐接受了，性情也慢慢地在改，念佛的心念不断地增加，骂人、怨人、恨人的心念则渐渐减少。

有一天，阿枝伯对年轻人说：“我今天有一个要求。你如果答应我，我才要让你洗澡、跟你念佛。”

这位年轻人说：“你每次的要求，我都答应。你说嘛！这次要求什么？”

阿枝伯说：“你一直都这么热心帮我，我很感恩！不过今天要求的这件事，你一定要做到。”

年轻人说：“你说嘛！是什么事？”

“我希望你能叫我一声‘爸爸’。”

年轻人听了愣一下！他想：我叫你阿伯，这样照顾你已经很好了，还要我叫你爸爸？可是转念一想：师父常说要将普天下比我们年长的人当成自己的父母亲，我叫他爸爸又有何不可呢？因此就叫了一声：“爸爸！”

老人听到这一声“爸爸”，感动地流下泪来，他又哭又笑地对年轻人说：“我今天终于有了儿子，我好高兴！这辈子我没有遗憾了，帮我擦擦身吧！”年轻人就帮他擦澡、换衣服，让他躺好后，老伯又说：“我要念佛，你也要帮我虔诚地念喔！”“我很高兴，我要睡了。”

病人虔诚地带着笑容念佛，旁边的年轻人也很虔诚地念佛。一直念到老人都没出声了，他以为老人睡着了、要帮他扶好一点，这才发现阿枝伯已含笑咽下最后一口气！他这趟人生，已满足地走到尽头……

因为阿枝伯能真正地发心忏悔，才能将这一辈子累积下来的怨恨和错误，都在那几个月内不断地抛弃掉！多一分清净心，就可以少一分污染心，所以佛性自然显现。而他又找到一位有缘的人来帮助他念佛号，他才能那么安详的往生啊！

悲智双运的教育

有一位小偷，受到老禅师的慈悲和智慧的感召后，抱持着感恩心，后来成为一位大护法。人都有善良的一面，只是有时会禁不起外境引诱而犯错。若以智慧来开导，善良的本性仍会显现。

禅宗有一则公案故事——有一位老禅师，在深山的草棚里修行，在一个中秋夜，他静静地坐在那里念佛，突然来了一个小偷。小偷翻箱倒柜，弄得到处乱七八糟，但是只看到两个银币，他拿了之后，就想从窗子跳出去。

老禅师明知有小偷进来翻箱倒柜，不过他还是仍然不动。正当小偷要从窗子跳出去时，老禅师就出声音了。他说："小哥！有门你为何不从门出去呢？怎能从错的地方来，又从错的地方去呢？要光明正大从正确的地方出去啊！"

小偷乍然听到这些话，大吃一惊！回头看到老禅师，看他非常平静又很诚恳的样子，小偷才定下心来……当他要开门出去时，老禅师又说："小哥！你拿了人家的东西，应该要说声谢谢啊！"那小偷听了，心又是一震！贪念顿时扫除，赶紧回到老禅师的跟前叩头、忏悔。

老禅师说："同样的东西，你用偷的有一个贼名；我用送的则对你有一份恩德，所以你要感恩。不要认为这是你的本领，要知道这是人家的恩惠啊！"老禅师用这种方法教育对方，从此他再也不当小偷了。后来，这位小偷抱着感恩心很努力地工作。事业有成后，还成为一位大护法。

这就是慈悲和智慧的教育。其实，人心都有善良的一面，只是有时会经不起外境的引诱而犯错。我们若用平静的心，以智慧来开导，往往对方善良的本性仍会复活。最重要的是我们要常常培养欢喜心，以理智和感恩之心待人。如此，人生就会过得很快乐、幸福。

执著“名相”的佣人

自认聪明的佣人，误解了主人“看门”的意思。他擅自作主将大门拆下，导致家中门户大开、家当被窃。凡夫平常说“要照顾好自己的心”，却往往只在“名相”上打转，没有真正深入内心、启发清净的智慧！

在佛典中有一段故事——有一天，主人要出门时，特别交代守门的佣人说：“我这次出门，很多天才能回来。你要看好门户，也要注意驴子，不要让它走失了。”

佣人说：“一个人怎么能同时看守门户，又要注意驴子的行踪，这怎么做得到呢？”

主人告诉他：“你只要专心把门看好，将驴子用绳子拴住就行了。”

主人出门后，佣人就拿张椅子坐在门前，看着用绳子拴好的驴子和门户。这时，村里正在演野台戏，佣人听到远处的戏台传来的锣鼓乐声，心里很想去看戏；但是眼前必须看好门户及驴子，无法出门看戏。

佣人想了一个自认两全其美的方法——他将门拆下来，用绳子绑在驴子的背上，带着门及驴子到戏棚下看戏。等到曲终人散，他才缓步牵着驴子走回家。此时，远行出门的主人正好从外地回来，望见家中的凌乱情形，感到很愤怒！大门不见踪影，连带一些好的家当都被小偷搬空了！

这时，佣人安然自在、边走边唱歌地牵着驴子回来了。主人见了，非常生气地说：“叫你看好门户、注意驴子的行踪，你怎么没有守好本分事，让门户大开呢？”

佣人说：“有啊！你交代的事我都做到了。你看，门不是在这里好好的吗？驴子也在啊！有哪里不对呢？”

主人很生气地说：“我要你把门户看好，不要让小偷进去偷窃；现在门被你拆掉，小偷进去把有价值的东西都偷走了。你只看好门，有什么用呢？”

修行是从内心找出与佛同等清净的本性，才是真正修行人的本分。但是凡夫却迷失了，不知往自己的内心寻找本性，心念时时被外境所引诱、随着境界打转。所以，在人生道上生活得非常辛苦！

这个故事，描写凡夫只执著在“名相”的心态，平常只会在名相上说“照顾好自己的心”，没有真正深入内心，寻找本性的智慧和清净的大爱。

人生的道路是很简单的，但是我们常常不去体会、不从正路走向目标而往往走向岔路，这就是平时欠缺了真正的用心！

做就对了

村民为了每天必须走五里路送水供应国王饮用，感到烦恼不已！多次向村长抱怨、讨价还价，希望能减少路程的里数。有智慧的村长，运用妙法克服了村民心理上的障碍。

佛经中记载着一则小故事：古时候有一个小国家，在离皇宫五里路的地方，有一个小村庄，那里的水质很好，连生喝都很甘甜、清凉！

国王很喜欢喝这村庄的水，因此下了一道命令：“村里的人，每天一定要送水来供给国王饮用。”此后，村民每天都依照命令，按时送水到皇宫。

但经过一段日子之后，每当他们想到要走五里路时，脚就酸了、人也懒了。所以，全村的人就一起商讨解决的方案。大家都觉得每天要来回送水，好辛苦啊！最后，村民的结论竟是集体迁村——离开村庄。

这村庄的村长很有智慧，就跟村民说：“请大家稍安勿躁！我去和国王商量一下，请国王把五里路改为三里路，这样大家是否能接受？”

村民听了很欢喜，都说：“若能把五里路改为三里路，这样走起来就会比较轻松！”

这位村长就去向国王请求这项建议，国王很欢喜地说：“没问题，只要村民能每天供应清凉的水，我就很满足了！”

村长回来向村民报告好消息，说：“从今天开始我们继续送水，因为五里路已改为三里路了。”村民听了很满意，每天又开始不断地送水。

从五里路变成三里路，到底路程有没有变短呢？其实，从皇宫到那村庄还是同样的距离；只不过在名称上感觉五里路很远，三里路比较近，差别只在于名称的不同而已。

这个故事，说明了人常常被“名相”绑住。听到很多名相，就觉得惧怕；若名相比较简单，就能欢喜接受。在人与人、人与事之间，只要我们能做得到的，都应尽力而为、赶快去做。对人不仅应表达出和气，互相赞叹的风度，更要有“付出而无所求”的心态；不要在乎它是复杂或是简单，只要我们做得到——做就对了！

我们处事，应该用简单的心去面对一切复杂的道理。若能用简单的心来接受，哪还有什么困难呢？菩萨道本来就很简单，在于你是否愿意去做？如果甘愿做、愿意做，就很简单，一点也都不复杂了！

纯真的天性

人的本性是纯真、清净的，但常受后天环境所影响。若能常保赤子之心，良知良能即能发挥出来！

我在一本书上看到两则小故事，很值得与大家分享。第一则是描述一位太太，因为要帮先生的事业，而无法亲自带孩子，于是请了一位很有爱心的保姆。

那是一位很年轻的小姐，她十分用心地带那可爱的小宝宝。每天当她要回家时，都会很自然地把孩子搂过来亲亲说：“明天见喔！”然后才搭车回家。

有一天这位太太回来晚了，因那位小姐又跟别人有约，所以匆忙地向小孩说了再见，就转身跑出去，进入车内。没想到那孩子也跟着她跑出去，追着车子放声大哭！

车子刚开动，突然又停了下来。大家都不知道发生了什么事？只看到那位年轻的保姆从车内走出，将孩子搂过来亲了又亲，然后挥挥手说再见。那小孩原本哭得泪汪汪的，这会儿竟然笑了！

小孩的这种表现，就是天真之爱。每天他都以亲亲、再见和保姆结束一天愉悦的相处。因为那一天比较不寻常，小孩就觉得很不习惯。人的习惯就是这样从小培养出来，而且觉得所得到的是应该的；如果失去了，就满心不甘！这是受后天环境培养而形成的。

另一则故事是：有位妈妈带着小女儿到饭店，点了菜正要吃饭时，小女孩天真地问："妈妈，我们是不是要祈祷呀？"

妈妈看到饭店里那么多人，要在这里祈祷实在很不好意思，但又不方便对女儿说。正在犹豫之际，突然听到老板大声地说："妹妹，你可以祈祷呀！现在就可以开始。"

小女孩就以天真、稚嫩的声音，唱起诗歌。在饭店用餐的人看到她那么可爱，也都放下碗筷，静静地听她唱歌。小女孩唱完后，大家都露出愉悦的笑容！

一个天真的小女孩，她的诗歌祈祷，让饭店里所有的人都为之动容，饭店里原本是喧哗、吵闹的，只因为有这么一位天真小女孩的歌声，让大家虔诚的爱也同时启发出来，这即是清净的本性所发挥的良能。

无功不受禄

每天用功参禅、按时接受他人供养的修行者，在一场与"魔境"的对抗中，以定力度过这项考验，并体悟到"无功不受禄"的道理。

有位修行者，每天用功参禅、精进地研究佛法。他平日的生活，都由一对母女虔诚地按时供养。经过好几年后，修行者自省："我只是一个人修行，这样会进步吗？我到底定力够不够呢？是不是要一直过着这种孤独的日子呢？这样对吗？"

思考之后，他很想出外参学，便向这对母女提出自己的想法。妇人说："您既然想出外参学，倒也是一件好事。但是，您是不是可以再慢几天，让我为您做一件衣服御寒？"修行者想想：也好啊！如果天气变冷了，的确需要件衣服，便答应她慢几天再出门。

过了几天，母女送了一件衣服来，向修行者说："这件衣服是我们母女日夜赶工做好的。我们一针、一线、一句佛号地缝，祝福您一路上能随愿满意。"修行者很感恩地接受了。这位妇人又拿出四个元宝，对他说："这是给您路上当路费花用的。"修行者也很欢喜地收下来，准备隔天就要出发。

那天晚上，修行者正在打坐，四周非常的宁静；就在他心思很寂静的时刻，忽然间前面现出了一个境界：一支打鼓、吹奏的队伍，远远地一直走过来，来到他面前。有位童子手捧着一朵很大的莲花，邀请修行者坐上莲花座。

但是，修行者内心自我警惕道：这个境界是魔的境界吗？随后他不断地提醒自己——不管是什么境界，都要稳定自己的心，不要动摇！但是这位童子还是再三地邀请他，后来修行者就把身边的引盘放在莲花上面，这境界就消灭了。

天刚亮，母女送饭来的同时，也顺道向师父送行。那时，妇人手上拿着一支引磬说："师父！昨晚在我家马厩里，母马生下一只小马！可是那只小马一生下来就死了，身上还插着这支引磬。这支引磬不是您的吗？为什么会插在初生的小马身上呢？"

当时，修行者接过引磬，顿时全身冒出冷汗说："一件衣服就是一张马皮，四个元宝就是四个马蹄。还好我的定力稳，不然就堕入你家当牛马。"修行者觉得很可怕！如果平白接受别人的供养，而心如果没有定力，确实是一件很可怕的事情！

有的人尽管有一念虔诚的心想修行，却常常起心动念，现烦恼状。其实，烦恼多了，业力就在烦恼中现前了。

由这个故事，我们可以知道"无功不受禄"。在修行中，需要好好调伏这念心，要知道不清净的心念，分分秒秒都是业力；起心动念都要戒慎啊！

欢喜自在一念心

能正视生死的人，到了人生末期，便能以安然自在的态度去面对一切。贫困的南非黑人，整日与垃圾为伍，生活却自得其乐，只要常存感恩、知足的心，处在任何境界都能欢喜自在！

看看医院中的患者，有的人病得很严重，痛苦难堪；但有的人却安然自在。痛苦不堪是否代表病情很重呢？安然自在是否表示他的病情较轻呢？其实，这只不过是一念心而已。

有的人生命已到了尽头，却仍然很安然自在，这就是心灵的解脱。他把生死视为很正常的过程，没有什么好怕、好烦恼的，所以很泰然。不过，这种人并不多。而且，要在平常就能看开生与死；若能突破这道关卡，人生就没有什么好烦恼了。

有的人在贫困中，也是很坦然自在。例如：南非有许多贫困的黑人，住在垃圾堆、垃圾场里。下雨时，就靠着那些垃圾来遮雨；日晒时，垃圾所散发的臭气熏着他们。不管是刮风、下雨或是出大太阳，他们都与垃圾为伍。

我问南非的慈济人说："那些人要怎么过日子？"

他们回答说："他们也很乐观啊！他们有得吃时，吃饱后就很安然地睡啊！如果没得吃，就在垃圾堆里翻找残余的食物，吃饱后依然唱歌、跳舞，自得其乐。"

听到这种境界，真是让人觉得不可思议啊！常想在心灵上去体会他们的生活、心境。到底他们对人生的生命看法、方向是什么？真是难以理解啊！

去年，慈济募集衣物、食物送到南非帮助他们，大约有十万人受惠。当时，他们举行了"和平烛光晚会"感恩慈济。今年四月初，再度举行一次"纪念感恩会"，表示他们长期感恩于心。

当天，南非的慈济人有七位代表参加。由张居士负责点起一盏慈济心灯后，再传给七位慈济委员。然后由委员传给台湾人、白人、黑人等，虽然大家来自不同的种族，但心灯一样盏盏相传。

每个人心中都有一份感恩，付出的人感恩受施的人；受施的人感恩付出的人，这种受和施相互感恩，真是人生一大快乐啊！所以说，无论贫者或付出者，只要心中常存感恩、知足、知福，处于何种境界都能欢喜自在，这完全只在于一念心啊！

我们学佛，要学得轻安、自在。人生能轻安、自在，真不简单啊！不过，也因为不简单，所以才要“修行”，要精进用心学习。

一般人心中的烦恼、惶恐、担忧等，皆离不开贫、病、死。有谁能在环境贫困时，不忧愁、烦恼？面对病痛时，能泰然、不惶恐？面对死亡时，能无挂碍呢？

人生难免有种种烦恼。唯有真正透彻、体悟真理，才得以解脱。其实若能多用心，这并不困难啊！何况生活在现代的社会中，物资如此富裕、生活如此安稳，难道还不满足、不快乐吗？

至于人生的终点在何处？什么时候“走”？我们都不需担心！唯有把握现在此时此刻去付出，才是自己的福，也是真正的修行。

照顾心念就是修行

佛陀有八万四千法门，门门都是为了适应众生根机而施教。优婆掬提以黑豆和白豆的增减，来试验心中的善念或恶念的生起，作为修行的方针。

在佛典中有一段经文阐述：有一位叫掬提的生意人，为人老实，而且信仰佛法。他的儿子优婆掬提，很有善根且富有智慧。当优婆掬提年龄渐长，掬提居士就将自己开设的一家店交由儿子接管，他则专心修学佛法。

有一天，掬提居士对一位已证得罗汉果的比丘说：“尊者！我很期待儿子能进入佛门、修学佛法。”

比丘说：“很难得你有这份心，我会让他有机会接近佛、法、僧。”

互相承诺后，比丘就到优婆掬提的店里随缘度化，应用智能解说佛陀的教法。优婆掬提听闻佛法后深感欢喜，有如甘露灌顶般；他问比丘说："我要如何才能进入佛门？如何真正修行呢？"

比丘说："你要照顾好你的心。心念如果能达到善良、慈爱与平静的境界，就是修行了。"

优婆掬提说："这无形无影的心念，要如何照顾？又该如何证明哪一心念是好的？哪一心念是不好的？"

比丘回答说："你可用黑豆和白豆，来试验心中的善念或恶念。一天中若起善念，就放一粒白豆；如果生起一恶念，就放一粒黑豆。黑豆减少、白豆增加，表示善念升高了；白豆减少，就表示恶念、烦恼增加了。"

尔后，优婆掬提按照比丘的教法，把他的店当成道场，好好照顾自己的心。有人来买东西，他就生起欢喜心、感恩心，殷勤服务客人。客人感到愉快后，他就放一粒白豆。

有时遇到喜欢论斤计两的客人，优婆掬提对客人起憎恶和不欢喜心时，他就放一粒黑豆。一天下来，黑豆的数量比白豆多，优婆掬提随即提醒自己要加紧努力，照顾好自己的心。

过一段时间后，黑豆的数量仍比白豆多，优婆掬提就下定决心："不要让心念被境转了！要对境不生心，以平常心、欢喜心来对待一切的事物。"优婆掬提精进的心，终于使黑豆的数量由多渐少，甚至完全消失。

心念是修行的关键，一个人的成功或失败就在于一念心。若能好好照顾自己的心，保持平常心，就会处在宁静之境。照顾心念，保持平常心的方法，就是要培养大爱和善念。

佛陀的教法有八万四千法门，门门都是为了适应众生根机而施教。优婆掬提以黑豆和白豆来警惕自己，作为修行的方针。我们要用何种方法使内心时时欢喜，没有烦恼、障碍呢？端视自己是否能多用心，时时培养心中的善念，并好好照顾这份心念。

微笑人生最美丽

一位家境贫困的小女孩，虽没有华丽的衣服衬托，却以最庄严、最美丽的表情——微笑，活出最美的人生。

世界通用的语言就是微笑！微笑是最庄严、最美丽的表情。穿什么样的衣服，都比不上脸上带着笑容来得美丽。

曾有这样一个小故事——有一位家境贫困的妇女和先生离婚，自己带着小孩谋生。她想让孩子开开眼界、看看美丽的世界，所以，她带着孩子到百货公司，让孩子认识各样东西。百货公司的东西琳琅满目，有各式各样的玩具：小熊、小猫、娃娃、机器人……孩子也很乖巧，只要妈妈能带她到处看看，她就已经很欢喜了！

有一天，她看到有人在拍照。这孩子忽然拉着妈妈的手说："妈妈，我也想要照相！"

那位妈妈摸摸孩子的头，理一理她的头发，轻抚着孩子的脸颊说："孩子啊！你看你这件衣服不够漂亮，今天不要照好吗？"

那小孩才五六岁，她却回答妈妈说："妈妈，我没有漂亮的衣服可以穿没关系啊！虽然衣服不漂亮，但我会笑啊！我的微笑不是很漂亮吗？"

妈妈听了很心疼！她从来不曾让孩子穿漂亮的衣服，但大家都称赞她很可爱。那天妈妈才发现：她的小孩之所以可爱，是因为她脸上常挂着笑容。

微笑确实是最漂亮的！穿什么漂亮的衣服，都不及脸上那份亲切的笑容来得美。那五六岁的小孩多懂事啊！她知道妈妈很辛苦，没什么多余的钱，所以只要能到百货公司看看就好了；虽然没有漂亮衣服穿，但她能自己创造美感——笑容。

不论是佛学或禅学，其目的都是要来开启我们的心。只要我们能顾好己心，知道如何来调心、调气，让我们的烦恼消除，可以看开世界的万物景观，这样就称为智慧。

无贪无欲，才能满足自在！满足自在的人，脸上才能时时挂着满足的笑容；这表示他的心很平静，把心照顾得很好。人生只要内心平静，脸上常挂着笑容，就是最美的人生！

善解、感恩、结善缘

有位老兵，娶了一位弱智的女孩。他对爱妻既有父亲的关爱，又有丈夫的责任；他将妻子照顾得无微不至，结下这份人间难得的善缘。

虎尾有一对老夫妻，阿公已经八十八岁，阿婆七十九岁。这位阿公一天到晚打阿婆，阿婆全身一块青、一块肿，贴满了药布，真的好可怜！阿公诉说往事：他十几岁时，到阿婆娘家开的杂货店买东西。不知怎么回事，莫名其妙地被人当贼抓到外面打。从此他把这个怨恨埋在心中，一直想要报复。

十年后，有人到他家提亲，对象正好是那家杂货店老板的女儿。他一听马上答应，但娶她为妻并不是因为爱，而是为了要报复。结婚第二天就开始打她，妻子问他为什么打她，他回道："我是娶你回来抵债的，我要抵回十年前被打的账。"从此每天打阿婆，他们的婚姻竟也维持到现在。现在的人一定无法想象，为什么她可以忍受六十几年来天天被打的日子。

花莲有一位退伍军人，二十几年前服役时，军营附近有位老婆婆抚养一位弱智的孙女。阿婆很担心孙女的未来，有天他听到阿婆对孙女说："你什么都不懂，哪天阿嬷死了，谁来照顾你呢?"

老先生听了说："阿婆！你放心，你老的时候，我来照顾你的孙女。"

阿婆说："既然你要照顾她，现在就把她带走吧！"

老兵于是娶了这位弱智的女孩，将她照顾得无微不至。以前大家都叫这个女孩"傻瓜"，老兵告诉她："从今以后你叫胖胖，不再叫傻瓜。"从此，"胖胖"倍受眷顾，令人称羡！

这对老夫少妻很贫穷，老先生将所领的五六万退休金，拿出三万买了一间猪舍稍做整修后，就成了他们的家。他在屋前屋后种了些果树，每次出去工作，每隔一小时就回来看胖胖是不是好好的、会不会自己喝水等，像照顾幼儿一样的细心。

后来，因为胖胖生病住进慈济医院，我们的志工才发现这对夫妻那份纯真的感情。从此，我们的志工常去照顾她。志工问老兵娶了胖胖会不会后悔？

他说："我为什么要后悔？"

志工说："她的生活都必须由你照顾，她却不会为你做些什么。"

他回答道："好处多多喔！第一，她不嫌我老；第二，她不会跟我吵架；第三，她不会乱花钱。凭这几项优点，我爱她都来不及了！怎么会后悔呢？"

他真是善解啊！虽然面对的是一个弱智、不会做事的太太，但他却能尽量找出她的优点去爱她。老夫爱妻情深，对胖胖既有父亲的关爱，又有丈夫的责任。去年底，面对胖胖的突然往生，他泪眼望着照片，发呆了好几天，一直吃不下东西……

"人心"如果盈满着爱，能及时把怨和恨化解，那么世间将充满祥和幸福；反之，假如把爱疏忽、淡忘掉，则怨和恨就会在日常生活中困扰着我们。

人生最大的力量，就是爱。有爱的一念心能够善解，就会快乐。有因有缘，就要欢喜受。两人结为夫妻就是有缘，否则那么多男人、女人，为何偏偏两人会结合在一起？善解、感恩、结善缘，夫妻相处是苦或乐皆由一念心！

欲念的迷失

"欲"常带给我们很多的烦恼和困扰；就像加了蜜的毒药，虽然喝起来很甜，却会慢慢腐蚀人的脏腑，让人苦不堪言啊！

佛经里有个故事：有位女人，她的先生很爱她。她的家境富有，每天生活在感情稳定、幸福的家庭中。

有一天，她认识了一个年轻人。年轻人的花言巧语令她心动，她就与年轻人私通。后来，年轻人对她说："偷偷摸摸的不自由，我们可以去找个新天地，离开家乡去建立属于你我的新家庭。"这女人听了觉得怦然心动，于是答应了年轻人的要求。

有天趁着先生外出的机会，她拿了家中所有珍贵的财物离家出走。她走到港口边，看到那位年轻人在那儿等她。

年轻人说："来吧！你先把东西给我，等我运送到对岸再回来载你。要不然，被抓到就不堪设想！"

这女人也认为有理，说："好啊！你先将东西运过去，我在这里等你。"

那些财宝被运走后，这女人便在港口痴痴地等。一天、两天、三天过去了，却不见那个年轻人的踪迹。她又饿又冷，只好走到树下避避风雨。此时，这女人很后悔！可是她既不敢回家，又等不到那个年轻人来接她，心中不觉悲泣、懊恼！

这时，她看到一只狼狗。狼狗口里咬着一只鹰，那只鹰还在奋力挣扎！狼狗边跑边咬着鹰，跑到水边看到水中有一条鱼，它就暂时把鹰放下，准备要去咬鱼。结果鱼游走了，狼狗回过头看到鹰也飞走了。

这女人看了，忍不住笑说："这只狼狗真傻！已有一只这么好的鹰，居然放弃而去咬鱼。结果鹰飞走了、鱼也游走了，真是傻啊！"

这只狼狗回头说："我的傻，只不过是挨了一顿饿；你的傻，却是误了你一生！"

当时，这愚痴的女人才如梦初醒地说："我不只是傻，还很贪！竟放弃爱我的先生及幸福的家庭而迷恋他人，最后遭受欺骗。这都是因为自己一念的邪思心欲啊！可是，后悔已经太迟了！"

在日常生活中，欲念常带给我们很多的烦恼和困扰。"欲"就像加了蜜的毒药，虽然喝起来很甜，但是毒药会慢慢腐蚀人的脏腑，让人苦不堪言啊！

人，都想随心所欲地过日子。像文中这个女人，随心所欲的生活不仅不快乐，反而还害了自己。让自己可能这一生或来生来世，永远会遭受痛苦和折磨！所以，我们要防止心念被"欲"污染了。

其实，如果我们想得通、透彻道理，则欲念只不过是暂时的迷境，引诱凡夫的心迷失而走上无法自拔的困境。如果能把握智慧，让心不动念，也就不会受到欲念的诱引了。

中篇

生命的感言

清净的本性，人皆有之；在疫情蔓延之际，看到许多人勇敢奉献，令人敬佩。倘若人人都能以平和心向大自然屈服，进而和谐共处，回归谦卑、虔诚、戒慎、礼让的道德秩序，这才是稳定社会的力量。

辑一 谈贫与富

富有不见得是福，最重要的是心中富有大爱和智慧，有这份觉悟之情，才是真正富有的人生。

真正的财富

富有不足以为依恃，在因缘迁流的世间，最重要的是，能走一条问心无愧的大道，尽心付出而无所求；做到让人人都能尊敬、爱护，人生才能拥有真正的幸福和无尽的法财，这也是最稳当的财富。

心念清净、行为端正的人，虽然物质不丰，也能海阔天空，每天都过得很坦然；反观对人生迷惘的人，即使富有物质，也会时时烦恼丛生。

佛陀告诉弟子们，财富为“五家共有”，不是个人所拥有的。哪五家呢？第一水灾。像最近在台湾常常看到水灾、泥石流，其实世界各地也屡见不鲜，比如1999年委内瑞拉的一个观光地区，原本是财富共聚之处，只因一夕大雨，突然间整座山崩塌，掩埋了整个县，造成将近六万人往生。想想，富在哪里？贵在哪里？一夜之间，一切都化为乌有。

第二是火灾。有人为的战火，也有天然的火灾。澳洲及美洲，在2000年一开始就有多处发生森林大火，延烧数月，整片山林被焚毁殆尽，甚至造成严重的空气污染。水灾、火灾都会在瞬间毁灭财富，毁灭世间物资，如台湾的九·二一大地震也是天灾，这些灾难真的很可怕！

第三是强盗。以前我常亲自探访贫户，有一次到达时明明看到门开着，里面却没有人，邻居说屋主出远门了。我说："可是门还开着？"邻居回答："他穷到鬼都怕了，小偷哪里会进去，还锁什么门呢？"可见清寒人家出入反而比较自在。

若是有钱人家，一走到他家门口，可能就会听到许多看门犬不停地吠叫；在他们的生活环境中，即使构筑铜墙铁壁，还是会担心遭强盗或小偷。

第四是贪官污吏。这虽是古时候的用词，不过现代社会也有类似的问题。如税赋征收、国家政策制定方向的公平与否，也都会影响到民众的收支与生活。

第五是不肖子弟。有的人很认真经营事业，开创稳定的企业，但是子孙不肖，不懂得认真打拼，只会吃喝玩乐，优渥的环境反而养成游手好闲的坏习气，所以古人有句寓意深远的话——"富不过三代"。

因此，富有不足以为依恃，在因缘迁流的世间，最重要的是，能走一条问心无愧的大道，尽心付出而无所求；做到让人人都能尊敬、爱护，人生才能拥有真正的幸福和无尽的法财，这也是最稳当的财富。

丰富人生

生命中的因缘果报，平时就必须好好用心，播下细心照料的美善种子，更需殷勤地耕耘，才能拥有丰富的人生。

佛陀教导弟子们——人来人间，必定有其因、缘、果、报。

有人为何能生在富有的家庭，是因为曾累积孝养长辈、敬重师长的因缘。所谓孝养父母，不但对长辈们要孝而敬之，对平辈者要彼此友爱。此外，师长们培育我们的智慧，是成长慧命的锁钥，更应该要"视师如亲"，对师长存有崇高的尊重与敬爱。上下孝敬，彼此互爱，才是最可贵的人生。

所谓的富，不一定指物质方面拥有很多，才叫做富。拥有充分的智识、智慧，这是“慧命之富”；或者是对人间的事物能够明白透彻；人与人之间能够彼此坦诚对待，友爱、互敬，如此在人际关系与情感交流上也是很丰“富”。

倘若对于人生能够有情、有爱、有尊重，那么生活上就决不会欠缺，知足必定富有。

《静思语》有句话“天上最美是星星，人间最美是温情”，如果生命里充满觉悟的有情，当然人生就会很温暖、很富有。

大林，是一个很朴实的乡村，生活简单、环境纯朴，人民自然寡欲知足，也令人觉得乡下人的生命健康多了。

曾有一对父子到大林慈济医院求诊，父亲的右手破皮感染，肿得很大。医师治疗时，看这位阿伯的表情想必是很痛苦。不过阿伯个性坚毅，即使痛苦不堪，也不愿意表现出来，反而是陪同前来的儿子心中十分不舍。

只见他轻拍着父亲的背说：“爸爸，痛就叫出来吧！我知道您很勇敢，不论怎么痛，从来也不会喊痛。但是，现在您应该是很痛，您若不叫出来，我的心比您更痛！”

这幅景象常留在我的脑海中，虽然看似平凡，却真情流露，多感人！真的“人间最美是温情”。这份亲情多么温馨感人，也使彼此的心灵富足、感恩。

生命中的因缘果报，平时就必须好好用心，播下细心照料的美善种子，更需殷勤地耕耘，才能拥有丰富的人生。

无价之宝方为贵

> 我们要好好用心，把心清净之后，要善于“环保”，保持清净的心，切勿再染上世俗贵贱的心态；有真正超然的道心，万事万物自然无贵贱之分，而且能圆融无碍。

人生忙忙碌碌，要如何到达“动中取静”的境界，端赖心的调适，每个人都应好好地净化心地，做好自己的“心灵环保”工作，自心净化后，进而净化周围的人与环境。

我曾和一位非常优秀的年轻人谈话，他的智识、耐力都很足够，他说，他工作是想追求爱的人生，而不是计较赚多少钱。

后来，他在一个大团体中工作，逐渐受到环境影响，数月后，他告诉我："最近我一直和别人比较，还天天计算收入多少？开支多少？剩余多少？愈想心里就愈不平，每天都比得好痛苦。"

这时他的心已开始紊乱，和当初只想选择一个朴实环境的他不同，那时他讲的话句句听来都很可爱，现在却天天比较计算；同样的一个人，为何给人不同的观感？因为大道与凡夫心、分别心不同。

"以道观之，物无贵贱；以物观之，物皆自贵而相贱；以俗观之，贵贱不由己。"以超然的心态看人、事、物则无贵贱之分，人世间每件事都很重要。

像慈济医院需要有医师才能救治病人，但是清洁工人难道不重要吗？如果没有清洁工人，病房不干净怎能住人？开刀房无人整理，怎能再使用？所以，对人事物若以清净的道心来看，根本没有贵贱之分。

"以物观之，物皆自贵而相贱"，人人都希望多赚一些钱，让自己的环境好一点；总是希望自己步步高升，为了提升自己的身份，往往选择压抑别人，以自抬身价。这就是一般人以凡夫心衡量贵贱，自认为高贵，别人则是低贱的，这是不正确的处世态度。

"以俗观之，贵贱不由己"，由整体的分工来看，贵贱根本不由己，每个人的福报因缘，因各人修为而有不同，但是一切环境都需要有人配合，工作也要大家帮忙推动才能圆满达成，因此，人人只要尽本分，就能得本事。

那位年轻人也是一个单位的领导者，可惜他没有往下比，不曾想到若没有组员的配合，如何推动工作？他的部属赚的钱自然不会比他多，权限也不会比他大；但是他总是和他并驾齐驱或职位更高的人比，因此他比得很痛苦，将原本超然、纯真、爱的人生观埋没了。

我告诉他："只要是有价的东西就有限量，人格若能以金钱衡量，就等于没有人格。"在慈济医院有许多志工，他们很可爱，也受到别人的尊重，因为他们付出的服务是无价的奉献。

有些志工来自有钱有势人家，拥有豪宅、名车，进出还有司机接送，但是，他到医院当志工，看到地脏了，就赶紧拿扫把来扫；病患来了，总是赶紧推着病床或轮椅出来；厕所脏了，也勤快去清扫，实在令人感动！因为他们懂得“缩小自己”才能扩大心胸，更明白“无价之宝”才是珍宝。

我们要好好用心，把心清净之后，要善于“环保”，保持清净的心，切勿再染上世俗贵贱的心态；有真正超然的道心，万事万物自然无贵贱之分，而且能圆融无碍。

培养慈悲胸怀

“心如工画师，无法而不造”，最重要的是我们要时时培养“不忍心”的慈悲胸怀，才能启发一份大愿大心去帮助贫弱、遭遇急难的人。所以要时时用心，对周围的环境和人们能抱持着关怀与大爱，人生就会更美好。

我曾看过一篇文章很有意思——有位作家来到一家名为“富翁与乞丐”的餐厅，他觉得这个名字很特别，就请问服务生店名的由来。

服务生说因为店里有一幅非常有名的画——在两百年前，有一位富翁，富可敌国。有一年庆生时，聘请当时极为有名的画家，为他画一幅“全家福”。这位画家真是巧夺天工，画中富翁一家人有的坐着、有的站着，也有小孩在玩耍，确实是一幅惟妙惟肖的佳作。

人生无常，附近有户人家非常贫困，家中的男主人往生了，留下太太以及需要抚养的一群孩子，生活相当不容易；她受尽贫穷的煎熬折磨，对人生感到绝望，后来竟然准备了毒药让孩子们喝下，随后她也自杀了。

这个消息传开之后，富翁听了心中很难过，他站在这幅“全家福”画前，凝视了许久。旁人觉得奇怪，就问富翁到底在画中看到了什么？

富翁十分感伤地说：“你们看，在这幅画里有两位乞丐来我家讨饭，我的子孙竟然没有一个人肯帮助他们，这是多么悲伤的事！”可是，其他人却怎么也看不出画中有两个乞丐。

富翁又说："我要告诉我所有的子孙，在邻里中，若有饥寒、贫困的人，就是我们的羞耻，因为我们应该付出爱心帮助别人，不让他们再受到饥寒、贫困的折磨。"

从此之后，他发心帮助很多贫穷的人，让他们都能过着安定的生活。

这位服务生介绍之后，又说："在餐厅入口处有一个爱心箱，来这里用餐的人，若能付出一点爱心，也能帮助贫困的人。"

这位作家听了解说之后，用心地再看看那幅画，真的画得很好，宛若人间天堂的天伦图。用过饭，他付了钱后，回头再看看那幅画，不禁吓了一跳——画中真的有两个乞丐在向富翁乞讨！于是，他在爱心箱里投下了钱才离开。

这的确是很奇妙的故事，其实，"心如工画师，无法而不造"，最重要的是，我们要时时培养"不忍心"的慈悲胸怀，才能启发一份大愿大心去帮助贫弱、遭遇急难的人。所以要时时用心，对周围的环境和人们能抱持着关怀与大爱，人生就会更美好。

无价的智慧

人生的价值，不在有形。真正有价值的东西，是无法用天平秤量的。人生在世，若能真正发挥生命良能为人群付出，之后所体会到的那份心安理得与欢喜自在，才是人生最珍贵的至宝。

佛典里有一则故事——

有个国家很富有，拥有全天下的东西，但是他们的国王却感到不快乐，因为他想要的东西都已经得到了，生活中已没有期待和惊喜。

有一天，他对一位大臣说："你到别的国家，想办法买一种我们国家没有的东西。"这位大臣心想：我们国家应有尽有，天下之大，要到哪里找这里没有的东西呢？

但是国王已下令了，他只好派遣一位贸易商出国寻找。这位贸易商也很烦恼，到底要买什么东西？他四处游历，还是找不到自己国家没有的东西。

有一天，他看到一位长者坐在象背上，喊着："卖智慧！卖智慧！"他心想："奇怪！智慧也可以买得到吗？"于是过去问长者："你要卖的智慧在哪里？"长者说："有形的物品，价值都可秤量。我卖的智慧，既无形体也无法秤量，是真正的无价珍宝。"

贸易商说："好，我要买它。你要给我什么？"长者说："我告诉你几句话——'凡事多思维，切莫猝瞋怒，今日用不上，必定有用时'。意思是说，我们要好好地思考人生的真理，时时将道理放在心中，不要一碰到外境就转动自己的心。如果你懂得这个道理，即使今天用不到，来日必定会用到。"

贸易商听了，觉得很有道理。虽然没有拿到有形的东西，但是他把那些话听进心里，然后给了那位长者五百两，算是"买智慧"的费用，然后启程回国。

他回到家时，刚好是农历八月十五，一道明亮的月光照入屋内。他轻轻推开房门，看到蚊帐外有两双鞋子，其中一双是他太太的，另一双鞋子是谁的呢？顿时，他心中生起一股怒火，顺手拿起一根棍子正想冲向前时，突然想到：我要冷静点，不能太冲动。此时，一位老婆婆掀开蚊帐走出来，原来是他的母亲。

他很诧异地问道："母亲，您怎么会在这里？"他母亲说："你的妻子生病了，我来照顾她。"他放下棍子，不禁自言自语地说："很便宜，真的很便宜！"

"你买了什么有价值的东西，怎么一直说着很便宜呢？"他就对母亲说："我遇到一位很有智慧的人，用有量有形的五百两换来无量无形的智慧。假如不是他教我凡事要冷静、不可冲动，我刚才可能就做出伤天害理的事了。"

这个故事教育我们：人生的价值，不在有形；而且，真正有价值的东西，是无法用天平秤量的。人生在世，若能真正发挥生命良能为人群付出，之后所体会到的那份心安理得与欢喜自在，才是人生最珍贵的至宝。

心灵的富与贫

人生，心灵富有最重要，若囿于物质欲望，即使拥有再多，也会觉得不够，这就是贫穷；反之，物质生活清贫，并不影响心灵的充实，知足而能自在付出，就是真正的富有。

贫与富，不在于金钱的多寡、地位的高低或权力的大小，最重要取决于心灵是否满足。在慈济志工小区关怀个案中，有两位老人家，正是贫与富最贴切的写照。

一位是九十四岁高龄的老荣民，他住在新店，是位少欲知足又开朗乐观的老爷爷；虽然独居，但与邻居互动得很好，大家也很喜欢他。

然而他的生活非常清苦，所住的屋子很破旧，还会漏水，所以屋里很潮湿，连盖的毯子都发霉了；平常用水缸接雨水喝，还要捡左邻右舍的柴草来煮饭，经常有一餐没一顿的。

慈济志工们去拜访老爷爷时，看到这种情形，实在很不忍心，就想帮他修房子，但房屋破烂到根本无法修理；又想帮他盖房屋，土地却是邻居的。邻居得知慈济人要帮助老爷爷，马上说："没关系，我们的土地可以暂借给他盖房子住。"

当慈济人盖好一间小而坚实的房屋时，老爷爷直说谢谢，还说：从来没想过会有这么好的房屋住，还有一个骑楼，可以和邻居在此聚聚聊聊天，他好高兴、好满足！

另一位老爷爷八十多岁了，在四年前不幸中风，因此行动不便。他年轻时娶了一位智能较低的太太，生了一个女儿，但是女儿不学好，只会向爸爸要钱，一点也不顾家。太太能做的，只是代他清理秽物，又常常清不好，居住的环境也脏乱不堪。

慈济人在做小区关怀时，也动员了小区志工去关心他，不但帮他把居家内外都清扫干净，也帮他擦洗身体，换上干净的衣服，许多志工还不断给予精神上的鼓励和关怀。

但这位老爷爷心胸始终放不开，虽然他目前还领取荣民津贴，生活大致不成问题，却舍不得花用，反而不断对慈济人说他欠缺物资，非常依赖别人。

知足的人，虽然睡在地上，如处在天堂一样；不知足的人，即使身在天堂，也像处于地狱一般。人生，心灵富有最重要，若囿于物质欲望，即使拥有再多，也会觉得不够，这就是贫穷；反之，物质生活清贫，并不影响心灵的充实，知足而能自在付出，就是真正的富有。

富中贫与贫中富

有的人家境虽然很贫苦，但他一有了钱却能布施给更贫困的人，这就是“贫中富”的人生；这种人生多快乐、多自在！相反地，有的人很富有，但是却过着贪而无厌、为钱所苦的生活，这是真正富有的人生吗？他们才是“富中贫”的人！因此，我们应该建立正确的人生观，才能拔开心中的无明烦恼。

平常，我们待人要亲切、和气。若以欢喜心待人，对方同样也会以欢喜心对待我们；世间事都是相互对待的；所以，我们应该多学习，培养亲和力。

日本有一则童话——

在某一个小村庄里，住着一位名叫清吉的年轻人。他自小就没有父母，但是个性乐观、豁达，做事也很勤奋。

不论工作多辛苦，他仍然时时保持着愉快的笑容，而且对人也很有礼貌。所以，村里的人都说：当心中烦闷时，只要看到清吉脸上那种谦虚的微笑，心情自然就会开朗了。

村里有位富翁，虽然很富有却不快乐。他常常将自己的心束缚得紧紧的，脸上一点笑容也没有。若有亲友来拜访，他就赶快回避。在外更不肯与人打招呼，理由是：他这么有钱，如果常与亲友往来，他们一有困难就会向他借钱；倘若多认识了外人，日后他们有困难也一定会来找他。所以，不论亲友或村里邻人，他一概拒人于千里之外。

他每天都很烦恼，烦恼今天不知道能否收到租金？钱收到后，又不知要放在何处才安全？家里会不会遭小偷？因此晚上常常睡不着觉，到了白天就很没精神，他的日子过得很苦恼！

他家隔壁，刚好住着清吉这位年轻人。富翁看到清吉每天工作回来时，都很快乐地边走边唱着歌。他想：清吉那么穷，住的房子又小又破，每天又得去做工，为什么还这么快乐？

富翁一直想：也许我不快乐的原因，是因为我有很多钱吧！如果清吉有了钱之后，是不是还能够很快乐呢？

有一天，他打定主意到清吉家的门口等着。当清吉回来时，富翁主动地对他打招呼，说："清吉，来我家坐坐吧！"

住在隔壁的富翁从来不和他打招呼，为什么今天会这么好意？虽然不解但平时待人就很和气的清吉还是跟着进去。

富翁问他："看你每天都这么快乐地唱着歌，我真羡慕你！我想问你：你一年究竟赚了多少钱？"

他回答："一年赚多少？我没算过！"富翁又问："那你存了多少钱？"他说："虽然我每天很努力地赚钱，可是有时连吃饭的钱都不够！哪还能存钱？"

富翁就告诉他："那么这些钱送给你。"他说："我怎能拿你的钱呢？"富翁说："这是要谢谢你唱歌给我听，请你收下吧！你赚的钱只够吃饭，如果存些钱，有急需时就可以用。"

清吉看他这么有心也不好意思拒绝，便高兴地收下、回家了。富翁觉得自己开了一帖让清吉不会再唱歌的药，他想：今晚我可以好好睡一觉，应该不会再听到他的歌声了。没想到才近黄昏，清吉的歌声又传来；而且这次唱得更加嘹亮、愉悦。

富翁很生气，心想：我给你这么多钱，你应该会和我一样担心才对。没想到，你还唱得这么快乐！

富翁就过去问他："你今晚的歌声，为何比平时更为嘹亮？"清吉回答："谢谢你给我那些钱。但是，我觉得一个人有那么多钱放着不用，和没钱是一样的，所以，我将那些钱分给更贫苦的人。他们都很高兴，也很感恩你的好心；为了感恩你，我特别以更嘹亮的歌声回报你。"

这位富翁听了之后，心想：原以为给了他那些钱之后，他会为钱烦恼。

没想到，他只有这么一点钱，就能和大家分享；而自己已经有这么多钱，却还常常嫌不够，天天苦恼不已。

清吉的家境虽然很贫苦，但他一有了钱却能布施给更贫困的人，这就是“贫中富”的人生；这种人生多快乐、多自在！相反地，那位富翁贪而无厌、为钱所苦的生活，是真正富有的人生吗？他可说是一位“富中贫”的人！因此，我们应该建立正确的人生观，才能拨开心中的无明烦恼。

富有的人生

人常常都会得意忘形，现代人生活富裕，反而容易忘了自己的责任，而走向骄奢淫逸的险路。所以，富有不见得是福，最重要的是心中富有大爱和智慧，有这份觉悟之情，才是真正富有的人生。

大林慈济医院急诊室曾送来一位昏迷不醒的老人，也不知道他的家属住在哪里？因此以“无名氏”就诊；这位无名氏老人在急诊室急救之后，又被送进加护病房。

当天很晚了，有位中年人匆匆忙忙赶到医院，经一番询问后，才知道是无名氏老人的儿子。这位中年人听到父亲是以无名氏的身份被急救，而且还送到加护病房妥善照顾，他非常感恩又感动。

后来医院的志工问他：“你爸爸为什么会这样？”他说：“我只知道他去洗青草浴，也许是在泡浴时昏倒的。”

旁边一位八十多岁的阿公听了，就感叹地说：“你父亲一定是有钱人的儿子，不像我是穷人家的儿子。”

志工听不懂就问：“阿公，你认识那位老人吗？怎么知道他是有钱人的儿子？”他说：“我不认识他，不过，看他的生活享受，可以推想他是有钱人的儿子，而我的儿子也是有钱人的儿子。”

志工更迷糊了，就请阿公更进一步解释，阿公说：“他的父亲一定是很有钱，才会花钱去泡浴，而在青草浴时昏倒。像我们这种穷人，怎么可能拿钱去泡浴，对不对？”

那位阿公提及他小时候家里很穷，几乎餐餐都吃蕃薯，难得有卤蛋，一群孩子看到有卤蛋，好高兴！但是吃饭时，如果多夹一片卤蛋，都会被父亲严厉制止。

他说：“我们以前生活苦，偶尔有卤蛋就很满足，因此一辈子辛勤打拼，只想给下一代好一点的环境，可是现在我儿子烟、酒、槟榔什么都会，奢侈享受，却不懂得惜福，所以我儿子就是有钱人的孩子。”虽然这位阿公说得这么简单，却含有很深的哲理。

人常常都会得意忘形，现代人生活富裕，反而容易忘了自己的责任，而走向骄奢淫逸的险路。所以，富有不见得是福，最重要的是心中富有大爱和智慧，有这份觉悟之情，才是真正富有的人生。

捞金币的年轻人

有的人认为：人生很苦，要赶快找解脱的方法！因此转而寻求宗教信仰；但是信仰若没有正知、正见、正念，路也会走偏了。所以，我们应该要选择正确的人生方向，断恶修善、修习正法，体悟真理。

在人世间，名利是很空幻的，可是却很诱人。有些人能求得充足的物资、丰富的财产，但到底有多少时间能享用？世间无常，又有哪些物资是可以永远拥有？若能看透这个道理，就会体悟到——人生其实没什么好争的。

有一则寓言——

有位年轻人走到湖边散步，突然看到水中有一块闪闪发亮的金币。他看了很高兴，赶快跳进水里捞取。但是任凭他怎么努力，都捞不到金币，他全身又湿又脏又疲倦，只好上来坐在岸边休息。没想到湖水平静之后，金币又显现了。

他很不甘心地又跳下水，结果还是没捞到，只得再上来坐着。他心想：水中的金币到底在哪里呢？我明明看到了！为什么费了这么大的心力还捞不到呢？等水面又恢复平静，金币又显现了，于是他又跳下去捞，如此一而再、再而三都徒劳无功，他实在很不甘心！

这时，父亲出来找他。看到儿子全身湿淋淋又脏兮兮的，就问他："到底发生了什么事？你为什么会如此狼狈不堪？"儿子回答："我明明看到水中有金币，但是怎么捞都捞不到？"父亲看到平静的水面好像真有一个金币，又抬头看看树上，就对儿子说："你看！哪是什么金币，那是挂在树上的金属片，投射在水中所呈现的幻影罢了！"

凡夫总是为名利、空幻的东西在奔波、辛劳，而这一切都只在于一念贪，而贪念往往会蒙蔽我们辨别是非的能力。有的人认为：人生很苦，要赶快找解脱的方法！因此转而寻求宗教信仰；但是信仰若没有正知、正见、正念，路也会走偏了。所以，我们应该要选择正确的人生方向，断恶修善、修习正法，体悟真理。

世间的物质不过如水中倒影般虚无，因此要常持知足的心，对人生事物能善解、包容、感恩，凡事就能圆融，如此，天天过得心平气和，理直心安，就能拥有一个幸福的人生。

悭贪的小鸟

倘若欠缺爱心、吝于布施，这种习气将会带到来生。因此，希望人人都能断除悭贪、不舍的习气，开启内心富有的资源。

佛经中有一段故事——

在某个城市郊区，有一片种满枇杷的果园。枇杷除了果实可以吃之外，叶子还能炼药治病。所以，每年春天开花结果时，就有很多人前来采果摘叶。

但是，在果园里有一只小鸟，每当有人接近枇杷树时，就会开始鸣叫；若是伸手采摘，它的叫声就会变得更凄厉，仔细一听，好像在对人说："我所有，我所有！"

有一年的春天，果园来了很多人。这只鸟一样在四周东飞西叫，但是人们都已见怪不怪，照样采摘枇杷，没有人理它。后来，这只鸟鸣叫至吐血而亡。

当时，许多人议论纷纷——“奇怪？为什么这片果园会有一只鸟不停地飞叫着，直到吐血而死为止？”

有群比丘听到这件传闻，就回去告诉佛陀。佛陀听了，慨叹地说：“这是悭贪不舍的习气！”比丘们就请教佛陀：“这只鸟过去生的因缘如何？请佛陀开示。”

佛陀就说：“以前，这个城里有位年轻人，他很小的时候，父母就往生了，留下许多财产给他。他继承财产后，心中经常计算着：果园一年能生产多少水果？还有多少利息没收到……？”

“有人对他说：‘你应该要成家，娶妻生子。’他想一想：如果娶了太太，就多一口人，一天就要吃掉多少粮食？而且，将来若有了孩子，又要多少花费？他连父母在时请的佣人都一一辞掉了，何况是娶妻生子呢？”

“人生无常，他老了之后，有一天忽然往生。由于家产无人继承，最后都被没入国库。”

佛陀说到此，对弟子们说：“那只鸟，就是那位富有的人转生的。虽然他富有财产，却十分悭贪、吝啬，总觉得自己的财物永远都不够，因此过着舍不得吃、穿，和穷人没两样的日子。”

“后来转世成为一只鸟，仍然觉得那片果园是它的，因此舍不得人们来采收果实，就不断地叫着：‘我所有！我所有！’一直到吐血死亡为止。人性本善，但是若没有开启一份为善造福的心，就会永远生活在贫乏的日子之中。”

这个故事让我们知道：倘若欠缺爱心、吝于布施，这种习气将会带到来生。因此，希望人人都能断除悭贪、不舍的习气，开启内心富有的资源。

给阎罗王的一块钱

> 做人不要太过恃才傲物，但是也不能失去信心，消极处世，最重要的是把握时间，随分随力为社会奉献出一己之力。

有一位名人，曾对我讲过一个故事——

有一天，他的朋友对他说：“人的生死很可怕，随时都有变化，不一定能让我们有个完整的生涯规划，谁都不知道自己到底能活多久，但是人们往往订下很长远的计划。其实错了，我要重新规划自己的人生，因为我觉悟到人生无常。”

他问朋友：“是什么样的无常法？我也常常听说，但是很难体悟。”

这位朋友就告诉他：“不久前我突然倒下去，莫名其妙不能呼吸。当时我好像做了一场梦，梦到周围一片黑暗，很阴森、恐怖，后来前面出现了一道光，光里走来一位很有威严又凶恶的人。”

那位朋友心里知道：这就是阎罗王。他就赶快向阎罗王说：“我很有钱，很有地位、权势，希望你能给我一次机会，你要什么我都可以给。”

阎罗王就问他：“你想想，在世时有没有做过什么好事？”他很努力地想：曾经做过什么样的好事？实在想不起来，只好回答阎罗王：“我想不起来做过什么好事，但是我有钱。”

阎罗王就说：“有钱！也好，就让你交保。”朋友很高兴地说：“不管多少钱我都有！”阎罗王说：“不需要太多，一块钱就好。”

他立刻探手在口袋里找，结果一直找，就是找不出一块钱。他看看周围似乎有认识的人，便开口向他们说：“借我一块钱。”但是每个人都很木然，毫无表情也不理睬他。

他抬头看着阎罗王，阎罗王很愤怒地说：“既没有做过好事，又连一块钱都没有，你真该死。”

顿时许多牛头马面、小鬼、夜叉都一起朝他扑来。他吓得醒过来的时候，很多医师护士正在替他急救。

当然，他活过来了，因此感慨良深——原本以为地位高、钱多、名大就有多大利益，但是什么时候突然一口气上不来，再多的钱、再高的地位都没有用。

生命的价值在哪里？

有人为了名利不可一世，好像世上唯我独尊，只要有钱赚就不择手段；污染社会风气，让好事不能畅通，清流无法净化恶浊。这样的生命，即使有钱有地位，也只是富而不贵，反而是不值得的人生，所以做人不要太过恃才傲物，但是也不能失去信心，消极处世，最重要的是把握时间，随分随力为社会奉献出一己之力。

心宽天地宽

以理性的心态面对问题，放下得失心，转个心念，“心宽，天地就宽”，凡事都只是一个想法而已，观念若能打开，处处都能遇到贵人。

最近经常听到景气不好、经济衰退、失业率高涨……种种的埋怨，很多人似乎深受打击，动辄想不开。这就像是温室里的兰花，忽然间空调失控，而无法适应环境，很容易就枯萎了。

我听志工谈起一件个案，有位太太，最近自己的企业经营得不是很顺利，加上景气不好，因此财产减少了许多。这位太太就想：如果再多投资一些，能增加一些收入不是很好吗？刚好有朋友邀她合伙，所以她开了张支票给朋友，满心以为不久之后就能分到红利。

但是过了一段时间，突然有群人在她的工厂外抗议。这才知道朋友将她的支票拿去地下钱庄借钱，朋友没有偿还本钱，结果利上加利，短短时间内，竟然累积数千万元的债务。

这位太太一时不知如何是好，几乎要崩溃了，不但自己心灵受到很大的打击，还严重影响到家庭的气氛。

在诸事不顺之下，她愈来愈苛责自己，心中的压力影响到精神状态，自己已快要控制不住了，有一股想要破坏东西的冲动，甚至想要自杀，满脑子都是这些念头。幸好得到慈济志工的协助，接受了医师的治疗。

经过心理咨询后，这位太太心情平复了，她向志工当面道谢时表示：愿意卖掉工厂来偿还债务，一切重新再来。决定之后心里非常轻安、欢喜，也重拾与家人的和乐气氛，让濒临破碎的家庭恢复往日的幸福美满。

其实，只要以理性的心态面对问题，放下得失心，转个心念，“心宽，天地就宽”，凡事都只是一个想法而已，观念若能打开，处处都能遇到贵人。

有智慧的老人

> 假如每个人都愿意付出力量，不论是有钱出钱或是有力出力，只要你有一份虔诚、愿力，就能付出爱心，自然也能豁达开朗。

一位将近八十岁的老荣民，他没什么财产也没有成家，当年退役之后，在海边搭建了一栋不到两坪大的小房子，如今房屋已破旧，但是，他却依然安贫乐道。

每天天未亮，他就到海边捡拾石头为生，一斤石头只能卖几块钱，但是他总是那么有耐心；有时借着月光，夜晚也去捡，他还对我说："刮风下雨也去！"

每天生活过得非常俭朴，早年他有点孤僻，后来，因为慈济志工长年累月地关怀、帮助他，这份爱心着实感动他，让他心里有了依靠与信赖感，心境也逐渐开阔起来。

有一天他告诉志工：希望捐出毕生的积蓄，帮助其他更孤苦无依的人；于是就从床铺下拿出一只破袜子，里面有一百多万元的定期存款单。

志工劝他：要做善事，也要为自己留下一点积蓄。老伯却认为：他只是一个人，即使死了，后事也有这些志工会帮忙安排，实在不需要这些钱；如果将钱留在身边，还得担心死后不知被谁拿去、会被用到何处？何苦呢！

他的积蓄，都是长年累月在海边捡拾石头，一点一滴非常辛苦地累积下来的。尽管不是很富裕，但他是"富有"的，因为心中有爱，懂得如何生活，在刻苦清贫的环境中，过着满足自在的生活。

为了他的居住安全着想，已请他搬到"慈济小筑"，他还是天天到海边捡拾石头为生，那片汪洋大海就如他的境界，他的心像海一样的广阔，像天一样的清朗，心无一物、空无烦恼，而且能体会到亲手布施的喜悦；他的确是个有智慧的人。

人生，假如每个人的心态都像他一样——愿意付出力量，不论是有钱出钱或是有力出力，只要你有一份虔诚、愿力，就能付出爱心，自然也能如他一般豁达开朗。

回归本性

> 一个人是否高贵，并非自我标榜；而是需要好好地努力，回归自己的本性自然，才能达到真正的高尚。

人的本性是自然、平等的，世间上之所以有分别，就是因为“有我”，而且自以为高贵、比人强；为了提升自我，甚至去压抑他人。其实一个人是否高贵，并非自我标榜；而是需要好好地努力，回归自己的本性自然，才能达到真正的高尚。

有时候看到人终其一生盲目争夺，最终有何意义？争夺的结果只是苦不堪言。

佛陀在世时，有一天，舍卫国的国王去礼拜佛陀，佛陀见到国王就说：“国王，你看起来似乎很疲倦，为什么？”国王回答：“我真是累得很，因为国内有一位长者往生了，可是没有子女继承财产，所以都充归国库，他的家产多得难以计数，我已经算了好几天，还算不清。”

佛陀问：“既然他没有子女，为何在世时，不做一些对社会众生有利的事？”国王摇摇头，说：“他在世时一毛不拔，不仅对家仆吝啬，自己也很节俭，甚至认为娶妻、生子、养家也是一种浪费，对自己都这样吝惜了，又怎肯对大众布施呢？”

佛陀说：“这样的人其富如贫，虽然他财富丰厚，但和穷人有什么差别呢？”这就是看不开，也是世间最可怜的人！

佛陀在世时有这种例子，而现代的社会，也有类似的事例。我曾看过一篇报导——

有位家境富裕的老太太，她的子女都已成家立业，她觉得日子过得很无聊，就喜欢打扮成乞丐，每天到车站和市场去乞钱，多年来风雨无阻。后来被熟人识破，消息才传开来。

她的儿女和媳妇们知道后，一齐向老太太抗议：“妈妈！你这么有钱，为什么要行乞?”老太太说：“这是我的兴趣，有什么不对吗?”但是她的子女总觉有失颜面，苦劝多时，甚至决定要看着母亲，不让她出门去。

后来老太太只好听子女的话，不再打扮成乞丐，却常常站在街上呆呆地看着人潮，可见她虽然富有财富，心灵却是多么空虚贫穷！

其实我们的自性是善恶无记，一个人为善、为恶和外在的环境关系密切，所以修行和人群的关系也很重要。修行就是要去除恶的习气，留下善的习气，大家如果都能够回归本性，自然人人欢喜自在，社会祥和乐利。谈欲念与信念心善，则人生充满希望与祥和，心恶，则时时不安、烦恼不断。人生的不同，起于一念心。

辑二　谈欲念与信念

善与不善只在于一念间——恶念一起，烦恼就生，而至步步堕落；善念一起，朝向美善、光明的大道前行，必然快乐无比。我们照顾好这念善心，知足常乐，就能过着祥和、乐利、幸福的生活。

步步踏实，分秒不空过

虽然我们的岁月、体力都会随着时间消逝衰退，但是“道”可以进步，“德”可以累积。最近我常说，分秒不空过，步步要踏实；善念不间断，好事日日做；妙法时时用，法喜多分享，如此才能创造有价值的人生。

时间不断流逝，我们的年纪、体力，也随着岁月不断地消退，同时，无形中也在增长业力。

“业”有两种，一是恶业，一是道业。人心向正道，就会减少贪、瞋、痴的恶业；内心若不向正道，一步步趋向恶因，以致种种行为言语不断造业，这就是善恶杂揉的人生。

道业也分为两种，一是慧业，一是福业，若能福慧双具，就是最理想的道业。道一定要以德来完成，要具备美善的德行则必定要下功夫。

人生之路总有障碍，而障碍往往不是来自外界，却是由自己的心里生出障碍。所以我们走在人生的道路上，必定要有坚定的信念去克服障碍；若是遇到障碍就退却信念，便像一辆深陷泥淖的车子，推不掉魔障，而永远无法前进。

世间上到底什么是该争取的？什么才是人生最有价值的东西？有位慈济委员，平时听讲经文都觉得很有道理；当我为会众分析心理上的困难时，她在旁边听闻别人的遭遇以及师父的劝导，都觉得凡事很好解决，没有困难。

但是，不久后，忽然得知先生对她不忠实，此后的日子便过得非常痛苦。尽管她知道要应用师父的话，但是不知道为什么，就是做不到。

譬如发起脾气，就完全失去温柔的态度；一想到被欺骗，就没有办法起宽大的心原谅先生。这段时间，在明白道理却无法实践中挣扎，非常的痛苦。

后来，她来见我，并问我为什么就是提不起该有的风度？我就告诉她，“知而不行，等于不知”。关于“修养”，别人只可以指导你，没办法代替你达成，一定要自己下功夫；要看透彻世事的真相，首先要看清世间物质与道德的价值。

物质的价值到底用什么来衡量？用什么方法评量道德的价值？我为她举了一个例子：太平年间人们以宝石、玉器、金银为宝，因为人人都想显耀自己生活的富裕，这就是趋势。但是战乱时期的一碗粗饭、一件布衣都是宝，因为有了这碗饭才能生存下去，有了这件衣服才能得到温暖。

三十多年前，我们刚开始投入慈济慈善的工作，那时候一斗米八十元，一钱金子二百多元，但一盆三叶兰花竟可以卖到三百多万元，这个价钱当时可以盖六栋楼房。究竟是六栋楼房有价值，还是三叶兰花有价值？若是在饥饿中，那三片叶子又有什么用处呢？对人生的物质若能看得透彻，就可以知道，被需要的东西才是有价值。

至于道德要用什么来衡量？世间的学问，真的假不了，假的真不来，总是有个基准。然而，超越物质衡量的道德根本没有基准，能够不断接受磨练，突破人我之间的障碍，道德的明镜就能愈磨愈光。

所以，修行最重要的，也应时时警惕在心的就是“诚实”，要以这份最诚实的心走在正道上，以最平实的态度对待一切众生，抱持着欢喜心，尽我们该做的本分。

虽然我们的岁月、体力都会随着时间消逝衰退，但是“道”可以进步，“德”可以累积。最近我常说，分秒不空过，步步要踏实；善念不间断，好事日日做；妙法时时用，法喜多分享，如此才能创造有价值的人生。

存善念，息烦恼

人的言行举止总是在一念心，我们要时时抱持一份平静、淡泊的心，不贪名利、不求权势，自然内心就会很平静，且能守在本分事上，尽己所能贡献于社会。

世间的欲念有善恶两种，心志清明、存有善念，就能看开世间的一切；若起恶念，则人生方向就会偏差，因此产生了烦恼。

有一次，佛陀来到一个小镇说法，有位富翁也和镇上的许多人一样，虔诚地聆听佛陀宣说人生的真理；听完之后，他便向佛陀请示：“听了您的教诲，知道心要时时保持平静，最近我正为了家产而烦恼，使我一刻也不得安宁；我知道心不平静的根源是因为有烦恼，但是要如何去除烦恼？”

佛陀问：“为什么家产会让你如此烦恼？”富翁说：“因为我年老了，却不知要如何放下财产和事业？”佛陀问：“你有儿子吗？”“有啊！都已经成家了。”佛陀说：“既然儿子长大了，为什么不让儿子继承产业？”

富翁说：“我的儿子从来没有料理过家务，更没有帮我经营过事业，他什么都不会呀！”佛陀说：“每一种技艺、学问都是学习而得的。你的儿子既然长大了，应该可以好好将你的人生经历教授给他。”

富翁又说：“我要教他，但是他却没有意愿要学。”佛陀说：“你能‘放下’，自然就有人接。人生无常，生命只在呼吸间，当最后的一天来临时，即使放不下所有的一切，又能带走什么？”

富翁听了，仍然犹豫不决。佛陀又举了一则譬喻：“人生的欲念有如一把干草，点火之后，你拿着这支火把逆风而行，火愈烧愈大，很快就会烧到手掌心，若不放手就会烧到手腕，再不放就会烧到身上。”富翁此时才真正体会了佛陀的教诲，放下了心中的烦恼。

我们也要淡泊知足，不要有不舍之心。因为生命在呼吸间，如不及时反省、看开，放下欲念，这对我们的心念会有很大的杀伤力。

就如现在的社会，有人辛苦地创业，但是当事业有成后，就沈迷在欲念的横流中；也有人觊觎他人的产业、财富，想尽办法要夺取非分的利益。社会上这种作奸犯科的人，都是因为平日惯于物质享受，再加上内心不轨的欲念驱使，才会有欺诈、抢夺种种乱象产生，因而伤害他人，也毁灭自己大好的前程。

人的言行举止总是在一念心，我们要时时抱持一份平静、淡泊的心，不贪名利、不求权势，自然内心就会很平静，且能守在本分事上，尽己所能贡献于社会。

善变的心念

人的起心动念是迅速、刹那即变的，心念若不能调好、掌稳方向，多变不定的人生，多可怕！心念若差错，行动就会错误，所以平时就要多用心，好好调心、修心。

人的起心动念是迅速、刹那即变的，心念若不能调好、掌稳方向，多变不定的人生，多可怕！

佛陀时代，有位贫穷的年轻人，一心想改善家计，于是到城里找寻机会。他一到城里，觉得很有希望，不由自主地唱起歌来；他的歌声嘹亮悦耳，正好国王在皇城上巡视，听到他美妙的歌声，于是派人请他进宫。

国王问他："你可以再为我唱一首歌吗？"年轻人即为国王献唱一首歌，国王听得很欢喜，就问道："你要去哪里？"他回答："为了生活，我想去赚取一分钱！"国王说："那太辛苦了，我给你两分钱！"

年轻人心里虽然高兴，但随即又想：若能有两分钱，我可以再去赚一分，合起来就有三分。于是他以此为由，请求离去。国王说："这也是很辛苦，干脆我给你一笔钱好了！"

年轻人拿到这些钱，心中虽然欢喜，却无法满足，后来国王便慷慨地说：

"钱不够，那给你一个村庄好了!"年轻人觉得国王心量宽大，非常感恩地说："国王，您赏赐得这么多，我一定会知恩图报，感谢国王的爱护!"

国王看到他那么诚恳，非常欢喜，于是又说："这样好了，我给你半国之地，我们可以共同处理国政。"年轻人听了确实受宠若惊，非常感激，从此对国王的感激与恭敬，真是无法以语言来形容。

某一天国王理政之后非常疲倦，就在年轻人的住处睡着了。此时，年轻人见状，心中突起恶念：倘若我能独掌国政不知多好！国王现在睡得这么熟，我只要一下手，他就一命休矣，那么国家就可以由我专政了!

当他正要下手时，忽然又回心一想：如此恩将仇报，我还是人吗？他非常惭愧忏悔：为什么会起这种杀人恶念？是为了钱财还是地位？真是太可怕了!

国王对这位年轻人那么好，他还是会"恶向胆边生"，若不是及时生起一念善，后果不堪设想!

造恶、造福皆起于心，心念若差错，行动就会错误，所以平时就要多用心，好好调心、修心。

赌徒的迷惘

> 凡夫心有很多矛盾，一念是善、正确的；一念是恶、邪的。知道不能赌博，这是善性未泯；明知不可行，又不能自制，就是缺乏规范。

俗话说："差之毫厘，失之千里。"人的观念有时会偏差，刚开始也许差异很微细，连自己都不易察觉，以致不断地造作，直到觉醒时，后悔、懊恼已来不及了。

在希腊，有位三十多岁的男子，本来年轻有为，不知何时染上赌博，经常不分日夜地沉溺在赌场里。

曾连赌五天五夜，因为手气不好，输得一无所有，他很懊恼，觉得自己一败涂地，竟不顾妻儿，在赌场门前上吊自杀，还写了一封遗书，交代要公诸于世。

遗书里写着，他知道赌博不好，曾向赌场的人要求："拜托你们禁止我进入赌场，因为我每赌必输。"但是开赌场就是希望大家进去赌场，怎会阻拦他呢？也曾向警察单位反应，要严格取缔赌博场所，但是政府也没有取缔，任人都可开设赌场。

他沮丧地到酒店喝酒，他说："独自哭了一个钟头，也没人来安慰一句，实在很痛苦，不如死了算了。"请警察公诸遗书，目的是提醒社会人人不要赌博。

其实大家听了也许会觉得：这也没什么，台湾也有许多赌输而自杀的案例，为什么要说到希腊那么遥远的地方去？举此例的目的，在于告诉大家，这类偏差的社会现象，不只在台湾会发生，在世界各地也是一样，更特殊的是：这个人明明知道赌博不对，却没办法自我克制、及时改正。

凡夫心有很多矛盾，一念是善、正确的；一念是恶、是邪的。知道不能赌博，这是善性未泯；明知不可行，又不能自制，就是缺乏规范。

我们的知见、观念若是正确，就能清楚分辨善恶；如果善恶分不清，可以藉由佛法的教育，明白戒律而谨守，藉以规范自己。

修身养性要按照规矩、道理。只知道理，而不知规矩，或是懂了规矩，却不能恪守，如此对自己的心性行为又有何益处？所以我们要学习正见、谨守正规、自我规范，如此内心才能时时安稳、清净，真正进入清凉的境界。

务实面对人生

世间没有不劳而获的事，一切都要靠自己的努力与付出，这样才能获得真正安稳的人生。而有的人自以为才华横溢，一心想要创出一番事业；又计划着一旦事业成功时，要如何享受荣华富贵等等。但只是一味地计划，却没有亲身力行，这种幻想是很不切实际的。

在日常生活中，待人处事要诚恳、踏实，切不可投机取巧、空思妄想。

有的人自以为才华横溢，一心想要创出一番事业；又计划着一旦事业成功时，要如何享受荣华富贵等等。但只是一味地计划，却没有亲身力行，这种幻想是很不切实际的！有的人则想：如何投机取巧？如何夺得别人的成果？这种心态，也是非常危险的。

有一则小故事——

有两人互为好友，平时交情甚笃，偶尔也会相偕去旅行。有一天，他们相邀外出旅行。走到半路时，甲觉得肚子很饿、想吃点东西。但是，环顾四周都没有看到任何店家。此时乙就想：我现在如果能捡到一块面包，不知道该有多好啊！

于是，他便向甲说："我现在如果捡到一块热腾腾的面包，你认为我应该如何处理呢？"甲就说："你应该分一半给我！"乙说："我捡到的东西就是我的，为什么要分一半给你？"甲又说："怎么可以这样呢？我们一起出来旅行，你捡到东西，当然要分一半给我。"

乙说："怎么有你这么贪心的人？硬要拿别人捡到的东西。"甲回说："怎么有你这么小气的人？我们同行，你捡到东西不肯与人分享，这和猫狗又有何差别呢？"

乙很生气地说："喂！你怎么可以骂人？"甲说："你这么寒酸，骂你已经算是很便宜你了。"两人愈骂愈气，最后竟扭打在地上。

这时，正好有一位路人经过，看见他们扭打成一团，就一面劝架，一面问他们原因。他们还边打边回答，乙就说："我捡到东西，他叫我要分给他。世间哪有这么便宜的事？"这位路人一边劝架，一边跟他们说："有话好说，你们先冷静下来！"

路人好不容易才将他们劝开，问："你们到底在吵什么？说出来听听，我来为你们主持公道。"两人便将整个情形说给那位路人听。那位路人听了之后，说："你们把那块面包拿出来，让我看看到底有多大，我再主持公道。"

那时，这两人都愣住了！他们随即醒悟过来，对于自己竟然为了"不存在的东西"而伤害友谊的行为，感到羞愧不已！

人若心存贪念、妄想，往往会为自己带来一些"无中生有"的烦恼和灾难。所以，我们应该要循规蹈矩、面对现实。世间没有不劳而获的事，一切都要靠自己的努力与付出，这样才能获得真正安稳的人生。

不明事理徒恼乱

心中若有一点疑惑，不要累积成“恼”或是“怨”，凡事用智慧分析、摒弃先入为主的观念，才能照顾好心念。

人会有烦恼，就是因为累积不如意的事；然而世间事，十之八九都是不如意的，一旦在心中不断地累积，你想：日子会好过吗？

有一则故事——

有一对兄弟，哥哥大弟弟许多岁。他们的父亲在过世前，把仅有的一点财产交给长子，并且对他说：“我们家除了这幢房子之外，就只剩下这些钱。我走了之后，一切简单处理就好，剩下的钱，你拿去好好做生意。你弟弟还小，要好好照顾、栽培他。”

哥哥认为这是他应该做的事，父亲去世之后，便认真地做生意，并且照顾幼弟。过了几年，弟弟渐渐长大了，哥哥就对他说：“你要认真读书，这是你的责任，而我的责任就是认真赚钱。”

但是弟弟并不这么想，他认为父亲偏心，把钱全交给哥哥；而且哥哥也有私心，做生意都不让他参与。他一直将这些事放在心里，心中既不知足也不高兴。

于是弟弟找了机会对哥哥说：“虽然父亲把家产都交给你，但是我应该也有一份！我的那一份，你应该还给我。”哥哥说：“我会还给你，只是你现在要认真读书，将来连同我赚的钱都会分给你。”

但是弟弟却说：“我该学的也学得差不多了，已经可以自立了。我要你现在就分给我。”哥哥听了，感到自己那么疼爱弟弟，反遭弟弟起疑。于是就对他说：“好，我现在就把家产分给你一半。”

弟弟却说：“我怎么知道你在外面赚了多少钱？所以账簿上记的应该都是我的，外面的部分我不管。”然而哥哥一开始做生意就只有一本账簿、一份财产。只见弟弟咄咄逼人，哥哥觉得：唉！人生就是如此，何必和自己疼爱的弟弟计较？就把全部的财产和账簿交给弟弟，自己一无所有地离开了家。

亲戚朋友们知道了这件事，都责备弟弟："你哥哥为了照顾你，一直认真赚钱供你生活、读书，你却连一点兄弟之情都不顾！"

但弟弟始终都不相信，仍疑心哥哥暗藏了父亲留下的财产。他不明白人伦的道理，不仅对父亲有一分"恼"，认为父亲不看重他；也对哥哥积下了一股"怨"。

然而这些烦恼都是无中生有，一旦累积在心中，蒙蔽了爱心，非但不懂得体谅别人，甚至会扰乱伦理、秩序。

所以我们要时时警惕自己——心中若有一点疑惑，不要累积成"恼"或是"怨"，凡事用智慧分析、摒弃先入为主的观念，才能照顾好心念。

爱欲忧怖

"命如果待熟，常恐会零落"，人生无常苦多，若只忧虑于"待熟"与"零落"之间，不如把握当下，用心踏实地过每一分秒，心无爱欲便无忧怖。

人们总是不断地追求，但"有求则苦"；有了欲求，心中就会烦恼着目标是否能够达成，这就是"由爱生忧"；一旦事情如意完成之后，又担心会失去它，这便是"由忧而怖"。

曾有位企业家，他卖了一块市价一两亿元的土地，交易后，心中非常不安，一再地叮咛对方："买卖土地的事，千万不要让别人知道！"买主说："卖土地是正当的事，这些钱也是你该得的，为什么这么害怕？"他回答："我怕别人知道我有钱而对我不利！"

最初他以极低的价钱购进这块土地，随后逐渐飙涨，等到涨至高价时，他又急于卖出获利；可知在这过程之中，他已饱受了地价起落的烦恼。等到土地高价卖出后，又害怕别人知道而遭绑票或对他不利，这不就是"由爱财利而生忧，由忧而生怖"吗？

如此的人生，累积这么多钱财，不过是为了一息尚存时的欲望，却不知这口气究竟能够维持多久，什么时候会断绝？而许多人就为了这口气而爱、欲、忧、怖，这就是不能体会无常的真理，因而如此忧惧不安。

佛陀在世时有一位弟子，原本在国王的果园中当园丁，照顾园里遍植的四季果树。因为国王非常喜欢吃水果，所以特别注意果园里的工作，他下了一道命令："水果未成熟时不能摘，也不能让果实过熟而掉落，否则照顾果园的园丁就要人头落地。"

国王三申五令，严格规定园丁照令行事，令园丁镇日惶恐不安，实在受不了这种刀口下的生活，于是越墙逃走，逃到佛陀的精舍，恳求佛陀让他出家，佛陀非常慈悲，就答应让他留下。

可是，这位园丁出家后却不肯修持，别人打坐时，他说腰酸背痛不能打坐；讲解戒律时，找尽借口不肯去听；大家在唱诵时，他也不愿意参加。

佛陀知道了，就来到他的面前呵斥他："你在刀口下生活，能够警惕到生命无常，离开了刀口的威胁就毫无畏惧；其实，无常的利剑，随时都在你的咽喉上；一口气出去不再吸进来，生命也就结束了，即使你能逃离果园，也无法逃过无常！"

佛陀在世时，弟子必须觉悟无常的真理，自己下功夫修持；现在的人也是要依靠智慧，看开、放下，否则仍会陷入"由爱生忧、由忧生怖"的旋涡中。

"命如果待熟，常恐会零落"，人生无常苦多，若只忧虑于"待熟"与"零落"之间，不如把握当下，用心踏实地过每一分秒，心无爱欲便无忧怖。

自制爱人

> 人应该知足，有福报时，应多关怀业重、苦难、生活物资缺乏的人。"有心就有福，有愿就有力"，只要大家都有这份心愿，就可以做得很欢喜、身心皆自在！

人世间，常有两种极端的境界，例如有的地方天然环境相当恶劣，以致生活条件贫乏；有的地方发生战乱，造成百姓流离失所、家破人亡；有的又遭逢天灾，人们长期处在饥饿中。

但也有些地方很富裕，常看到过度饮食者造成身体的疾病；医生还必须提出一些忠告——要减少食量、多运动等等。两者之间是多么对立的境界！

其实，佛陀在世时也有一样的现象。当佛陀在㤭萨罗国时，波斯匿王常常亲近佛陀。有一天国王来请示佛法，他到了精舍外面，下车走到佛面前时，便气喘如牛。

佛陀就问他："你为何这么喘？"他说："我也不知道为什么，每次吃饱饭就觉得气喘；今天吃过饭后就赶来见佛，所以现在还很喘，连走路都很不方便。"佛陀就说："自己要常系念，应量摄食，食量多少就摄取多少食物，不可饮食无度。"

这时，国王后面站着一位年轻的侍卫，国王对他说："佛陀告诉我的这些话，你要听清楚并且帮我记住，适时提醒我！"

这位年轻的侍卫谨记于心，从此国王只要一开始吃东西，他就站在后面念道："人应自系念，自摄食，自应量。"国王一听就会自我控制——吃得适量，营养足够就好了。

过了一段时间，国王的身体变得健康了，也减肥成功，回复到以前适当的身材、敏锐的精神。自己照照镜子说："这才真的像我！感恩佛陀给我健康，让我心灵自在。"

他说："佛陀的大恩，给我两种大利，一是在今生此世能够身体健康、行动自如，因而使我心灵自在、没有烦恼，接受佛法并开启智慧；第二是让我了解因缘果报，知道要认真谨慎，才能让未来的人生平安，确保人身及幸福，这就是未来的利益。"所以国王怀着无比感恩的心前来礼敬佛陀。

其实，国王虽然懂得健康之道，却控制不了自己，经过佛陀的解说，才遵循佛陀的教诲，控制饮食恢复健康，得以日日自在。所以尽管人人都懂道理，但是不知自制，这就是凡夫心理的矛盾。

总之，人应该知足，有福报时，应多关怀业重、苦难、生活物资缺乏的人。看看世界上有些国家动乱不安，再加上天灾的破坏，人民面临死亡的威胁，以及饥荒的侵袭，实在苦不堪言。

所以我们有幸生在物资丰富的地方，让我们生活无虞，应该付出自己这份爱和力量，帮助需要帮助的人。这一切都在于心，“有心就有福，有愿就有力”，只要大家都有这份心愿，就可以做得很欢喜、身心皆自在！

老树的启示

为人处事要诸恶莫作、众善奉行。不只是让人看得到、听得到的要做好，还要透彻入心，用智慧将内心所有的烦恼清扫干净，让心地清清净净，恶念不生、善念不断，这才是人生正确的方向。

人之所以做恶或行善，其实都缘于一念心。

很久以前有三兄弟，母亲在他们很小时就过世，父亲辛苦地把他们抚养长大，后来老父也往生了。刚往生不久，这三兄弟就希望赶快分家，可以各自拥有自己的财产，过着逍遥、无人管束的生活。

三兄弟很欢喜地把财产分成三份之后，看到屋外一棵百年大树，这棵树到底要分给谁呢？商议之后也决定要分成三段，这倒很公平。但是，天色已晚，要锯这棵树并不容易，大家决定明天再来锯。

隔天一早起来就准备好一切工具，当他们走出门外时，三个兄弟都被吓了一跳——这棵百年大树竟然在一夜之间，叶子全部掉落，甚至连树枝都干枯了。

那时，大哥对两位弟弟说：“看看这棵大树，昨天我们还在这里说要分家，要把老树分成三段。树干和树根是相连的，它知道将要被分段，竟然悲切地枯萎了，老树多么有灵性！而我们兄弟本是同根生，何必分家呢？尤其，父亲刚过世不久，我们就分家，他若地下有知也会很伤心的；我们应该兄弟合心协力，努力光耀门第才对。”

两位弟弟听了也觉得很有道理：对啊！怎能人不如树呢？因此，三兄弟又和合了。从此兄弟更和睦、友爱、互相尊敬，共造一个孝悌的美满家庭。

可见一切人事都起于一念心，兄弟本是同根生，但为了财产而起贪念，为了自由而要分家，这是一念心；当他们看到那棵树的情形，马上就能自我警惕，知道难得生为兄弟，应该好好相处，所以他们又再度和合，这也是一个心念！

心若起了不好的念头，如能马上改正，还是善。一切的作为，都是从内心无形的运作而现行，所以为善、断恶，都是要先从内心净化开始。

为人处事要诸恶莫作、众善奉行。不只是让人看得到、听得到的要做好，还要透彻人心，用智慧将内心所有的烦恼清扫干净，让心地清清净净，恶念不生、善念不断，这才是人生正确的方向。

人世无常

我们要用心体会人生，世事、财富没有永恒不变的，最宝贵的就是当下此刻，要把握因缘，反观自省，照顾好自己的言语行动，多与人结善缘，如此，行为才不会有偏差，生活就能自在安详。

在人生道上，有人觉得人生是苦，也有人觉得很快乐；有的人苦而不知苦，有的人却乐而不知乐，这是因人的观念不同而异。

佛世时代，有几个人聚在一起，互相谈论着自己的理想与愿望，其中一位说：“我喜欢追求自然美景，最期待的是春天，看到树木茂盛，草地一片绿意，沐浴在浓浓的春意中，我觉得这是最大的享受。”

第二位说：“我希望三五好友，可以时常相聚，佐以薄酒清茶、谈古说今，人生难得有知音，这才是人生一大乐事。”

第三位说：“我最希望赚大钱，然后将房舍、马车装饰得很漂亮，我也可以穿着最华贵的服饰，走到哪里，人人都会用羡慕的眼光看我。”

第四位说：“我倒是希望有一个很和乐的家庭，有娇妻、美妾，还有可爱的子女围绕身边，这是我人生最大的愿望。”

佛陀正好听到他们的谈话，就说：“你们每个人所追求的都不是永恒常存的。春天，虽然树木花草茂盛，但是，不久之后就是秋冬的落叶萧瑟；追求三五知音相聚，要知道人与人之间，不仅人情千变，还有老病死等料想不到的意外，哪有办法永远常聚！”

又说：“想要家财、车马、美服？其实，人生有富贵之时，也有衰败的变卦，财富也没有办法永远都是自己的！虽然娇妻、子女是家庭幸福的泉源，但是，忧患烦恼也是从‘爱’而起，私我的小爱多变，多少人为了爱与情，造就了罪过与烦恼！”

这是佛陀当初的教导，但时至今日，仍能看到许多令人惋惜的例子。曾经有群年轻人，课余时相约去太鲁阁、天祥游山玩水，结果玩得忘了时间，直到天快亮时，才开车上路。

但因整个晚上没睡，又急着赶回去上课，驾车的人心一急，就出了车祸，车上的人都受伤了，其中一位十四岁的孩子身受重伤，送来慈济医院急救，在加护病房住了一多月仍然没有清醒，最后判定脑死。看看，十几岁的小孩，爱游山玩水，哪会知道有此结果？

三五朋友聚会、谈心，是很不错的联谊，但有时也会发生无常的事故，比如慈济医院的志工曾提出一则个案：有一群年轻人，在餐厅里喝酒作乐，突然外面有人问：“某某车号的车是谁的？”有位年轻人就出去看看，才走到门口，后面有人用刀子向他突袭，伤势很严重。谁能料想欢乐的聚会，有如何的下场？

有许多人赚很多钱，把房子装潢得富丽堂皇，却必须加上层层的铁门铁窗，多辛苦！为了炫耀自己的财富而开很好的车；为了炫耀好车的性能，有时不知不觉就愈开愈快，因此容易发生车祸。

人生难有永远顺心的事，有娇妻、子女在身边固然欢喜，但是，也无法永远。在医院里面，经常见到孤独无依的老人，虽然有子女在国外读书、做生意，但是久病之后，子女各自忙碌，也难得再去探望他，多亏志工的陪伴与照料。在社会上，更常听到夫妻反目成仇的例子……

所以，我们要用心体会人生，世事、财富没有永恒不变的，最宝贵的就是当下此刻，要把握因缘，反观自省，照顾好自己的言语行动，多与人结善缘，如此，行为才不会有偏差，生活就能自在安详。

体会证悟

道理明白后，倘若还是放不下，就无法体会。所以，只要真正体会了真理之后，就会很欢喜地去做，这就是证果，证得欢喜的果报，心无烦恼、很自在，就是彻底觉悟的欢喜心。

最真实、最奥妙的法，往往不是用言语可以解说明白的，反而用譬喻更能够显理，这叫做以事显理；所以有很多故事看起来很简单，但含意却是非常微妙。因此我们不要轻视简单的事物，若能有所体会，真正奥妙的道理就在其中。

很深的道理，用很简单的事相来譬喻，这就是菩萨法门最微妙的方法教育，因此不论聪明才智的高低都能有所体会，最重要的是身体力行去感受，也就是佛家所谓的证果。

譬如，几年前我在台中，有位先生来告诉我："我很不甘愿，被我的兄弟占了便宜。"

我听他细述家中兄弟间多年来的纠纷；之后，我就告诉他："难得一世为兄弟，这份缘是千金也买不到的。钱被占了，我们还可以再赚；感情失去了，这份缘就永远回不来了。兄弟之间，如果有个人傻一点，家族就会很圆满。"

我就说了个譬喻：傻人有傻福，就像井水一样，不论怎样舀，永远都是八分满，舀再多的水也不会少，不舀也不会比较多。

就像你有多少福是注定的，说不定你把这些东西给了他们，后面还有更多等着你去拿；如果双手一直不放，即使有更好的东西也拿不到了。既然他们喜欢，不如赶紧给他们，这样他们也会很感激你的。

他听了觉得很有道理，就马上去告诉他兄弟："那块土地随便你们怎么处理，我都没有意见，你们要多少都拿去，剩下的再给我，没有也没关系。"几年的纠纷，简单的一番话就解开了。

后来，他热心投入公益慈善工作，他说："师父，我真的证实到'汲井水’的道理。”

因为以前他和兄弟计较家产时，一天到晚只会烦恼这些事，别人要告诉他发展生意的机会，他也听不进去，白白丧失了许多机会。自从放下之后，他专心做生意，这几年来发展得很好。

后来，他也懂得欢喜布施的道理，每次他把钱捐出来时，就说：“师父，我的‘井水’又有多余的了，我觉得我这几年多出很多。”

对！这不但是他体会到的真理，也是他证悟到的结果。他能真正体会到，否则“汲井水”的道理，大家听了也会觉得：师父说的有道理。但是有道理归有道理，如果没有亲自去提水，就感受不到什么是“多余的”。

道理明白后，倘若还是放不下，就无法体会。总而言之，真正体会真理之后，就会很欢喜地去做，这就是证果，证得欢喜的果报，心无烦恼、很自在，就是彻底觉悟的欢喜心。

无求与贪婪

> “付出无所求”是很重要的观念，若能如此，不论付出多寡，心中必会得到自在与欢喜；如果做一点事就希求甚多，有时求来的反而是烦恼。

“付出无所求”是很重要的观念，若能如此，不论付出多寡，心中必会得到自在与欢喜；如果做一点事就希求甚多，有时求来的反而是烦恼。

很久以前，西藏有位国王很喜欢吃鱼，当地如有好鱼一定往皇宫送。

有一年因为干旱，溪水干涸，国王已经有好长一段时间没吃鱼，不仅没有活鱼，连腌咸鱼也没有了。于是贴出告示：只要有人愿意送鱼来，不论要求什么，一定赏赐给他。

这时，有位西藏的商人外出做买卖，在外地听到国王为了求鱼，屡屡贴出告示。

他要回乡时，就特别找了几条稀有的好鱼，准备献给国王。

当他很欢喜地要将鱼送进皇宫时，宫门外有位守门的侍卫心生贪念，想要抢这份功劳，于是对商人威胁利诱，叫他将鱼留下。

商人始终以诚恳的态度婉拒，最后他说："这是我从外地辛苦带回来的，只想能亲手献给我敬爱的国王！"

侍卫达不到目的，便贪心地开出条件——"无论国王赏赐你什么，都要分给我一半。"

商人想一想，为了能顺利将鱼献给国王就答应了，侍卫才让商人进皇宫。

国王一看到鱼就满心欢喜，便问商人想获得什么赏赐？

商人说："只想挨打一千大板。"国王以为听错了，又再三询问。

后来，商人便将与守门侍卫交换的条件，一五一十地告诉国王。

国王明白商人的用心，只好交代侍卫们要轻轻地打，不要伤到他的皮肉。

但对守门侍卫，国王便忍不住怒火，说："商人已经领赏了，剩下的另一半就是你的，来人！重重地打！"

这个故事虽然听起来有些滑稽，但是仔细想一想也不无道理，送鱼的商人心存一份诚恳的敬意，所以国王一定很欢喜，就算他要讨打，国王也会特别交代要轻轻打，不要伤到他。

另外那位侍卫根本没有付出，却想获得赏赐，结果不但没有得到好处，反而受到重惩。这样的行为就是"不法"，在不法中求利，就难逃罪业苦报。

善恶一念间

善与不善只在于一念间——恶念一起，烦恼就生，而至步步堕落；善念一起，朝向美善、光明的大道前行，必然快乐无比。我们照顾好这念善心，知足常乐，就能过着祥和、乐利、幸福的生活。

心善，则人生充满希望与祥和；心恶，则时时不得安宁，烦恼不断。不同的人生，只因观念的不同或是一念偏差而步步皆错，反之，心起善念，就能步步精进。

佛陀在世时，带着比丘们游化于印度恒河两岸，从小国家到大国家，从小村庄到大城市，不畏辛劳地将智慧传达给世人，期待人人能够通达真理，打开无明的心门，展现出智慧之光。

当时有位国王觉得自己的国家不够强大，他认为领土愈大、人民愈多，表示自己的权力愈充足，因此不断地开疆辟土，侵占别人的国土、抢掠他国的人民财产。

有一次，佛陀游化到这个国家，大臣向国王禀告："国王，佛陀长期游化于恒河两岸，所到之处皆受到当地人民的敬重、供养；现在他带着数百名比丘已经接近城门口，国王是否也能迎接佛陀进宫供养？"

国王听到这个消息后却认为：这群比丘不事生产，浩浩荡荡地到每户人家托钵，岂不是加重国家的负担？因此不允许他们进城来。

为了不让比丘们进城，国王带领群臣出城阻拦，此时忽然间狂风大作，尘沙飞扬，大家不得不闭上眼睛。一阵狂风过后，太阳出来，飞尘及风沙也落下了，天空一片明朗。而国王一直等到日将西下，始终没看到佛陀带领的僧团，因此就收兵回城。

然而，正当国王领兵出城、风沙大作时，佛陀和比丘们早已进入城内。由于城里常传说："世间有位觉者叫佛陀，由一群圣者追随着修行。"因此家家户户在看到佛陀的来临，内心都很欢喜地供养佛陀及僧众。

当国王回到城里，看到人民把佛陀和比丘的钵盛满了食物，把丰盛的供品顶在头上，那么地安详、敬重，内心感到非常震撼，同时感到未曾有过的安详与喜悦。心想：原来我的人民是这么富有、善良，充满安详和快乐。

当佛陀和比丘们接过食物向前走后，国王目不转睛地看着佛陀离开。

自从国王从政以来，每天都为了想扩张国土而烦恼不安，当他看到佛陀安详的举动，又看到自己的人民富有而善良，便静下心来想：从前都是和大国比较，当然样样不足，但是回头和弱小贫穷的国家相比，我应该要满足！

因此他生起忏悔、惭愧的心，回到王宫后便向大臣说："大家帮忙打听佛陀落脚之处，我要请佛陀到王宫受供。"

大臣便到佛陀休息的树林下恭敬礼拜佛陀，表达国王的心意；佛陀很欢喜地接受邀请，隔天就到王宫接受国王的供养，并在国王要求下为他皈依。

这位国王最后也成为拥护佛法的三宝弟子。

善与不善只在于一念间——恶念一起，烦恼就生，而至步步堕落；善念一起，朝向美善、光明的大道前行，必然快乐无比。

我们要照顾好这念善心，知足常乐，就能过着祥和、乐利、幸福的生活。

习贤良，断恶行

凡夫心中善恶的境界，常不断地在交战，好坏的念头也不断地涌出。在修身养性的过程中，就是经由修正错误，学习贤良，进而培养善念、断除恶习，如此才是圆满的人生。

人性本善，每个人与生俱来都有善良本性，但是在尘世中受到功利与是非的染着，而熏习了不好的习气。

有人说："心不好，别人又看不到。"其实，看得到。身、口、意是平行的；内心怎么想，行动就会如实表现，从口中也会说出同样的话。

有些人虽然心地善良，就是讲话太直率，认为自己有道理，就理直气壮，与人争到赢为止。但是，我认为：心好，嘴巴如果不好，也不算是真正的好人；应记住"理直要气和，得理要饶人"。

有时候，听到厌恶之人说句话，就会不由自主地挑毛病、发脾气；或是听到其他人夸赞他，就会觉得不顺耳，想加以毁谤。这种见不得别人好的嫉妒心，以及容不得别人错的瞋恨心，往往就在瞬间生起；也因为这种念头生得快，所以只要有心，也能很快就消灭它。

若遇恶念生起时，只要静心想想：如果错在别人，为什么要拿他人的错误来惩罚自己？平心而论，假使别人真的做得很好，为什么要吝于赞叹？其实赞叹他人就是在美化自己，这也是修行。

所以能想得通、看得开，就没有什么值得生气的；反之，如果不断地在心里累积嫉妒、瞋恨，将很难自我控制，凡事不顺眼、不顺心，必然流露出不好的脸色、说出不好听的话。

人的习性是经由培养、熏习而来的，能熏习出不好的习气，自然也能熏习出好的；修行，就是要修正不好的行为，培养好的品行。要做到这一点，首先就是要能“服”。

看到别人有好的言行，我们要起敬佩信服的心，且下定决心向他学习，也就是“见贤思齐”。其次是知错、认错，许多人犯了错，不愿及时认错反而找借口掩饰，结果愈辩愈错。

当别人提醒我们有过错的地方，我们应欢喜接受地说：“是，我知道错了，一定会改。”然后赶紧观照自己有没有坏念头、不好的声色；如果有，要勇于承认，不必辩解，及时改过就能把污点去除。

凡夫心中善恶的境界，常不断地在交战，好坏的念头也不断地涌出。在修身养性的过程中，就是经由修正错误，学习贤良，进而培养善念、断除恶习，如此才是圆满的人生。

去瞋心，得喜乐

> 清扫要有工具，这个工具就是“慈悲、忍辱”，能慈悲爱人就能接纳别人的缺点，不会动辄沉不住气；能忍辱顾全大局，就有韧性在人际中做一瓶“妙用润滑剂”，使人我关系和乐美好。

假如有人问你：“你快乐吗？”多少人的回答会是“我很快乐”？

不是常说“人类是万物之灵”，身处如此优越的地位，为什么这么多人还是不能安定快乐呢？这个问题似乎是千古之谜，世代以来也引起中外哲人无限的遐思与议论。

在佛经中，释提婆那问佛：“何物杀安乐，何物杀无忧，何物毒之根，吞灭一切善？”

什么东西破坏了人心的平安快乐？为什么世间人会有这么多忧愁？到底什么是世间“最毒”的根源？又是何者吞灭了人的善性？

佛陀一针见血地回答：“杀瞋即安乐，杀瞋即无忧！”瞋就是爱发脾气，容易发怒的烦恼。瞋与“怒、恨”二字常伴随而生，怒发冲冠、血脉贲张、瞋恨难消、杀之为快，一把心火发展至此，燎原之灾已难挽回。

可知“瞋是毒之根，吞灭一切善”，瞋恨是烦恼争斗的根源，若能看清这个人我两害的根源，痛下决心将它连根拔除，人心才能回复安乐无忧，生活中的人际互动也才能畅顺平和。

显而易见的，爱发脾气的人防卫心总是很强，对人对事经常看不顺眼，对于别人无心的言语举动而疑神疑鬼，将层层的疑惑与不满重重地压在自己心上。

看看现今社会上的种种乱象，不正是起因于此。人心疏离，但是个人所需要的空间却很大，彼此缺乏友爱的关怀及良性的互动，稍微觉得自己的权益受损，并不能以诚恳理性的沟通来处理，动辄诉诸抗争，言语上更是语不伤人死不休。

这么不安定的心境与环境，如何还有生活质量可言？哪还有太平世间可以安身立命？

这一切都起于一念“瞋”心，是不是很可怕却又很无谓呢？若能去除瞋恚心，用爱来代替猜疑与责难，什么事都可在彼此诚意交流下豁然开解。“有爱就有空间”，你退一步、我也退一步，内心反而缩短距离，大家和和气气，就不会到处树立敌人。

明白此理，即为欢喜的人生打通一条路，接着引入清泉，好好将乌烟瘴气的心灵清扫一番。清扫要有工具，这个工具就是“慈悲、忍辱”，能慈悲爱人就能接纳别人的缺点，不会动辄沉不住气；能忍辱顾全大局，就有韧性在人际中做一瓶“妙用润滑剂”，使人我关系和乐美好。

希望工程

> 如果人人都负起责任，建设新世纪的学校环境，并且以身教引导孩子，则未来的教育才有新希望，未来的社会也将有一番新气象，希望大家真正以这份心付出自己的力量。

大家都知道九·二一大地震之后，在中部受灾最严重的三个县市，就有八百多所学校倒塌；想想，有多少孩子没地方上课？我常说一个家庭的希望在孩子，孩子的希望在教育，所以重建学校是刻不容缓的“希望工程”。

这些倒塌的学校多数是中小学，这都是向下扎根的基础。假如我们不赶快积极地执行复建工程，一再拖延下去，孩子们的教育就会断层，将来对社会的稳定发展，必然有潜在的负面影响，可见扎根的教育是多么重要。

记得有一次，我到一所受灾学校，刚好是中午下课时间，我站在那里看着他们，天气很热，每个孩子的脸都红通通的，而且满身大汗；孩子们跑来围绕在我的身边，我伸手摸摸他们的头，每个孩子的头发都湿答答的，真教人心疼。

看他们不论是在帐棚下，还是在简易教室里，天寒时，冷飕飕的风直吹；天热时，里面就像烤箱；下雨时，雨声隆隆，在这种环境下上课，如何专心接受老师的教育？学业怎么会进步？

在大世纪末，倒塌这么多学校，我们有一个心愿——希望在新世纪的开始，能重新给孩子们一个坚固优美的学习环境。

所以我们使用钢筋 、水泥构建新的校舍，希望数百年后，依旧能矗立在大地上；不仅如此，更期盼有细心、整体的校园规划，描绘出每所学校特有的人文气息，培育良好的人才。

我们先后一共认养了五十所学校，的确是件庞大的工程，也是沉重的负担；慈济并非有钱，而是有心，因为孩子的教育不能空白，重建不能等待，所以，我秉持一向的原则“做就对了！”只要大家的力量能集中起来，就不怕责任负担重。

来到世间，若不负起责任，岂不有负生而为人的使命？在这世纪交替的重整时刻，如果人人都负起责任，建设新世纪的学校环境，并且以身教引导孩子，则未来的教育才有新希望，未来的社会也将有一番新气象，希望大家真正以这份心付出自己的力量。

合心、和气、互爱、协力

若要未来能吉祥、平安，我想有四句话值得推动，而且需要大家身体力行，那就是“合心、和气、互爱、协力”。人人懂得合心，就能够点石成金！古人也说“众志成城”，人人合心，还怕什么事做不成？

又逢春暖花开时节，回顾过去，虽然有风有雨，但毕竟是平安度过了，所以我们要用感恩心送走过去，并且以虔诚的心迎接未来，期待未来的日子，都能平安吉祥，人人都有无限的希望。

若要未来能吉祥、平安，我想有四句话值得推动，而且需要大家身体力行，那就是“合心、和气、互爱、协力”。人人懂得合心，就能够点石成金！古人也说“众志成城”，人人合心，还怕什么事做不成？

其次要和气，俗话说“和气生财”，最近大家都说景气很差，其实，主要原因在于人；人人应该要放下暴戾之气，捐弃彼此对立，和气相待，社会便能祥和平安；家庭也一样，所谓“家和万事兴”，每个人都从自己做起，再积极地推动到社会，形成一股良善的社会风气，如此要景气复苏就不难了。

除此之外，进一步还要互爱、互相疼惜，人若活在不懂得爱人，别人也不爱我的环境中，那是多么痛苦！想要拥有充满温馨、友爱的人生，必须自己先付出真诚的爱给别人；在帮助别人的同时，其实就是在帮助自己，这也是互爱。

再来就是协力，你看繁体“协”字的一旁是三个力，意思就是要集众人的力量合齐为一心，任何工作都能事半功倍。好比我常去看“希望工程”的工地，每次去都会看到许多志工也来参与，这就是协力，这些学校的重建工程，在他们的爱心协助下，施工进度都很快，工程品质又特别好，这都是大家协力合作的成果。

期待在新的一年中，人人积极力行“合心、和气、互爱、协力”，人人从自身做起，在自己的工作岗位上，守好本分、发挥良能，将美善的力量推广到整个社会，扭转偏差的风气，回复以往繁荣安定的景况，进而创造出大爱的世界。

人无求，心自在

世事原本就是祸福相倚，强求不得。如果人人都能了解人生如幻，本来就是空无一物、无增无减，自然不会再受境界所拘。该来的总是会来，该去的总是会去，拥有平淡自如的心，在时空中，就能超越人生的苦难和心灵的折磨。

天地万物，都是在时空中生灭轮替；人生也同样是在时空中生、老、病、死。常说人生的价值就在追求希望，但希望的方向是这么宽广，什么时候才能得到满足？佛陀不断教导大众：要少欲知足，一念心要能自我观照，不要让时空白白而过。

在人生当中，万物人事占满了空间，同时因时间而成长、消退。但是，很多人却无法体会时间、空间与人生的真正价值是什么，因此为了生活、为了满足欲望，不断茫然地追求。

在追求的过程中，不但非常辛苦，更会因得失心而生起无穷烦恼。得之，得意忘形；失之，失魂落魄。这种得失苦患，很少人能真正看淡、放下。

对此，佛陀举了个例子——

有一天，一位非常端庄、美丽的天女来到富翁家里。富翁心里很欢喜，还没开口请问，天女就说："我叫功德天，常在人间散播幸福的种子，带给人们幸福和财物。我今天与你有缘，所以来你家拜访。"

富翁听了很高兴，笑眯眯地说："请进！请进！我真是很有福。"这时，外面又来了一位长得非常丑陋的女人，也往富翁家里跑。富翁一见就起了厌恶、惶恐之心。

他正想问个明白，这位女人也先开了口："我的名字叫黑暗。我到任何地方，都会带来霉运、破坏，能消磨一切。"富翁听到她会带来霉运，就厌恶地对她说："我这里不欢迎你来，赶快出去！"

但是，黑暗说：“我和姐姐功德天一直都是相生相随。不论何时何地，都要在一起。现在她来你家，怎能叫我离开呢？若要我离开，她也要一起离开。”富翁对她说：“不行！我要把你姐姐留下，但是不要你。”

姐姐功德天就说：“她是我妹妹，我们姊妹俩永远相随不离。既然要我，就一定要接受我妹妹。”富翁想了想，就说：“那我两个都不要，你们都出去吧！”

这对姊妹离开后，又到了一户贫穷人家，并向穷人自我介绍。穷人听了，安然自在地向功德天说：“既然你们想来，我都很欢迎。反正我本来就一无所有，也没有可消磨的东西。既然欢迎你，当然也不排斥你妹妹，希望大家和谐相处。”穷人说完之后，功德天和黑暗却自动消失了。

佛陀说完这个故事，又说：“世事原本就是祸福相倚，强求不得。如果人人都能了解人生如幻，本来就是空无一物、无增无减，自然不会再受境界所拘。该来的总是会来，该去的总是会去，拥有平淡自如的心，在时空中，就能超越人生的苦难和心灵的折磨。”

人生随着日月的循环，总是无法留住岁月的脚步，正因如此我们更要学习好好运用时间和空间，平时就要谨慎调整心态，不贪求、清净淡泊，内心自然能平静自在。

笃信破迷惘

我们不要怕辛苦，要时时提高警觉，建立正信，并且要信得深而坚定，就可以破除迷茫而见光明。谈智慧与人生智慧并非从学识中得来，而是发自内心清净的本性，体会真理，走入人群，奉献己能，才是真智慧。

佛陀教育弟子：“只要人人能守住一法，自然众福齐集。”此一法即是“笃信”；“笃”就是深而坚固，心中的正信深而坚固，自然不会被外境诱惑。

世间多陷阱，信念如果不够坚固，很多事相就会让我们惶惑不安、烦恼丛生。人生在世，要有坚定的方向，以及循规克己，相信自己有余力，可以帮助别人，如此即是满足、富有的人生；反之，若常往高处比较，则永远都会不满于现况，对自己也失去信心，所以信心要坚定。

在社会上常常看到很多人家境不一定很富裕，却能积极造福，其实只要有信念，就能够付出。假使没有那念信心，就会颠倒人生。

在台中的一位林居士，年轻时有一份很好的工作，在商场上常与人应酬，渐渐地无法自我克制而染上酒瘾。

他不喝酒清醒时，人很好；只要一喝酒，就仿若变了一个人。后来喝醉的时间愈来愈长，家人愈发担惊受怕；因为他喝了酒不但会骂人、打人，还会为一些不经意的小摩擦，对自己宽容，却对他人无法原谅。

总之，他是一个好人才，只是因为酗酒，苦了周遭的人，也害了自己，直到身体健康大受影响，仍无法自拔。

后来因为太太经常到医院当志工，受到台中市政府义工表扬，他觉得是一件很光荣的事，就说："我要赶紧买一台相机，好帮你拍下这个历史镜头，这是我们家的光荣！"从此对摄影原是门外汉的他，开始产生兴趣，但是酒还是照喝不误。

在一次因缘来到花莲，让原本就是慈济会众的夫妻俩更加感动，看到慈济人的活动很祥和，他也心生欢喜，就开始拿着相机到处记录这些活动情况，师兄姐们也都很赞叹，让他更有成就感。

不过，对他而言戒酒仍很困难。尽管他也听师父的话，自己发愿说："绝对要戒酒。"内心却十分挣扎，往往忍不住偷偷地喝酒，原谅自己之后又心生不安；虽然知道要拒绝诱惑，也时时自我忏悔，但是仍不敌内心的心魔。

有一次他又喝得醉醺醺，回家还大吵大闹，甚至要开着车，对着自家大门撞去。就在与太太争执当中，刚好转头看见我的相片，突然从酒醉中惊醒，终于彻底忏悔。心魔被良知打退了，一念信心生起，从此滴酒不沾，专心投入"为慈济留历史，为时代做见证"，当一名尽职的映象志工。

现在完全看不出他曾是个酗酒暴躁的人，因为他流露的是用生命付出真诚、一心一志的信念。历经九·二一大地震、几次风灾，他都冒着危险，不顾自己的病体，仍然勇往向前，留下了最好的历史见证。

不论面对内心的心魔或外境的陷阱，只要提起笃定的正念，自己把握得住，就不容易被外界诱引，这是一项非常艰巨的修行法门。正如佛陀成佛前，也是经过千辛万苦的历程，所以我们不要怕辛苦，要时时提高警觉，建立正信，并且要信得深而坚定，就可以破除迷茫而见光明。谈智慧与人生智慧并非从学识中得来，而是发自内心清净的本性，体会真理，走入人群，奉献己能，才是真智慧。

辑三　谈智慧人生

待人处事，最重要就是要有平常心，不论得失，秉持做人本分尽力付出，心存感恩，能保持清净无欲的心念，以及无所求的付出，这才是人生至宝。

动中修静

我们若能在人群中，时时反省改过，凡事认真踏实去做，心境自然清明，智慧自然生成，这就是修慧的方法。

我常说“修行要福慧双修”，福就是造福人群，而慧要从何修呢？我想从一则故事讲起。

在日本有位很有名的教授，他出了一个题目，要学生画出“静”的景象。

学生们都很用心地画，其中有位学生画了一个湖泊，水面清澈无波，远处有一座山，湖边有些树木，近处有些花草，景色真的很优美宁静。

另一位学生也画了一个很大的湖泊，周围有很雄伟的山，有一道瀑布直泻而下，湖边树上有一个鸟巢，巢里有一只小鸟睡得好香甜。

最后评鉴的结果，那幅山中瀑布的画作胜出，轰动了日本。

题目是“静”，但是一看到瀑布，就会想到分秒不停息、奔腾地飞湍，丝毫没有静的表征，为什么这幅画会成为“静”的最佳作品？评审教授认为这就是真正懂得静的心境，而且完全表现在小鸟身上。在瀑布急流边，它能够高枕无忧，是不是真正的静呢？这也可以说是禅的境界。

人生应该要做到“在动中取静”，我常强调，修行就是要在人群中互相磨练，在动中训练静。因为人生独自静默的时刻不多，而且只要有人打扰静的环境，外界有了一点声响，往往就会起心动念，不但如此还可能会生出烦恼；如果把自己放在动态、复杂的环境中，反而能真正训练出宁静的心境。

很久以前有对同窗好友，对佛教有着相当大的兴趣。于是俩人约定各自寻找不同的师父，十年后再聚会，好互相切磋修行的境界。

十年的岁月可以造就一个人，也可以空过时日，这两个好朋友再见面时，一个已是非常有成就的法师，一个仍然烦恼满身。

二人见面时，这个满身烦恼的朋友，拉着那位法师的手问：“这几年我时常听到你在外面弘扬佛法，成就很大，请问你的师父平时如何教导你？”

法师就说：“师父教我的是：我们平时知道而没有注意的事。”这位朋友不了解，又问：“请你再说明白一点，好吗？”

法师说：“我的师父就像一位画师，他画了一幅旭日东升的景象，要我照着去画；我本来就知道旭日东升的景象，只是不知道从何处着手，师父只指点我如何下笔、收笔。我们平时生活在人群之中，只是习气在不知不觉中依然故我，师父的指引就在时时警惕我们，剔除不好的习气。”

修行要在日常生活、言语动作中检点自己。譬如走路要轻轻抬起脚，踏稳步伐；日常生活中本该如此，行动敏捷而没有声音才是走路的功夫。走路人人都会，端看有没有下功夫而已。

我们若能在人群中，时时反省改过，凡事认真踏实去做，心境自然清明，智慧自然生成，这就是修慧的方法。

守志奉道

能够体会人生真理、慈爱天地万物、孝养父母，不仅自己修行，还引导父母学佛，这样身体力行、弘道行孝，就是真正做到了“守志奉道”；其孝行最后感动了国王、天神，正可谓“其道甚大”！

佛陀说：“守志奉道，其道甚大。”志，就是志愿；道，就是真理。我们要专心立志、坚守志向，身体力行佛的教育、体会人生的真理。

佛陀曾对弟子们说了一则故事——

在很久以前，有位真正奉慈守孝的年轻人，叫做睒。他虽然年纪轻轻，却能看透人世间的真理——人的生老病死、世间事物的生灭，都是变迁无常：唯一不变的是，谨守佛、法、僧三宝的教诲，以及对人慈爱、对父母尽孝。

他认为真正的“孝”，并不是给父母丰厚的物质享受，而是让父母也能听闻真理得领悟；于是劝说父母与他一起到山林里修行。由于睒从小就很仁慈，对父母很孝顺，因此他年迈又双目失明的父母也欣然允诺。于是，一家人自给自足，过着安详恬淡的日子。

一天，睒到河边取水。正当他汲完水要站起来时，突然被一支箭射中胸口，立刻血流如注；他吃惊地大声叫喊：“是什么人？一箭杀害了三个人的生命！我若死了，年迈又眼盲的双亲如何生活呀！”

原来是迦夷国国王出来打猎，不慎误伤了人，国王赶紧上前关心他的伤势。

睒并没有埋怨，只是担心双亲日后乏人扶养，遂请求国王：“请您替我向父母辞别，告诉他们这是无心的伤害，请他们好好照顾身体，儿子再也无法尽孝了。”

国王对睒的孝思感动不已，承诺说：“我会尽力帮你疗伤救命，也会关心你的父母。”便赶紧找人医治睒的伤势，并随即前往探望睒的父母。

一行人来到睒的家，这对老夫妻一听是国王驾到，很亲切地招呼入内，请国王上座，拿出水果招待大家，并说："这是我儿子铺的地，坐起来感觉很凉快；这是我儿子采回来的水果，味道很甜美；我儿子去取水，等一会就回来了……"在在都看得出父母的慈爱和儿子的孝顺。

国王此时说明来意："您们的儿子在河边，不幸被我误射中箭，伤势非常严重。"老人家一听，强忍悲伤，请求国王带他们去见儿子的最后一面。

双亲虽然看不到倒在地上的儿子，却用双手抚摸着他淌着鲜血的胸口，向天呼喊："神啊！我的儿子心地善良，信奉三宝、大慈行孝。如果您能悯念我儿子这片真诚的心，就别让他死吧！"

一时，帝释、天人也深受感动而现身，对睒恭敬行礼："您真是一位'守志奉道、广慈行孝'的贤人。"接着便为睒疗伤。

见此，国王非常震撼！回去之后，便下令全国人民信奉三宝，学习睒的慈爱与孝行。

能够体会人生真理、慈爱天地万物、孝养父母，不仅自己修行，还引导父母学佛，这样身体力行、弘道行孝，就是真正做到了"守志奉道"；其孝行最后感动了国王、天神，正可谓"其道甚大"！

善解包容

> 要"善解、包容"，对人要懂得善解，即使对方有意伤人，只要我们无心接受，就很容易善解；对事不要存有成见，若能打开心门事事包容，内心必然轻安自在。

我常说要"善解、包容"，对人要懂得善解，即使对方有意伤人，只要我们无心接受，就很容易善解；对事不要存有成见，若能打开心门事事包容，内心必然轻安自在。相反的，因他人说话的习气、无心的言语，放在心里，使得自己心神不宁、精神散乱，这是伤害自己。

佛陀在世时就教育弟子：修行要从自己开始，并举了一则故事——

有个秃头的农夫，每天都要出门下田工作，但他很自卑，总觉得别人都用异样的眼光来看他；别人如果在讲话，就觉得是在批评他。所以，他终日郁闷不乐。

村里有个精神失常的人，有一天突然无礼地殴打他，秃头农夫只是怔怔地望着他，并不逃走，于是被打得头破血流。旁人看到了，赶紧将农夫扶回家，不解地问他："你怎么不跑呢?"

秃头农夫就说："那个人是傻子，是他不对，我不应该跑。"旁人就说："说他傻，你不会躲他才是真正的傻子!"

佛陀又说："假使修行不自我要求，在人群中，不肯好好调伏自心，一味责怪别人没有理智，批评别人的错误，却不回避不理智、错误的行为，这就是伤害自己。真正有智慧的人，就是懂得去分别，知所进退，才能很自在。"

由此可知，常说要自度，才能度他人；其实我们都不离人群，要先修养自己的品德，然后以此身教去教导、影响别人。若遇到人我是非能够宽心放下，对人能善解、包容，这就叫自爱。

一般人认为的自爱，大多只是爱自己的外在，或是感官的享受。倘若懂得道理——生老病死是天地宇宙间的自然法则，人应该随着自然的境界生活，这才合乎自然的循环。若在自然的形态上，特别刻意造作，就是破坏自然，这是一项很大的伤害。

如同我们所居住的地球，现在常常听到山崩、地裂、干涸、大水等等的天灾，其实这也是人为，人与大地争夺，严重地破坏山林；平时的农作，为了方便增产就用化学肥料；加上贪图物质享受，工业不断发达，造成空气污染，种种都是违逆自然，也因此造成了很多灾难。

倘若能够透彻道理，安住生活，就不会和大地对抗；如果会安住自心，自然心地就会安宁，人与人之间就可以相处得很平安，这就是最安定、幸福的人间。所以在人与事物中，要懂得运用善解，互相包容；心净则土净，心美则天下美。欲向自己内心预约心地净土，就要时时多用心。

大地万物皆有用

每件事物都有它的用处，每一个人也都有他的特长，但是只有小聪明的人会认为有些东西根本没用处；具足真智慧的人就知道必须时时尊重一切生物及其良能，因为“大地万物皆有用”。

很久以前，在日本有间寺院住了一位明理聪慧的小沙弥，还有一位贡高骄傲的小沙弥。

这位骄傲的小沙弥，常以为自己的才智高人一等，其他人都比不上他，甚至都是无用之人。聪慧的小沙弥想让他明白“大地万物皆有用”的道理，于是趁他一边走路，手中还捧着书一边读的时候，大声叫他：“站住!”骄傲的小沙弥吓了一跳，真的站住了。

聪慧的小沙弥拿着一把锄头说：“你认为除了你之外，其他的人事物都没什么大用；所以你现在所站的地方是你能用的，其他就是没有用的。”

说完便把他周围的土地挖开，最后只剩他站的那一小堆土，骄傲的小沙弥因此站立不稳而跌倒了，他非常生气，不服地说：“我还是认为一切都是无用的。”

有一天，村里的农夫撒下种子，却被鸟群吃光了，农夫无技可施，便请聪慧的小沙弥想办法将小鸟赶走。他想了想后，用竹子做了一把水枪，可以发出很大的声音吓走小鸟，但是不多久小鸟又成群地飞回来，农夫们只好反复地用水枪发出声音把小鸟吓走。

骄傲的小沙弥就在旁边笑说：“大家都说你的聪明名闻遐迩，原来不过如此，有什么了不得。”

大家就问他：“你有什么更好的方法?”

他看看旁边的树林，就说：“这简单！因为这片树林里面筑了很多鸟巢，所以才有这么多小鸟，反正这些树留着也没什么用处，把它连根拔除就好了。”大家都觉得这是治本的方法，就将树林连根铲平。

过不久台风来了，村里的农舍被风雨吹得岌岌可危，过去有防风林的保护，再大的风雨也不怕，现在村民只好用木柱、沙包来支撑抵挡，这时骄傲的小沙弥才明白自己闯祸了。

风雨过后，他很惭愧地说："原来智慧不是自命清高，而是不妨碍一切、尊重一切；过去我错了，我应该要学习尊重他人及大地万物。"

的确，每件事物都有它的用处，每一个人也都有他的特长，但是只有小聪明的人会认为有些东西根本没用处；具足真智慧的人就知道必须时时尊重一切生物及其良能，因为"大地万物皆有用"。

有智慧

能应用智能，在人群中就会种好因、结好缘、得好果，这是一定的道理。如果自认为了不起，样样比人行、条件比人好，贡高我慢，那就无法谦虚合群了。人生道路走得平顺或是坎坷，往往只在一念之间，所以我们要多用心体会真理，并且切实应用于生活中。

现代社会上，有许多人常自以为了不起，有很高的才干、丰富的学识，或自恃身强体壮、长相漂亮……这一切都是我见、贡高傲慢的态度，难以融入社会亲近人群；与人相处时无法生起欢喜心，做事也得不到别人的支持，如此，即使有好缘也被自己所障碍了。

曾经有一位年轻人从国外取得博士学位回国，几年后却还是失志落魄，因为自认学问好，职业也应该要高人一等。但是，学位并不能代表地位，还需要时间努力经营。

时间一年一年地过去了，眼看当初同时回国的朋友，在工作岗位上年资越来越深，经验愈来愈丰富，地位也不断提升。而他总是高不成低不就，心中常常愤愤不平，态度也逐渐变得孤傲，甚至远离人群。

如果他在刚回国时就从基层做起，我想，不用多久的时间，他也会步步高升。但是，因他的贡高我慢，使时间空过，失去发挥专长的机会，这是他人生最大的损失。

反观另一位学历很高的女士，结婚后跟着先生回家乡种田，除草、捡柴、挑水她都得做，起初内心非常不平衡。她娘家的人也说："这样的人才，在乡下做那些事，实在很可惜！"别人越说，她就越觉得痛苦。

后来她到医院当了志工，深深体会到我常说的两句话："知识不等于智慧。""人生无所有权，只有使用权。"从此才改变自己的观念，也更加珍惜、善用自己人生的使用权。

她曾在医院看到一位三十岁左右的伤员，在瞬间的车祸中受了重伤，颈部以下全部瘫痪，虽然头脑很清醒，但是全身动弹不得，连吃饭也要人喂他。像这样，人生的"使用权"都完全丧失了，其他还能计较什么呢？

更何况智慧并非从学识中得来，而是发自内心清净的本性，体会人生和宇宙的真理，又真正能清净无求地走入人群、服务大众，这就是发挥智慧的使用权与良能。

因此，能应用智能，在人群中就会种好因、结好缘、得好果，这是一定的道理。如果自认为了不起，样样比人行、条件比人好，贡高我慢，那就无法谦虚合群了。人生道路走得平顺或是坎坷，往往只在一念之间，所以我们要多用心体会真理，并且切实应用于生活中。

用心做事，事半功倍

只要用心就能生出智慧，运用巧妙的智慧来做事，当然就能事半功倍，不但节省很多时间、人力，而且可以做好更多事情。

人若不用心，如何学有所成？开头不用心，犯了错误又不知赶紧改正，这是大家常有的毛病。在生活中若能多用心学习，工作就能进行得很顺畅、简单又利落；如果欠缺用心，即便使尽蛮劲，也会忙得团团转，而且得不到好的效果。

有一则寓言说的就是这个道理——

很久以前有位国王，他有一个勤快又老实的佣人。一天，皇宫的后花园里死了一只鹿，佣人就向国王报告。

国王想到佣人每天把花园整理得很整齐，而且工作努力、任劳任怨，就把那只死鹿送给他。

佣人得到死鹿很欢喜，他想：鹿皮可以取下来制成衣服，于是赶紧找来刀子想取下鹿皮，可是刀子很钝，根本割不动。他急着到处找磨刀石，后来在楼上找到了，就在那里高兴地磨起刀来。

磨好之后，他就跑回后花园取鹿皮。但是，不多久刀又钝了，他只好又跑到楼上磨刀，磨好再到后花园去取鹿皮，就这样忙上忙下地跑来跑去，两条腿都快跑断了，只为了磨刀和取鹿皮。

有人问他："你为什么一会儿上楼，一会儿跑到后花园？到底在忙些什么？"他说："我去楼上磨刀，再到后花园取鹿皮！"对方又问他："为什么要去楼上磨刀？"他不假思索地回答："因为楼上有一块磨刀石。"

大家就笑他："磨刀石可以从楼上拿下来，放在死鹿旁边，你可以一边磨，一边取鹿皮，这样不是很方便吗？只是举手之劳，你就不用跑上跑下那么忙碌了！"

这个故事看似可笑，其实，我们何尝不曾为固定的思想模式所困，归根究底真的只是"不用心"。只要用心就能生出智慧，运用巧妙的智慧来做事，当然就能事半功倍，不但节省很多时间、人力，而且可以做好更多事情。

我们的生命时光到底有多久？在有限的生命中，想达成诸多理想，做无数的工作，"用心"的确非常重要。

扫尘除垢

为人一定要用心，即使资质愚钝、反应迟缓，只要从身边简单的事物用心观照，自然真理入心，就能体会身心内外的道理，这也就是"一理通，万理彻"。

修行，必须时时将心地的垢秽清除、扫除烦恼，正所谓修于内心，行之在外。

佛陀在世时，有位弟子名叫盘特尊者，带着他的弟弟投入佛陀座下，在僧团中修行。盘特尊者很有智慧、很聪明，但是他的弟弟周利盘特却是反应迟钝，总是心不在焉而无法集中精神，所以盘特尊者对弟弟感到很无奈，也教得很灰心。

有一天，尊者就对弟弟说："周利盘特，你这么不专心、不用心，还是回去吧！"

但是周利盘特很喜欢在僧团修行，一听到哥哥要他离开僧团，他着急得哭了。

佛陀见状，很慈悲地问伤心的周利盘特："你为什么哭得这么伤心？"周利盘特禀告佛陀："哥哥说我很难教，要我离开僧团。"

佛陀就问他："那么你的想法呢？要留下来，还是回去？"周利盘特说："我很想跟随佛陀修行。"

佛陀就说："只要你有决心，就能够留下来。来！你就在我的身边先做些打扫工作。"周利盘特很感恩佛陀慈悲收留，暗暗下定决心要好好地修学。

佛陀就拿了一支扫帚，说："这是扫帚，你把这个名称背下来，每天扫地就先背这个名称。"周利盘特很用心地背，但总是记得前一个字，忘记下一个字；记得下一个字，反而忘了前一个字。

佛陀还是很慈悲、很有耐心地对他说："没关系，你再用心花时间，专心记这两个字。"

几天之后，他背起来了，觉得很欢喜，佛陀就说："你再背'扫尘除垢'。"他又开始背了。

又花了好几天，已经将"扫尘除垢"背得很熟了。佛陀说："扫尘除垢，你知道意思吗？"他摇摇头，佛陀就说："这次就由你自己去想了，'扫尘除垢'是什么意思？要好好地想。"

周利盘特整天都在想："扫尘除垢"到底是什么意思？就这样又过了一段时日，他忽然开通了："扫"是要清净，"垢"就是污秽，周围的环境一有污秽，就需要用扫帚扫干净。

这时，他又深一层地想：到底佛陀教我"扫尘除垢"，还有什么意义呢？想了许久，突然想到：就如自己的身体若有了尘垢，就需要水和布来清洗；那么心有垢秽，要用什么来清除呢？

他再深入思考，想到用智慧来清除内心的烦恼，“智慧”就像扫帚，“尘垢”就是烦恼。

慢慢地周利盘特从外而内，由浅而深，一一透彻明了佛陀的教法，并且在僧团中步步精进，而身心清净、守戒奉法，终于修得非凡成就。

周利盘特尊者的故事，告诉我们，为人一定要用心，即使资质愚钝、反应迟缓，只要从身边简单的事物用心观照，自然真理入心，就能体会身心内外的道理，这也就是“一理通，万理彻”。

勿轻他人

> 一切要用心，对人必须尊重、爱护，不要轻视任何一个人，这才是真正照顾好自己的心；看世间处处皆学问，藉此警惕自我，提升品格，方是修行正道。

做人一定要懂得“尊重一切，勿轻他人”。因为一切众生，皆有同等清净灵明的本性，所以要平等尊重，如果在人我、事相上有所分别，往往会导致莫大的遗憾。

很久以前，在深山中有一个道场，有位弟子一直想到外面参访，就向师父请假。师父问他：“我们的道场四面环山，你要往哪里去？”这位弟子一时无法回答，师父就告诉他：“你回去想想，等到能够回答这个问题时，再出门吧！”

这位弟子每天很努力地想，却想不出如何回答，内心不禁生起一些烦恼，但是又不敢擅离道场。

有一天，他走到菜园去，遇到一位负责种菜的园头僧。园头僧就问他：“看你一副心事重重的样子，为什么不高兴呢？”这位弟子回答：“我想到外面去参学，但是师父问我：‘我们的道场四面环山，要往哪里去？’我没有办法回答，师父说我必须答得出来，才能离开。

园头僧说：“这并不难啊！”这位弟子就问：“你能教我如何回答师父的问题吗？”园头僧微微一笑，说：“竹密不妨流水过，山高岂碍白云飞。”这位弟子听了，若有所悟地说：“有道理！”他很高兴地到师父面前，如是一般回答师父。

师父说：“这个答案不是你想出来的吧！这是谁教你的？”这位弟子只好据实告诉师父：“是种菜的园头僧教我的。”

当晚，师父把所有的弟子召集到大殿，然后升座向大家宣讲：“种菜的园头僧虽然每天忙于种菜、照顾田地，但在耕耘大地的职务里，他能用心体会大自然的变化，更能从亲手开垦、种竹的过程中，体悟到真理；这说明只要用心，处处皆是道场。”

这则故事很有启发性。大多数人都觉得在山林中修行，能够心灵平静、安心修学；但还是有人会想四处去参访。而老实修行者能用心投入，安住于淡泊的境界，内心平静即天地宽阔，还有什么道理不能透彻呢？

所以一切要用心，对人必须尊重、爱护，不要轻视任何一个人，这才是真正照顾好自己的心；看世间处处皆学问，藉此警惕自我，提升品格，方是修行正道。

知识观

> 凡事专心很重要，专心就必须多用心，理解之后就尽力去做，做了之后，才会有真正的体悟而有所得。

人都有求知欲，希望能博闻，让智识和眼界都很开阔。但事实上，天下万物能真正透彻了解的人有多少呢？

以前有位博学多闻的贤人，叫做王倪，有一天朋友来找他，聊天时问：“你可知道万物的道理，它们共同的标准是什么吗？”王倪说：“我怎么会知道！”

朋友又问他：“什么是你不清楚的事物呢？”他同样回答：“我怎么知道！”

朋友再问他：“如此，天下的知识，并没有一个共同的标准了？”王倪还是回答：“我怎么会知道！”

这位朋友感到很失望，因为大家都说王倪博学多闻，没想到却一问三不知。王倪看到朋友那么失望，就说："你不必失望，我如果告诉你'我知道'，可知其实就是'不知道'？如果告诉你'我不知道'，你能确定我真的不知道吗？"

"世间的事情，往往没有共同的标准。譬如：人若是长期睡在潮湿的地方，会得关节炎；但是，泥鳅住在泥沼里，就很逍遥自在。"

"再说，人喜欢吃肉，鹿喜欢吃草，蜈蚣喜欢咬蛇，乌鸦喜欢吃老鼠……各种动物都没有一致的兴趣，天下万物怎么会有共同的道理呢？我又怎能断言什么是对的？"

的确，若以常人的标准来看，希望有一间安稳的房子能遮风蔽雨，有一张好床能舒适入眠。但是，人人是否都这么想呢？

慈济曾帮助过一位独居的老公公，他原本住在破烂不堪的旧屋中，慈济人本着大爱精神，帮他修理房屋、打扫环境，还买了一张新床、棉被、蚊帐等，希望让老公公能住得舒适一点；不料，老公公竟笑着说，他难以适应新居；这是不是很不可思议呢？

天下不可思议的事情太多了，所以我们应该要守于道。孔子说："得一善则拳拳服膺。"如此必能体会真理的内涵；反之若贪图博闻，天下万理又如何去透彻了解？

因此，凡事专心很重要，专心就必须多用心，理解之后就尽力去做，做了之后，才会有真正的体悟而有所得。

人生至宝

> 待人处事，最重要就是要有平常心，不论得失，秉持做人本分尽力付出，心存感恩，能保持清净无欲的心念，以及无所求的付出，这才是人生至宝。

曾看到一篇文章，大意是说，古时候有位农夫耕田时，发现一块无价的玉石，农夫想把这块宝玉献给宰相。宰相看到这块宝玉，就告诉农夫："这块玉石的确很有价值，但是我不能收。”

农夫说：“我平时一无所有，无意中得到这块宝玉，可以说是我一生中仅有的宝；想要呈献给您，请务必要收下，这是我的诚意。”说完他还不断拱手请求。

宰相就说：“这块玉石是你仅有的宝，你应该留着。我也有我的宝，‘不取非分之物’就是我仅有的宝，也请您让我好好保有。”

这个故事的确深具含义。人生，有的是以有形之物为宝，有的以无形的本分品德为宝。真正的道理是无形的，人能按照道理而谨守本分，这种道德情操，才是人生中至高无上的宝。

人假如不能守本分，便失去人生的原则，遇事就会慌乱无措。现在的社会，有很多人急功近利而难守本分，把世间的事情想得太复杂，又追求得太多，总是挣扎在得与不得之间。得，就容易得意忘形；失之，就会失魂落魄，有人因此迷失了自我意念，变成真正迷惘的人。

人间的不幸，大都是囿于人事、物质的得失不平，以致一时迷茫、冲动而造成，也因为不正确的价值观，才乱了自心，不由自己地做出偏差的行为，导致终生的遗憾。

我们待人处事，最重要就是要有平常心，不论得失，秉持做人本分尽力付出，心存感恩，能保持清净无欲的心念，以及无所求的付出，这才是人生至宝。

待人退一步，爱人宽一寸

修行，切不可半途起心动念；我们必须在正道中保持定力，而且待人要退一步，爱人要宽一寸，那么在人生道上就可以过得很快乐、自在。

修行一定要学得心在宁静中。能够如此，则普天之下的一草一木，无不是如来的形相。

人的生活，如果都在是非中打转，是多么可怜的人生！“退一步，海阔天空”，若能打开心胸，则山河大地无不融入心灵世界。

佛陀曾讲了一则故事——

有两个商队要出门经商，他们各自准备了十几车的粮食和水。由于商队的人数众多，为了避免秩序混乱，两队的领队就商议分梯出发。其中，一位很有智能的领队说："我让你先选择先后行程。"

另一位心想：如果先出发，运送粮食的牛只就可以先吃到一路上的青草。而且，大队人马走过的路可能会被践踏得很不好走；再加上先到达目的地就可以抢得先机、先做生意，便决定选择先走。

后行的队友感到很不满，觉得好处都被第一队的人占尽了。那位有智慧的领队便对同伴们说："草被吃过之后，还会长出鲜嫩的新草，我们晚一点再出发，牛只正好可以吃到鲜嫩的新草；大队人马所走过的路反而更为踏实；再说，市场有了他们的投石问路，我们再去就能比较了解行情状况。"

佛陀说："如果能够时时礼让、将心念守好，坚定地走完自己所选择的道路，终有一天会走到目的地的。"

这个故事的旨意在于教导我们：学佛、修行，切不可半途起心动念；我们必须在正道中保持定力，而且待人要退一步，爱人要宽一寸，那么在人生道上就可以过得很快乐、自在。

大地众生，无不是在说法启发我们的心灵。如果大家能以宁静的心来观察大地的形相、听大地的众生声，必能体会许多妙法。

心灵的资粮

> 如果我们希望凡事都能平静无波，唯有照顾好自心，别让"贪、瞋、痴、慢、疑"这五种毒素污染了我们的心灵。

佛陀在世时，曾说过一段染布的譬喻——

有一天，佛陀和弟子们来到王舍城托钵。城里有一条街道十分热闹，开了各种贩卖生活用具的商店，有打铁店、制桶店、布店等等。

佛陀走到一家染布店前，静静地站在一旁看染布师傅工作。佛陀很用心地看完整个染布过程后，就继续再往前走。

托完钵回到精舍后，佛陀就问弟子们："你们今天到城里托钵，有何感想？"一位弟子回答："城里好热闹啊！很多人忙着采购需要的物品，商人也很热络地在贩卖货物。"

佛陀又问："你们看到那么多人在买卖东西，他们的目的是什么呢？"有位弟子回答："为了生活！"

佛陀说："对！就是为了生活。但是人除了生活之外，还有一样很重要，那就是——心灵也需要养生的资粮！"

一位弟子就问："佛陀，心灵的养生资粮是什么？"佛陀回答："就是智慧。要让慧命健康地成长，就要好好照顾它，别让杂质污染了心灵。这就像在染布店工作的师傅，虽然他全身因染布而沾上许多颜料，但是他却很细心地把那些白布照顾得很洁净，为的就是要染出一块好布料。修行也是一样，虽然我们身在五浊恶世的复杂社会里，心仍要保持洁净。万一我们的心像一块白布被污染、弄脏了，任凭染布师傅的技术再好，也染不出一块色泽美好的布来。"

总之，我们要照顾好自心，不要受环境影响而污染了原本清净的心性——譬如看到不顺眼的事就发脾气，或因为生活压力太大就想逃避。

我常常说："与人无争则人安，与事无争则事安，与世无争则世安。"如果我们希望凡事都能平静无波，唯有照顾好自心，别让"贪、瞋、痴、慢、疑"这五种毒素污染了我们的心灵。

凡事用心，处处皆宝

> 做人千万不要轻视自己，若能用心学习，简单的一句话，也能受用无穷；如果好高骛远，哪怕是再深奥的道理、再美妙的方法，也没有多大的用处。要用平实的心奋发上进，这才是人生的根本。

古时候有一位富有的长者，他仁厚好礼又喜欢布施，也很有心提携后进。这位长者有一个朋友，平日游手好闲。有一次他到长者家，长者便苦口婆心地劝他要好好运用健壮的身体，积极向上。这个朋友说："我知道，我也很想要努力工作，可是我没有本钱。"长者相信他会努力工作，就慷慨地送他一百两黄金，希望他能好好发展事业、出人头地。

长者的朋友拿到这么多黄金，十分高兴，心想：有这么多钱，我不必急于一时去做生意，先去赌博、玩乐一番再说……

过了不久，他又一身落魄地去找长者。长者看到他时，不悦地说："我一直对你有所期待，希望你能有很好的发展。没想到今天看到你，又是一身落魄。"

这个朋友很惭愧地说："我也曾想要好好地努力，但是时运不济，不知不觉就把你给我的资本用完了。"长者听了，很心痛地说了几句重话："你就是不肯上进！如果你肯用心，即使只是捡到一只死老鼠，你也可以靠它过日子！"

这时，有个穷人刚好经过长者家，听到这些话，得到很大的启示。他在回家的路上，不断地鼓励自己：我要坚强起来，想办法赚钱谋生，不要再靠捡拾别人不要的食物，有一顿没一顿地过日子。

走着走着，他忽然看到路上有一只死老鼠，就很高兴地捡回去，并且用心地清理老鼠、调上味道用火烘烤，然后把这只香喷喷的老鼠烤肉拿去卖，竟然卖了十文钱。

他拿了这些钱，心里很高兴，就用这些钱买了一些青菜，用心调理后再拿去卖，竟然卖了百文钱。从此他用心于经营卖菜的工作；几年之后，这个穷人变成了一位富翁。

他一直很感恩长者的那句话，因此，他准备了一张用黄金做成的桌子，以及一只金老鼠，登门拜访长者，当面向他致谢、感恩。

长者感到莫名其妙，这个素昧平生的人，怎么一直对他表示感恩，还送这么贵重的东西？送礼的人就说："多年前，你的一句话提醒了我，让我从小生意做起，才有今天的成就。这些礼物，仍无法表达我万分之一的谢意，还请长者笑纳！"

长者心里感慨万千！他说的话，一直无法唤醒那位沉迷的朋友；没想到，无意中听到这句话的人，却能发展出这么成功的事业。

由此可知，做人千万不要轻视自己，若能用心学习，简单的一句话，也能受用无穷；如果好高骛远，哪怕是再深奥的道理、再美妙的方法，也没有多大的用处。要用平实的心奋发上进，这才是人生的根本。

信心是生命的泉源

人世间要奉献己能、利益人群，才是做人的真正价值。谈时间有智慧的人，视时间为钻石；愚痴的人，则把时间当泥土。

一念心能安定，就可以守于正轨而行事，如此不论来去都能很自在。

记得二十多年前，台湾面临石油危机，因而派遣许多技术团前往阿拉伯国家，协助当地发展，以便换取石油。

当时，有位电力专家接到派遣，负责教导对方如何运用石油产生电力。在出去前，他依照规定去做身体健康检查，赫然发现患有癌症，当他听到这个消息，心情瞬间沉入谷底。

接连好几天都卧床不起，也不肯吃饭。他太太就打电话给他一位住在花莲的结拜兄弟，请他来看看结拜大哥，帮忙劝解劝解。

这位好朋友听到讯息，立刻赶去。看到他整个人都消瘦憔悴了，便安慰他："你要放宽心，一方面要积极治疗，一方面要有信仰作为精神支柱。我回花莲替你去求我妈妈的师父，帮你诵经祈祷，让你能恢复健康。"

有一天中午，下着雨，这位结拜兄弟偕妻冒雨来到精舍，并告诉我那位电力专家的事。他说："还请师父为他加持，让他健康起来，能做事。"我说："我何德何能？如何加持他？不过，倒是可以鼓励他要坚强起来。"

我拿出一张西方三圣相及一本普门品，说："你把这些东西带给他，师父会为他祈祷祝福；但是，告诉他有三件事一定要做，第一，要恢复过去的生活。以前他每天有什么习惯？"他说："他每天早上都去打球，自从得知患病之后，也不去打球了。"

我说："请他照常去运动，接着要配合医师的治疗。第三，每天早上出门前，先花十五分钟念一遍普门品，最重要的是要发愿，要有信心，坚定做事信心。”

他回去和他结拜大哥说明，那位电力专家刚开始有些半信半疑，他便说：“大哥，你一定要相信，师父说的信心就是生命的泉源。”这番话激励了他：“好，从今天开始我就照师父说的去做。”

幸运的是，一段时间后再去检查，原先疑似癌细胞已经没有了，随后他便前去沙特阿拉伯，三年后完成任务回来了。

回来后，他由这位朋友陪同来精舍，他从身上取出那本普门品，及那张西方三圣相，对我说：“师父！感恩，这本普门品及这张佛相，三四年了，从未离开过我。”

之后，他继续在机关中服务，也担任不少重要职务；后来，慈济在建设医院时，他也非常关心；他又为民服务了十多年，才在几年前往生。

一个人要能为人群付出，必须先提起信心及勇气；才华要如何善用？要如何利益人群？这是很重要的思考方向。人在世间要奉献己能、利益人群，才是做人的真正价值。谈时间有智慧的人，视时间为钻石 ；愚痴的人，则把时间当泥土。

辑四　谈时间

有智慧的人，视时间为钻石，懂得把握刹那、发挥良能。期待人人都能天天行善、时时利益众生，让心灵充满曙光，为新世纪开创一片光明与祥和。

珍惜人生每一秒

社会上很流行一句话——彩色的人生。要生活得有色彩，就要用心抓住时间；心用在时间上、用在待人处事上，便能拥有一个多彩多姿的人生。

人生像无法拨回的时钟，我们的生命时钟也永远无法再拨回去。因此，我们要好好把握时间、努力当下。

我曾算过一天有八万六千四百秒，警觉到“秒”的短促迅速。若说一小时有六十分钟、一天有二十四小时，如此很容易想成：反正时间还很长，慢慢度日有什么关系？

因此，我们要以“秒”计算人生，重视每一秒——把握当下的每一秒，就能累积人生永恒的历史。

记得当初我要筹建慈济医院时，曾四处不停地拜访各个阶层的人士，以寻求人才、力量。

有一次，我去拜访当时的谢“副总统”东闵先生。他听到我要盖医院时，说："盖医院很辛苦、非常不容易，你曾请教过人家要如何盖医院才会成功吗?"

我回答："别人如何成功，我不曾探讨过；不过，倒是常常探讨别人是如何失败的。我认为成功的方法没有一定，但是失败一定有其原因。"因为时代不同，人的心态也不同，要用什么方法才能绝对成功呢？实在很难。

人生的时光有限，因此我会将时间拿捏准确，让慈善、医疗、教育、文化四大志业齐头并进；而不是一件事做完之后，才做另外一件。所以，我的人生哲学是"多管齐下"——要做，就要立定志愿、坚持方向，做就对了！

时间的使用能化刹那为永恒，也能化永恒为一刹那。一刹那的时间很短促，但是若能好好地把握住，就是永恒！自古以来，哪一段历史不是从那"一刹那"开始的？假如我们不重视时间而让它白白地流逝，这种人生就是空白的。

社会上很流行一句话——彩色的人生。要生活得有色彩，就要用心抓住时间；心用在时间上、用在待人处事上，便能拥有一个多彩多姿的人生。

时间的价值

> 大家要把时间当做钻石一样地珍惜，发心立愿后，就要好好发挥良能和潜力，把握时间去做。不让无价的生命时光虚度，这才是真正美好的人生。

常听到有人说：无聊，要想法子打发时间。也有人常叹道：时间不够用。但时间是什么？它空无一物，捉摸不着、留之不住，却能使人累积成就或是浪费虚度，而时间的价值端看人如何去利用、分配。

有位来自马来西亚的同学，他拿来一个玻璃罐，里面装满大大小小的石头，上面贴了一张同学们写下来的话，准备要送给我，他说这罐石头有个故事——

老师带着学生们到野外教学时，就捡起地上的石头，一一装进玻璃罐内，当快装满的时候，老师问："已经快装满了吧？你们想，还有空间再装吗?"

有位同学说："还可以装。"老师将玻璃罐递给他，他捡起更小的石头放进去，果真又装了不少。

老师又问："还有空间再装东西吗?"另外有位同学说："还有空间。"于是就装进细沙，不一会填满了缝隙，罐子也装满了。

老师又问："还有空间再装吗?"同学们面面相觑，摇摇头都说："没有了!"后来，老师就说："不要忘记，还可以装水。"

这位同学说，这件事让他领悟到——凡事要自我调适，大石头就如主要工作，我们将把主要的工作先安排好，再安排次要的工作，把时间分配好，不要忘了自己该做的事。

在这忙碌的社会，很多人会说"我没时间"，其实，时间是自己安排的，可曾想过你的时间用在哪里?是用在无所事事上，还是只用在吃、喝、玩、乐上?

有智慧的人，把时间当钻石；愚痴的人，把时间当泥土。有智慧的人就懂得做该做的事；愚痴的人，则是做不该做的事。

大家要把时间当做钻石一样地珍惜，发心立愿后，就要好好发挥良能和潜力，把握时间去做。不让无价的生命时光虚度，这才是真正美好的人生。

人生的价值

> 大家要好好地把握时间；唯有身体力行、珍惜人生，才是真正觉悟的人。人生的价值，端视自己如何发挥。若能事事不计代价、为人群服务，这才是真正有价值的人生。

人生最有价值的是什么呢?是情最宝贵?还是爱最幸福?其实，仔细看看世间，有时不禁要问：人生的价值在哪里?

什么是真正的情?情为何物?人的感情非常复杂，但是佛教一向讲"觉情"；觉情就是觉悟之后的情，也就是菩萨对众生一份觉悟的有情。它没有任何污染的色彩，也不需附带任何回报的条件；只是一份单纯、无私的爱与清净的情，而人生最具意义与价值的就是这份觉情。

现今社会时常发生劳资纠纷事件。过去在老板与员工之间都保有一份浓厚的感情。工人们抱着感恩心，深感若不是有这份工作，我和家人要如何生活？而老板也会疼惜工人，他能够体会到：如果没有这些工人，公司怎么维持下去？

彼此间存着一份单纯的感情，也就是共生互动的感情。有这份同心互敬的感情就叫做“觉”；也可以说是“觉有情”，其中包含着人性的真理。

现在不同了！稍遇不顺之事，员工动辄罢工、上街头游行，使得公司无法正常地运转，这也是“迷情”。

试想：一生的时间到底有几十年？其中饮食、睡眠及无所事事的时间，已经用掉一大半；再扣除年幼不懂事、老来健康退化的时间后，真正用于工作上的时间又有多少？而人生的价值究竟何在？

在此，例举一则佛典故事——

曾有位参学僧来到一处丛林；“丛林”是指中国的大寺院，僧众颇多。为了供应众人的伙食，所以设有一座大寮。大寮就是厨房，由典座师负责里面所有的事务。这所寺院里的典座师年事已高，却仍十分勤劳；厨房内的大小事务，都是由他一人打点。

有一天，有人送来许多海苔，与师父们结缘。由于海苔是湿的，他必须趁着阳光强烈时拿出来曝晒，才不致发霉。参学僧看到驼背、瘦弱的老僧，独自一人在烈日下晒海苔，感到十分于心不忍！

他走到老僧面前，问：“老和尚，您多大岁数了？”老和尚说：“七十八岁。”参学僧又问：“工作这么多、太阳又这么大，您为什么不叫年轻僧人帮忙？”老和尚说：“别人又不是我。”参学僧说：“那您为什么不等阳光小些再做呢?”老和尚说：“时日已不多了!”

这简单的两句话，却蕴含了很深的道理——凡事“公修公得，婆修婆得，自修自得”。所以，大家要好好地把握时间；唯有身体力行、珍惜人生，才是真正觉悟的人。人生的价值，端视自己如何发挥。若能事事不计代价、为人群服务，这才是真正有价值的人生。

妥善运用“现在”

时间实在是很难捉摸，但是，却充满了人在意识上的“有”和“无”。已失去的，就会带给人痛苦；未来的，会带给人无限的追求及希望，而一般人则是在得失之间挣扎。

时间由分秒所累积，但总是不断地流逝，没有停留的时候，从妈妈怀孕开始，就不断随着时间成长、茁壮、老迈、过往；人生本来就无常，刚出生时，小生命整个躯体也只不过如巴掌大，大家都没有察觉身躯到底何时不断地成长，只知随着时间年年不断地过而长大，这就是时间。

人生几十年的时间，到底累积了什么？光是谈时间实在是很抽象的事。不过，若将时间用在人与事上，就能赋予一种希望。为人父母的希望，是孩子乖乖地健康长大；当孩子的，是希望过新年、穿新衣，生日时妈妈能带他去买玩具，或者去游乐园……但是，“未来”的希望很快就变成“现在”，而现在就是过去的希望。

总之，时间实在是很难捉摸，但是，却充满了人在意识上的“有”和“无”。已失去的，就会带给人痛苦；未来的，会带给人无限的追求及希望，而一般人则是在得失之间挣扎。

当得失模棱两可时，人就会很迷茫，自已不知道要如何坚定信心，踏实地往前走，于是迷迷糊糊、不知所措；一旦得到了，又会很执著，在执著中，衍生很多心理不平衡。

所以，在无尽的追求中，佛陀教我们要守于中道。以财富为例，能好好应用、助人利人，也就是为自已造福；反之，不懂得利益他人，即使累积了许多财富，也没有多大的价值。重要的是要守好本分，稳稳地踏实于现在；这样就不会为过去的事而烦恼，也不会为未来的奢求而心生妄想。

时间，虽然是看不到也触摸不到，但是，懂得善用时间就能成就我们的事业、理想。人生在世若能坚定意志，方向不偏差，就可以步步踏实，随着时间的累积，走向未来美善的目标。

净心的扫把

时间确实可以累积功德，过去迷惑颠倒的岁月，不算是真正的人生，若真正能够做“利人利己”的事情，才算是真正的人生。

很多人常感叹：时间很无情、过得毫无痕迹。其实，时间最平等，它能累积人生经历；会利用的人，世间一切的历史、一切活的宝物都在时间的宝库里；不会利用的人，时间也可能成为罪恶的渊薮。

有一位七十八岁的老公公，每天早上都拿着一只扫把在街头巷尾清扫。在清早寂静而清凉的境界中，常听到那扫把扫地的声音，彷佛是人生最美的音乐。邻人会出去看看那一条条扫过的痕迹，那份清净之感，不由得让人心生欢喜。

有人就问他：“阿伯，您多大岁数?”他伸出四只手指来。对方又问：“这到底是多大岁数？是七十四岁还是八十四岁?”他却回答：“不是，我才四岁而已。”

大家都很疑惑，也无法了解：为何阿伯才四岁？老人这才把工作暂停下来，解释道：“若是算时间，我已七十八岁；若是算真正有用的人生，我真的才四岁。”

又说：“过去的七十年，我可以说是白过的，那就像人生的迷梦啊！七十岁后，我才开始由迷梦中觉醒，了悟真理——时间是累积功德的宝库。而后八年之中，扣除了吃睡、休息的时间，我只有这四年真正在工作。过去的七十年已消耗了，现在要赶紧做一些自己能够做的事情；你们表面上看到我在清扫马路，其实，我是在清扫我的心地。”

时间确实可以累积功德，过去迷惑颠倒的岁月，不算是真正的人生，若真正能够做“利人利己”的事情，才算是真正的人生。

就像这位老伯，等到了解真理后，才开始“学做人”，还要扣除平常没做事的时间，连睡觉、吃饭的时间都要扣除掉；真正有工作、有行动时，他才计算成人生的时间。

我们是否也能像这位老人一样，有这份心拿出扫把去扫马路呢？不但外面要清净，更要清净我们的心地，记得要常常拿起心灵的扫把，好好地清扫自己的心。

老而弥坚

“老”是每个人必经的历程；它并非单指年纪，倘若我们的心再也看不到什么是“美好”，那就如同走入了垂暮之年。

我曾看过一则新闻，在彰化福兴乡有一幢一百五十多年历史的古老大宅院，虽然历经岁月的洗礼，至今仍风华犹在。在宅邸外有一棵同样高龄的杨桃树，也是依旧枝叶茂盛，更令人赞叹的是，每逢产季仍是结实累累。

乡里间对这棵老树也很有情，已向地方政府正式申请，将这棵老树列入县境的“珍宝”，希望远亲近邻同来爱护、珍惜。

一棵老树何以能够一直安然度过悠悠岁月，又有全乡民众陈情将它列为县内的宝树？这是因为它从不嫌辛苦，按时节开花结果，老当益壮而不枯萎，不断地提供丰美的果实，才会获得人类爱的保护。

人不也应该这样吗？即使年纪大了还是有老年的功能，千万不要因年岁大了就想要“休”息；其实，正因为时日无多，才更要把握当下“修”养自身。所以，这棵杨桃树老而弥坚的精神，很值得我们学习。

虽然人人不见得都能长命百岁，但是只要活着一天，就付出良能做有意义的事，即使是一言一行都能遗泽后人。

现在的人都是周休二日，一周“双休”，如此何不好好地多做些社会服务的工作？从中体会人性之美，也可以与同志愿者的心相连、相互扶持，这才是福慧“双修”的最佳途径。

“老”是每个人必经的历程；它并非单指年纪，倘若我们的心再也看不到什么是“美好”，那就如同走入了垂暮之年。

上天赋予每个人不同的良能，只要充分发挥出来，则取之不尽、用之不竭，无须担心年龄的问题；想想老树，我们可不能输给它！

绽放心灵曙光

有智慧的人，视时间为钻石，懂得把握刹那、发挥良能。期待人人都能天天行善、时时利益众生，让心灵充满曙光，为新世纪开创一片光明与祥和。

千禧年元旦那天，从新闻媒体上得知，有数万人汇聚在台东太麻里海边、花莲七星潭等地，等待观赏两千年的第一道曙光；但因云层太厚，没有如愿。没看到曙光，是否代表太阳没有升起呢？不是的，太阳依然存在，只是被云遮蔽而已。

同样的道理，每个人都有清净的智慧，只是受到后天环境的熏习、污染，心灵常充塞着贪、瞋、痴、慢、疑等毒素。我们应该把每天都当做新生的开始，心灵也要日日新，不要存有烦恼。因为烦恼就像厚厚的云层，会使智慧黯淡无光，将我们引向危险的方向。只要时时保有一颗清新的心，天天都是新的日子，分分秒秒都在过新年。

如何才是天天过新年？就是时刻转心念——转贪念为布施，转愚痴为智慧。人心永远不足，有一就缺九，不满足的人生永远贫穷。所以，贪念生起时，要赶快转念头，进而生起布施心——不求别人给我多少，只问自己应该付出多少？

人生的价值不在于长寿或名利显赫，而在于能否为人群付出，这才是真正有价值的人生；否则，即使活到百岁，若对人类社会没有任何贡献，生命价值也等于零。

有人跌倒时，你过去扶他一把；有人病痛时，你放下身段帮他一下；有人彷徨无助时，你的亲切笑容和温暖的双手，能让他感受被爱，对世间不会绝望……如果能不断地付出爱，日积月累，这个人生就不算白来，很值得我们回忆。

“诸恶莫做，众善奉行”，不要以为不好的事情只做了一点点，对别人没什么影响。殊不知若将每个人一点点的小恶加起来，对社会影响甚巨！因此，不利他人的事，点滴都不能做。

人身难得，怎能无所事事、空过人生？有智慧的人，视时间为钻石，懂得把握刹那、发挥良能。期待人人都能天天行善、时时利益众生，让心灵充满曙光，为新世纪开创一片光明与祥和。

谈行善与幸福，有健康的心理，人生不会犯错；有健康的身体，才能及时行善，这就是最幸福的人生。

辑五 谈行善与幸福

人生，行善不能等，因为要完成一件好事，需要许多因缘会聚，最重要的是能否把握时间、机会，及时去做。常说：施比受更快乐，所以，有机会能及时助人，就是很有福的人。

六十元旧台币

行善一定要把握因缘，及时去做，不一定有钱才能做，只要有心，愿意付出关怀、肯去投入，都是一股力量；人人若能同心协力，尽心尽力去做，就是安定社会的一股大力量。

大林慈济医院每天都有院务讯息传真给我，其中有一则小故事与大家分享——

在大林有位谢老先生，他是一位很有智慧的老人家，生活环境十分简朴，孩子都已长大、离开家乡。

夫妻俩都八十多岁了，还常常到大林慈院帮忙，最近这几天没看到这对老夫妻，医院的志工们不放心，就去他家拜访。

他的家非常古朴，志工们看到老人家身体很健朗，神情也很愉快，就留下陪两位老人家聊天。聊了一会儿，老先生就拿出五张钞票给志工看，那是面额十元一张的旧台币；他问志工们："你们知道这五十元有多大吗？"志工就说："有这种钞票的时候，我还没有出生呢！"

老先生说："在以前，再加上十元，就能买一甲地了。但是，当时我很重视金钱，觉得有钱在身边才安稳，存了一万多元，直到台湾光复后，突然四万元旧台币换一元新台币。唉！如果我当时懂得多买些地的话，现在就很有钱了。"

每个人的观念不同，有的人把人生看得很长久，可以长治久安，却没有想到人生世事本无常，并不是永远都能用六十元买到一甲地。但是他当时一心以为钱愈多愈有福，没想到政治环境与时代的变迁，让他突然间从富人变成佃农，生活得很辛苦。

他又说三十多年前，曾听过"慈济人每天存五毛钱，就能救人"。那时他的生活已经相当困难，还要抚养六个孩子。尽管很想做，但连五毛钱都没办法凑得出来，真是心有余而力不足。

几年前，慈济要到大林盖医院，他们夫妻俩已上了年纪，儿孙也都已成家立业，肩上的重担可以卸下了，所以，他们想一偿宿愿，尽管生活不宽裕，夫妻俩还是努力做工、省吃俭用，存钱买了一辆救护车捐给大林慈济医院，为家乡那些没有车可开或不方便走路的病人服务。

谢老先生天天载老太太到医院去，因为那里有很多志工可以做伴，他自己就坐上车子，与医院同仁到乡下的地方，探问、接送乡亲往返医院，真是一位很有爱心的老人家。

行善一定要把握因缘，及时去做，不一定有钱才能做，只要有心，愿意付出关怀、肯去投入，都是一股力量；人人若能同心协力，尽心尽力去做，就是安定社会的一股大力量。

为善当及时

世间有两件事不能等——为善不能等，行孝不能等。人生，今日不知明日事。如果真的想做有意义的事，应该及时去做，不要想等到明天；如果事情都拖到明天，就很容易懈怠、堕落而造成损失。

我常常说："世间有两件事不能等——为善不能等，行孝不能等。"人生，今日不知明日事。如果真的想做有意义的事，应该及时去做，不要想等到明天；如果事情都拖到明天，就很容易懈怠、堕落而造成损失。

曾有一位女士懊恼地对我说："师父！我不断地发愿，希望能存一笔钱，帮助师父盖医院，但是一直没有成功。"

我就问她："你如何发愿？为何没成功？"她说："我希望将来能捐出一百万元，但是跟了三次'互助会'都被倒会，会钱全部泡汤了。"

这件事，让我想起十多年前有位女士也很热心。她一直希望能做一件很有意义的事，当时她的财力很丰厚，想捐一间病房。不过，她又精打细算——把钱存入银行，再领利息"跟会"，预计三年之后，医院盖得差不多了，她再捐出这笔钱。如此一来，不仅本钱还在，病房也捐得成。

但是，人算不如天算，后来她不仅被倒会，也因为做生意，景气不好而周转不灵。所以，我常说要"随分随力"，唯有做了，才是真正在耕耘自己的福田。

记得几年前，我到屏东时，一对穿着朴素的夫妻带着三四个孩子来看我。后来太太拿出一包东西，说："师父！拜托您完成我们的心愿，请您收下。"

我问她："这是什么东西？"她打开层层的包装之后，我看到里头装满了各种金饰项链、手环、戒指等。

她说："这些都是在我结婚时，我的父母和先生买给我的。"

我问她："这些捐出来要做什么用途？"她说："可以给师父您买砂、买砖盖医院。"

我看他们的穿着，生活应该不是很富裕。所以，我告诉她："你应该留下一部分才对。"先生代为回答："师父！拜托您收下。我们现在虽然只靠做小生意生活，不过，这些金子留着对我们也没多大用处，做好事要紧！师父，拜托您收下。"

我听了很感动！那些珠宝是他们仅有的财宝，他们还是舍得布施，甚至还说："师父！您如果将它收下，我们就没有烦恼了。"真是一对可爱的夫妻。虽然他们收入微薄，却富有无限的"爱"，那对夫妻的确很幸福，因为他们能及时为善、造福。

佛陀说："勿追过去事，勿念未来事。"因为过去的已经消逝了，未来的还没来临，如果停滞在过去或是空想未来，都是浪费时间。唯有好好把握机会去做，才是最明智的行动。

为人处事要把握现在，不要像十几年前的那位太太，虽然会“精打细算”，结果本钱与利息都泡汤，到头来好事仍然做不成，后悔已来不及了。所以，及时为善，就是最有智慧的人。

捆葱行善的老夫妻

富中之贫就是不懂得满足，但是人生也有贫中之富，知道——我应该要行善植福，今天虽然不是很富有，但是稍微节省一点，吃粥也能快乐地过生活。

我常说有一种人生是“富中之贫”，虽然很富有，但是不满足，所以我们常会听到——某人很有钱，但要他做一些好事，他都会回答：“好！等我‘有剩’再来做。”

若听到这样的回答，就知道“别想了！”因为对他们而言，人生绝对没有“有剩”的时候，总是有一缺九，有一千元就想有一万元；有一幢房子，就想要两幢房子；有一家公司，就想要有两家公司，这样不断下去，当然永远不足。

所以，富中之贫就是不懂得满足；但是人生也有贫中之富，知道——我应该要行善植福，今天虽然不是很富有，但是稍微节省一点，吃粥也能快乐地过生活。

在大林乡下，一个叫大碑的地方，有一对老夫妻年龄合起来有一百六十几岁，夫妻俩每天骑着一辆中古的摩托车，从大碑到大林慈济医院，就是期待能圆满他们的心愿。

慈济的志工有一天就去拜访他们，看到他们的家有些破旧，厨房没有电饭锅，也没有瓦斯炉，只有一个小小的灶，他们每天到附近捡柴煮粥，生活就是这么刻苦、纯朴。

当慈济要在大林盖医院时，他们内心就开始有个主张——要努力存钱，奉献自己的一份心力。我问他们："你们这么节省，收入的来源是什么？"老阿公说："我们每天去捆葱赚工资。"

我问："捆葱，到底能赚多少？"他说："我们从清晨两点开始捆，一直到近中午，旺季时一天能赚五百元左右。淡季，两人合起来才二百多元。"我问："你们这样生活还好吗？"他说："我们生活很简单，吃粥就能过日子了。"

他又说："现在医院盖好了，有一次看到别家医院有车子去载病人，我就想我们村里的人要出来也很不方便，有的人没车子，有的人行动不方便，很可怜。如果买一辆车给医院去载病人，不知道多好！"所以他一看到九人座的车，就去摸一摸、问一问："这种车要多少钱？"

有人说一部要二三十万，有人说三四十万。他想，三四十万的车可能是最好的，把自己全部的积蓄算一算也有三四十万，就想捐给医院买车。其实，救护车和一般厢型车不一样，里面还有一些设备，至少也要八十多万元。

他一听到八十几万元，就很失望！志工就告诉他："不用担心，慈济的爱是'有余的'。"他才定下心来。从此，志工、同仁就彼此呼吁，大家都欢喜地来帮阿公、阿嬷圆心愿！结果变成有了两部救护车。

看看这位阿公的家是不是很"有剩"？没有！他捐这些钱，对他的生活有没有影响？并没有影响。因为他没有捐钱也是吃粥，捐了钱也是一样，他说吃粥已经习惯了，多么可爱、可敬的老人家。所以，能把心念转变，富有爱心、知足淡泊，人生就会很温馨。

爱的循环

> 如果人人能将自己的爱心奉献出来，众志成城、聚沙成塔，就如我常说的一句话"滴水成河、粒米成箩"，一点一滴集中起来，就变成很大的力量，还怕什么事情做不到呢？

有一则很感人的真实故事，要和大家分享。

有位陈小姐曾是知名的艺人，近几年来十分热心公益，投入慈济志工不遗余力。有一次她坐上一辆出租车，在车上打电话和朋友联络，告诉对方为了九·二一灾后重建，美国各地将举办爱心宴，她要前去助缘。

她和朋友的谈话，被出租车司机听到了，就对她说："你是慈济人，就为了九·二一希望工程，要专程去美国吗？"

陈小姐就说："是啊！师父的负担很重，全球慈济人都很关心，所以在美国也将举办好几场爱心晚宴，为希望工程劝募建设基金。"那位出租车司机就说："在九·二一那段时间，看到慈济人那么投入、用心，真的很感动！"

他还说："今天很有缘，刚好载到你，我应该也来付出一点力量，不过我只是开出租车的，经济其他能力也不是很好。我太太快要生产了，刚好今天花了八百元买了五分重的金锁片，准备要给我儿子当礼物，我就捐给你们，可以在爱心宴上拍卖，然后捐给九·二一的希望工程。"

这位陈小姐非常感动，就把这块金锁片带到美国。在主持爱心宴时，说起这位司机先生感人的故事，大家都很感动，纷纷热烈响应，后来一块小小的金锁片以一千美元卖出，另外又有人再捐出一千美元。

买主是美国的慈济人，他拜托陈小姐将金锁片带回台湾："我被这位爸爸感动，他太太快要生产了，你还是将这份礼物带回去物归原主。"

从这个活生生的小故事，可以看到人性中充分的爱。你看，一位司机先生，生活环境并不是很好，但是他尽一份爱心，这份爱心传到美国，感动了别人，又把礼物带回来，想想，爱的循环是不是很美妙呢？

人能够活在爱的世界，就是最幸福的人生！天下有很多天灾或人祸，实在是苦不堪言。我们也经历过不少天灾人祸，但总是过去了，所以应该要很感恩大家都平安度过了。

在感恩之余，如果人人能将自己的爱心奉献出来，众志成城、聚沙成塔，就如我常说的一句话"滴水成河、粒米成箩"，一点一滴集中起来，就变成很大的力量，还怕什么事情做不到呢？

即使像希望工程如此艰巨的使命，也一样有信心可以达成目标。

抢救灵魂

> 一些人已经找到自己的人生方向，他们的心灵健全，有充分的爱与活力，他们全心全意投入社会、利益人群，去发挥抢救灵魂的使命，这样的生命才是真正亮丽！

泰国境内艾滋病猖獗，据闻五十五个人当中就有一个病例。当地的慈青（慈济大专青年联谊会的成员）很有心，经过一番了解与筹划，亲身投入艾滋病关怀行列，希望能唤醒青少年们爱惜有用的生命。

第一次探访艾滋病收容中心，慈青们先听取负责人讲解，并循序参观院内设施。首先是标本室，屋子里躺着一具具黑枯干瘦的遗体，遗体前有一张死者病发前的照片。照片上的年轻人，一个个活泼美丽、散发灿烂的生命气息，但曾几何时，却变成枯槁而不成人形的躯体。我们很难想象他们在临终前，遭受多少痛苦及折磨！

这家收容中心大约有四百个床位，全年爆满，还有很多人报名等着进来。在走道上看到叠成几层一排的棺材，里头装的都是遗体，因为他们的焚化炉一天只能烧五六具，来不及火化的就先叠起来。

至于火化之后，只是用个白布袋装了，集中在一个房间，每个布袋上有一个名字，一个个原本前程似锦的年轻人，却变成一袋袋的骨灰，无声无息地叠放在那里。

院内一位病人说起自己心酸的故事——某一天他请一个星期的假回家，结果两天后就跑回来。

有人问他为什么这么快就回来？他说："回到家大家都怕我，哪怕是上个厕所出来，大家也很紧张，赶紧把厕所彻底消毒一番。吃饭被隔离，连看到自己的孩子，想伸手去摸摸小孩，家人也不让我碰。"

在家庭、社会这么被人排斥，一点尊严都没有，所以他宁可回到属于他们的世界。

真的很令人心酸！这些人为何会变成这样？因为不懂得洁身自爱。现代人的口号，常常是：只要我喜欢，有什么不可以！在这种迷失的心态下，往往不只是毁损了身体，也会损伤精神。

看看媒体上，一些失控的场面隐含多少危机，观念偏差导致行为偏失，许多人总是一窝蜂地追逐一些毫无意义的流行。

何时大家才愿意静下心来，看清楚自己在做什么？

心要安住在哪里？

自己的生命对人类整体有何意义？

什么时候我们开始正视这些问题？

还好，社会上有一群人已经找到自己的人生方向，他们的心灵健全，有充分的爱与活力，他们全心全意投入社会、利益人群，去发挥抢救灵魂的使命，这样的生命才是真正亮丽！希望徘徊在歧路边缘的人能回头是岸，找到生命的阳光。

使人年轻的秘方

人的美与丑、年轻与否，和我们的“心”有十分密切的关系。同样的一个人，能够打开心门为人服务，天天欢喜为人服务，瞬间年轻了三十岁，这就是使人年轻的秘方！

人的美与丑、年轻与否，和我们的“心”有十分密切的关系。就如大林慈济医院有一位老菩萨（对年长志工的尊称），她的年龄就是个谜。

有一次志工早会时，她上台分享心得。她说刚进入医院服务时，看到病患就会发挥志工精神，主动聊天、关怀病患需求。病患常随口问她：“你年纪那么大了还来当志工？真是不简单。”她说：“你猜我几岁？”对方说：“至少八十多岁了吧！”

她一听心都凉了：我有那么老吗？就开始不断自我训练，实践志工的四句口诀：“脸要笑，嘴要甜，腰要软，手脚要快。”她常提醒自己面带微笑，对人轻声细语。

过了一段时间，有一天她从外面回到家，口很渴，随手抓个杯子就倒茶喝了。她的孙子说："阿嬷，杯子是我的。"她赶紧陪笑脸："对不起喔！让阿嬷喝一下，看能不能像你这么年轻可爱。"孙子就说："阿嬷你喝过没关系，我喝到阿嬷的口水，看能不能像阿嬷一样常常笑，笑得很可爱。"

变化这么多？她说记得还没当志工前，有时媳妇叫孙子陪她去买东西，孙子都会说："我不要和阿嬷在一起，阿嬷又老又丑。"现在竟然说她"笑得好可爱"。

原来从前她认为自己是长辈，对晚辈要有威严，所以总是板着脸孔，以致大家对她敬而远之。后来经常微笑，儿子、媳妇看到她就说："妈妈！看你每次当志工回来都那么欢喜，到底是什么力量让你改变的？"老菩萨回答："你们可以报名参加志工培训，自己去体验就知道了。"

现在她们一家人都成为欢喜志工。后来有一次她和一些老阿嬷们分享心得，那些老阿嬷就赞叹她说："你们实在很有福气，这么年轻就懂得来做善事。"她忍不住又问老阿嬷说："你猜我几岁？"对方说："我看你差不多五十多岁。"

两年前人家说她八十多岁，两年后变成五十多岁。同样的一个人，能够打开心门为人服务，天天欢喜为人服务，瞬间年轻了三十岁，这就是使人年轻的秘方！

难忘的回忆

人生，行善不能等，因为要完成一件好事，需要许多因缘会聚，最重要的是能否把握时间、机会，及时去做。常说：施比受更快乐，所以，有机会能及时助人，就是很有福的人。

人生，行善不能等，因为要完成一件好事，需要许多因缘会聚，最重要的是能否把握时间、机会，及时去做。常说：施比受更快乐，所以，有机会能及时助人，就是很有福的人。

有一则故事——

在欧洲冬天气候非常冷，常常下着大雪。在一个大雪天里，一位年轻人开着电视、听着音乐，他父亲走到他的身边，拍拍他的肩膀，说：“孩子，这音乐你觉得好听吗?”

他说：“好听!”父亲就说：“听了音乐之后，你能记得多久?”孩子听了愣了一下！父亲接着说：“你要不要做一件能够永生难忘的事，而且一生都会很快乐?”孩子就说：“什么事能如此特别?”

父亲就伸手往隔壁的方向一指，说：“昨晚下了很大的雪，隔壁那位独居老太太，好像几天都没有出门买东西。你能不能拿支扫把，把老太太屋前的雪扫一扫?”孩子就说：“好啊！只是扫扫地上的雪，有什么困难。”就拿了扫把去清扫。

当他扫好地、进屋不久，就看到那位老太太打开了房门，看到她探出头来看一看，屋外的路上没有雪了，她露出了很开心的笑容，随后便提个篮子，小心地走出门去了。

这位父亲就站在孩子的身边，问他：“你看到了吗？老太太出门了。”孩子回过头来，很高兴地拥抱着父亲说：“爸爸，感谢你！让我知道帮助别人是这么快乐。”

二十年后，这个年轻人也有了孩子，就把这个故事讲给他的儿子听。当年父亲教他的这件事，让他永生难忘，现在回想起来，那位老婆婆看到屋前的积雪都扫干净时的神情，让他永远记得——帮助别人，看到别人满足会心的微笑，那是世界上最美的脸孔。

其实，不论修行或是行善，都是在日常生活最平常的事物中，只要时时刻刻保持一份善心，凡事尽本分，懂得把握时间，内心就会轻安自在，生命也会更加充实美好。

心田的耕耘

凡事不要只是“想”，要更进一步静“思”，思是“田”字下一个“心”，心田需要耕耘。在耕耘之前，要先拔除杂草；如同把事业、家庭、个人的烦恼都放下了，将心地清理得干干净净，就能“从心出发”，真正去了解人生的价值观。

很多人常为了事业、家庭，用尽心思去“想”，而想出不少烦恼；因为一般人大都会操心有形有相的事物。看看“想”这个字，就是“相”字下加一个“心”字。

记得十余年前，正值筹建慈济医院之际，有位女士不但很用心地投入，也带领先生一起加入劝募行列。夫妻同心同道同志，很多人都觉得这对夫妻真幸福！

但是那位太太说：“我要感恩慈济，给我一个幸福的心灵。”我问她：“你以前不幸福吗？”她说：“是啊！过去我心里很苦。”

我就问她先生：“你怎么会让太太不幸福呢？”他说：“我所有的钱与权，都交到她手中，连我要花钱还得向她伸手，还有什么不是她一手掌握？”

我就问太太：“那你怎么说不幸福？”她说：“是啊！我先生什么都给我了，但是我却一直认为不够，每天看着存折，想着：那上面的数字，还要存到何时才能再多一个‘零’。”

我问她：“多一个‘零’的快乐，能维持多久？”她若有所悟地说：“对啊！到底能维持多久？实在是没几天。过了这几天，一样又是苦苦追求。”

后来，她把“追求”转为“付出”，把心力用在慈善工作。有一天她告诉我：“师父，我快要‘归零’了。”当她追求很多数字的“零”，真的很辛苦；一但贪的欲望归零时，反而自在快乐。

所以，凡事不要只是“想”，要更进一步静“思”，思是“田”字下一个“心”，心田需要耕耘。在耕耘之前，要先拔除杂草；如同把事业、家庭、个人的烦恼都放下了，将心地清理得干干净净，就能“从心出发”，真正去了解人生的价值观。若能用心思考——人是怎么来的？人生有什么目的？将来要往何处去？明白了人生的道理，身心便能轻安自在。

每个人的价值观各有不同，有人以为名、利、享受是人生的目标，其实，人生真正的目标，应以大众利益为考虑，譬如求利，不要只为自己的自私小利打算，要求服务众人之大利；谈爱，不要只专注在自己的私情小爱，要散发普天下的大爱，这就是人生的“宽达”观。

若能如此，心田就会更宽阔，再播下良善的种子，用心耕耘，人生就能更丰收。

一人一善，爱洒人间

有情的世界很美，美在互爱。但愿我们一步步向前走，一句句爱的语言能“肤慰”受创的人心，让大爱遍洒人间，这就是现在要认真付出的目标。

到目前为止科学所知的，地球是太阳系中生物最丰富的星球，所以我们能生在地球上，要以很珍惜、感恩的心来面对万事万物。看！有时动物所散发出的情意，知恩、报恩的心，都令人十分感动。

在九·二一事件时，有位视障人士在世贸大楼的八十几楼上班，他有一只导盲犬，每天领着他上下班。在事件发生前，这只狗在他的办公桌下，突然变得焦躁不安，主人觉得很奇怪，就替它松绑，让它离去。

事件发生的当时，这位视障人士明白：自己可能无法逃生，希望这只狗能平安脱险。但是这只狗不久又跑回来，围绕在他的身边，不肯离去。这位视障人士了解狗儿的意思，就再拴上它，让狗儿引领着逃离危险地带。

世间的动物多可爱！知道自己的使命，要陪伴在主人身边，哪怕是危险的时刻，还是忠心地守护主人，多么有情！

反观人类却常为了名利而互相争斗、伤害，范围小的是对个人、家庭；大一点的就对社会、国家。从小小的一念恨意，慢慢扩散开来，观念一偏差，后果真是可怕！

不只是人与人之间的互相争斗，人与土地也是在争！土地被过度开垦，间接地破坏了自然生态。人心的欲念贪婪过度，加上贸易的竞争、利益的争夺、国家的侵略等等，受害的往往都是无辜众生。

我们推行“一人一善，爱洒人间植福田”运动，就是希望在惊世的灾难之后，能让大家不平的心安住下来，好好静思；有警世的觉醒，彻底的忏悔，才能清净人心、美化世界。

有情的世界很美，美在互爱。但愿我们一步步向前走，一句句爱的语言能“肤慰”受创的人心，让大爱遍洒人间，这就是现在要认真付出的目标。

最幸福的人

我们要把握当下、及时付出，好好珍惜“人生”和“时间”；若能如此，便能拥有一个踏实、自在、幸福的好人生！

人生短暂无常，如果不好好把握生命、发挥良能，那就太可惜了。

人生有苦难的人和幸福的人。什么是苦难的人？即失去人生功能的人。有的人身体很健康，却不愿发挥良能、为人群付出，这种人很可怜，因为他浪费了人生；另外一种是有病苦的人，虽然有心却无力付出，甚至连自己的身体都无法自理，这也是苦难的人生。

哪一种人最幸福呢？身心都健康的人最幸福。有健康的心理，人生就不会犯错；而身体健康，才能去帮助人，所以这是最幸福的人生。我经常听到在医院服务的志工说：“看到别人受到病痛的折磨，好心疼啊！能够帮助别人，觉得自己好幸福！”

有一次，一位在铁路局服务的警察突然打电话到台北分会，说台北车站前有一个人全身又脏又臭，路过的旅客都不敢靠近，希望慈济人能前去帮助他。分会的社工接到电话后，马上联络两位慈诚队员到现场帮忙。

他们到了那里，发现那个人全身脏得难以形容——全身沾满了大小便，受伤的脚已经溃烂见骨。他们第一个念头，就是要为他清洗一番，于是借用车站旁一间供清洁工换洗的浴室；但是，那位病人却不肯让他们洗。两位慈诚队员怕惊吓了他，便蹲下身来，很有耐心地和他沟通；好不容易，对方才愿意接受我们帮他清洁身体。

当他身体洗净、衣服换新时，整个人焕然一新，接着即送对方去医院治疗。事后他们告诉我："师父，我们做完后，心里好感恩、也很欢喜！"这就是最有福的人。

所以，我们要把握当下、及时付出，好好珍惜"人生"和"时间"；若能如此，便能拥有一个踏实、自在、幸福的好人生！

下篇

生命的厚度

生命的长短，我们无法改变，但是人人都可以自我开拓生命的宽度，更重要的是让自己的生命有深度、厚度。所以，要懂得发心，能尽一份生命的力量，开展大爱、利益群生，心就能宽；心宽，就能包容世间的一切。此外，还要把握当下，恒持刹那，不断地身体力行去付出，就能呈现生命的深度与厚度。

辑一　心灵的深度

人心本是纯真，只是一层层的习气、尘垢覆蔽，欲探索心灵的深处，则需拨开层层云雾，方能见到朗朗晴空。

放下嫉妒心

佛陀的教育是慈悲为怀，就是要让人人得欢喜与自在，能打开心门、敬老尊贤，放下嫉妒心，世间就会充满祥和。

孔子说："己欲达而达人。"无论修行、处世，我们都要练就宽阔的心胸，将别人的成就视如自己的荣耀，更进一步要先成就别人，再追求自己的目标，这就是人生的阔达。

然而凡夫总是嫉贤妒能，心量狭隘，不容易坦然接纳比自己优秀、成功的人。

佛陀在世时，有位卢志长者心地善良、富有爱心，可惜接触到非正信的宗教却不自知，经常资助外道团体四处宣传偏颇的教义，以致居民们都归向错误的信仰。

佛陀获悉，认为像卢志长者这么好的人，还有全城善良的百姓都信仰偏差，着实可悯，就想要度化他们，于是带领弟子启程前往。

听闻佛陀这位大智慧者即将到来，外道者都非常紧张，深怕居民受到感化就离开外道，尤其卢志长者倘若因而改变信仰，他们就会丧失原有的资助与拥护。

于是外道者就对卢志长者说：“僧团都是抛弃父母、妻子、家庭，不吉祥的人，如果让他们来到城中，将会五谷不登、气候不顺，对人民损失极大，必须想办法阻止他们到来。”

卢志长者及全城百姓误信谗言，心生惶恐，就听从外道者的计谋，伐尽市郊的树林、弄污清水，让僧团无处可住，他们自然就会离去。

佛陀带着僧团，一路走来不断地听闻消息，佛陀更心疼凡夫的无知，然而这些阻挠并未妨碍僧团的行程。僧团到了城外，佛陀眼见环境遭到严重的破坏，非常慨叹，更不忍离去，他们还是住下来。

不可思议的是，没多久下了一场大雨，被砍成半截的树开始发新芽，慢慢地茂盛起来；水源头的污物被雨水冲走，水变得清澈无比；地上也开了许多花草，市郊一片生气蓬勃，尤其是结穗的稻、麦都饱满下垂，看来将会大丰收。

这幅景象和外道修行者的描述迥然不同，令卢志长者与百姓心生好奇，纷纷前去树林探视佛陀与僧团。佛陀神情庄严地安坐树下，看到长者和百姓来到，便面露微笑，亲切地与他们打招呼。

大家看到佛陀，都不禁心生虔敬，五体投地礼拜，佛陀就为他们讲述信仰必须有正知、正见。这番说法令卢志长者听得心开意解，百姓也都很欢喜，从而皈依佛陀。

这则故事就在说明一般人往往都是心理作祟；魔，不在心外，多数是自己的心魔。凡夫心不离嫉贤妒能，着重自己的利益，怕别人比我们优秀，怕别人比我们更受尊重，自己就无法得到利益。

佛陀的教育是慈悲为怀，就是要让人人得欢喜与自在，能打开心门、敬老尊贤，放下嫉妒心，世间就会充满祥和。

在人群中修行

我们应该要时时警惕，知道自己是很渺小的一个人，进而能够敬天畏地，对人有一份尊重与爱；能够如此，才能真正做到大慈无悔、大悲无怨、大喜无忧、大舍无求，慈悲喜舍的人生。

为善要及时，有了因缘，要及时把握，自己懂得利用时间、把握时间、珍惜时间，好好地照顾这一念心，才能回归清净无染的大爱。

我看过一则简单的故事，却发人深省——

有位农夫天天辛勤地工作，并且感恩耕牛的付出，因为这头牛为他减轻许多劳力；也感恩大地的赐予，由于有这片土地，才让他耕作有收获；更疼惜一粒粒的种子，所以认真地耕耘，让农作茁壮成长。

有一天农闲时，他想到自己一生忙碌，年复一年、日复一日不断地工作，也应该为将来打算。他想到有位修行者，自称所住的地方是一片净土洞天。老农夫起了一个心念——到底什么叫做修行？修行的境界又是如何？

内心生起许多疑问，于是决定上山请教这位修行者，他很尊敬地问："请问您花了数十年的时间修行，所求为何？"

修行者就说："我要练就一念耐得久的心。"

老农夫就和这位修行者对坐，沉默了许久。突然间，老农夫起身离开，非但没有恭敬地道别，反而走出山洞之后，还回过头对修行者说："你这样的修行，将来会堕落地狱。"

这位修行者听到老农夫的无礼言辞非常生气，当下就追出洞外，对老农夫破口大骂。老农夫不疾不徐地说："你不是要修一念耐得久的心吗？"

这则简单的故事很有启发性。修行，要修一分能耐谈何容易！这功夫应如何做起？是否身处深山、远离尘嚣、安然宁静就能修得？其实并不然。我常说，修行要在人群中，以人与人之间的人事物，修炼自我心性。

从台湾遍及海外，我每每感恩慈济人，天天看到他们虽然在不同的国度，身处不同的环境、教育背景、家庭等等，但是大家有共同一分无私无染的大爱，在其中，磨练出心灵的一片净土，真是令人敬佩。

我们应该要时时警惕，知道自己是很渺小的一个人，进而能够敬天畏地，对人有一份尊重与爱；能够如此，才能真正做到大慈无悔、大悲无怨、大喜无忧、大舍无求，慈悲喜舍的人生。

“我”最大

> 凡事“我”最大，一切都以“我”为主。有了“我”，就会有分别，因为自他的利害关系或个人的好恶不同，而生起差别心。殊不知正因为有此分别与执著，人生才会苦不堪言！

一般人最执著也是诸多烦恼的根源，就是“我”——凡事“我”最大，一切都以“我”为主。有了“我”，就会有分别，因为自他的利害关系或个人的好恶不同，而生起差别心。殊不知正因为有此分别与执著，人生才会苦不堪言！

佛教有一则公案，若能用心深思，就会有深刻的感触——

有位禅师具有很好的修持，也很平易近人，许多信徒随他参禅学佛，某天一位居士前来请禅师解惑：“禅师，虽然我常来此坐禅参学，但还是参不透，什么是‘佛’？”

禅师微笑着说：“居士，你就是佛。”

这位居士觉得莫名其妙又惶恐不安，赶紧端坐，对禅师说：“不敢，不敢！我还是一个凡夫。”

禅师仍然微笑着说：“因为有一个‘我’占满你的心，障碍了清净的本性，所以你不知道自己就是佛。”

居士仍不明了，再问：“既然您说我就是佛，那么请问禅师，您呢？”

禅师说：“唉！你为什么要想这么多？有个‘我’就让我们无法超凡入圣，再多一个‘你’，岂不是更无法成佛吗？”这位居士一听，若有所悟。

我们在世间不断地对人我生起分别心，又从名利、地位、贵贱中再起分别，因而产生相互的对立、冲突，起种种烦恼。凡夫就在种种分别中产生很大的障碍，无法体认自己本具的清净佛性。

常在电视上看到一些温馨的公益广告画面，当孩子还小，年轻的父亲趴在地上当牛、马，让孩子跨骑在背上，玩得很开心；但是上班时主管坐着，他站着报告，心里就觉得不舒服，或是稍遇不顺心，便心生埋怨懊恼。

这就是人我的分别，一般人观念中会认为：坐在我面前的是别人，为他工作，只因为我要生活，所以心不甘、情不愿；回到家里，让孩子做牛马骑就很高兴，因为他是“我”的儿子。如此的人我分别，造作出人世间许多不必要的烦恼与恶业。

要学得如何突破这层人我分别的障碍，学得心胸广大。我常说“心包太虚”，人、我、众生合为一体，不只是与人类合为一体，还包括天地宇宙一切万物，这样我们的爱心，在任何时间都能自然地展现。

同时也要学习“天下一家亲”的胸襟，达到“人伤我痛，人苦我悲”，这种人我合一、大我无私的精神，正是我们要努力精进之处。

打开心门

> 俗话说“活动，要活就要动”，所谓的保养不是休息，而是让身体多运动，但切莫让心灵的杂念蠢动；烦恼多来自“有一缺九”不满足的心，总是求不得苦，若能转换成“有十舍一”的心态，感觉我有余且可以付出一份力量，就会很快乐。

人与人之间，若无法打开心门以真诚的心交流，反而彼此防备，自然压力很大，也容易引起心理问题。

有人像温室里的花朵，需要妥善的照顾才能生存，一旦温室设备停止运转，就经不起日晒雨淋，不久花朵就会凋萎。也有人追求物质享受，不断地向上比；或是想得太多、做太少，杂念太多、烦恼不断。由于对外在环境，乃至对自己都不满意……心就在不知不觉中生病了。

放任心念看不开、想不透而烦恼充塞，就如在内心罩上层层迷茫的黑纱，无法显现智慧之光；也像是将眼睛蒙上黑布，光线透不进来，看不清外面的境界。

一念无明，将遮蔽清净光明的智慧。心理偏差、人生方向错误，也会酿成心灵的灾难，造成社会危机。

譬如欣赏3D立体电影，当灯光暗下，观众戴上特制的眼镜后，就能看到银幕上景物远近有致，风光优美，还有飞快的火车、盘旋的飞机朝自己冲撞过来，如真似幻。

但拿掉眼镜，就会发现只是放映在一般银幕上的普通影片，关键就在那副特制的眼镜，让平面变立体，动作也有了速度感，“感觉”自己将被冲撞，眼见仿佛全是“真的”，其实这都是幻影。

由此可知，当心眼戴上无明的墨镜，很容易被境界所迷失，怀疑人家对我有害，产生防护心态，而招惹很多烦恼，甚至导致灾难。

我们必须懂得保护自己，照顾好自心，只要拿下遮蔽心智的眼镜，就能让智慧的眼目澄澈、看清境界，了解“烦恼”只不过是幻影，应该时时用爱来看待一切众生。

记得多年前，有位百岁人瑞来精舍，和我闲谈间，老人家说，回忆年轻时生活虽然困苦，但把“吃苦”当“吃补”，每天都可以欢喜度日；现在仍是日日早起礼佛，世间没有什么事情好计较，不要求太多，平安就好。

老人家的身心保养得如此良好，正是养生之道——身体健康，来自时时欢喜知足。

俗话说“活动，要活就要动”，所谓的保养不是休息，而是让身体多运动，但切莫让心灵的杂念蠢动；烦恼多来自“有一缺九”不满足的心，总是求不得苦，若能转换成“有十舍一”的心态，感觉我有余且可以付出一分力量，就会很快乐。

只要无欲无求少烦恼，就容易打开心门、拥有智慧的眼目。

慈心起欢喜

每个人调好了内心，身的修养自然呈现。所谓“家和万事兴”，大家修养足够，内心平静，充满欢喜、感恩，家庭、事业一定会兴旺；人人事业兴旺，社会不富有也难。

欢喜心要从慈心学起。

慈，就是要让人快乐；在此之前先训练自己，每天都很快乐。慈，是喜悦、愉快的意思，心不惶恐，没有担忧，才叫做慈；倘若让人快乐，自己却是满心烦恼，那也不算是真正的慈。

慈心因为充满喜悦，没有惶恐，所以能够去除瞋恨心与烦恼。社会动乱、不安宁，就是人人心中缺少慈，让贪、瞋、痴烦恼占满内心，无法冷静，听到一句不高兴的话，就忍不住反弹、对抗；求不到的事就动辄示威、争取，想想这样社会能安宁吗？

整个社会的大环境不平静，每个人的家庭能幸福吗？种种动荡都是因为人心不冷静。所以“心要静，才能定”；心不静，社会不会安定。要安定社会，必须先调整家庭；调整家庭，就要先修好我们的心。

每个人调好了内心，身的修养自然呈现。所谓“家和万事兴”，大家修养足够，内心平静，充满欢喜、感恩，家庭、事业一定会兴旺；人人事业兴旺，社会不富有也难。

人生会有诸多烦恼，只是一念观念而已。想想我们在家里，和家人相处是否一样的客客气气？家人为我们准备好饭菜，有没有说“感恩”、“谢谢”？用餐后家人收拾碗盘，我们是不是也一样说“感恩”、“谢谢”？无论是夫妻或父子、母女，都能培养出表达心中的感恩与爱，如此增加家庭的幸福，家人一定会很珍惜家庭。

现在有许多青少年深夜还流连在外，不肯回家；有的先生总是借口在外应酬而夜不归营，那是为什么？因为家里欠缺吸引力与温暖，也许会觉得回家是一种压力，所以心都飘浮在外，人也离家愈来愈远。

如何经营家庭，让读书的孩子认真读书，下课会想赶快回家？这必须夫妻彼此有和气互爱的形态，孩子会想念父母，回家就像倦鸟归巢，觉得很温馨、很温暖。这就是爱的循环、善的循环。

身为一家之主也要负起责任，给家庭安全感。虽然平常在外打拼事业、应酬很辛苦，一定要有时间留给家庭，这是为孩子做模范。

家庭中另一重要的角色就是妈妈。家庭整理得温馨、干净，散发美的气氛，先生孩子回来，让他们觉得是一个很可爱的家，这个家庭必定幸福。

一个幸福的家是多方面的责任，先生有责任，太太有责任，孩子也有责任。每个人倘若能守好自己的本分，一个家就能稳固和乐。

若要让社会富有祥和，需要众多幸福的家庭组合；所以我们期待富有而幸福的日子，必先调好自心，去除内心烦恼，培养一份欢喜快乐，并且散播出去，让人人都欢喜快乐，社会自然就不会有动乱。

欢喜就自在

能够把握时间做好事、心想好意、口说好话，帮助他人，每天生活在互相关怀的大爱中，就会觉得很幸福；看得开，自然就不辛苦，人生欢喜自在。

佛家说："众生平等。"人之所以有不同的境遇，皆由各人因缘所致。如何面对自我人生？端视自己的一念心。

每天都在真诚中，享受人与人之间坦诚的爱、互相的关怀，这就是一念心。人生在世要学这份心，所谓"一切唯心造"，并非钱多就是富有，物质缺乏就是贫穷，贫与富并不在于有形的物质。

想想即使拥有百年人生，人人同样都是日夜各半。有的人白日享尽荣华富贵，夜里却蒙受心灵空虚。幸福、苦恼都无法用物质换取。

古时有位富人，投注所有精神与时间忙于赚钱、算账，又精于和奴仆计较报酬。

他家中有个长工，每天付出许多劳力只能换得三餐温饱，朋友都替他觉得不值，长工却非常乐天命、守本分。他说："虽然白天工作得很累，但是心里踏实自在，晚上很好睡，还好梦连连。人生日夜各半，白天辛苦，晚上就很快乐呀！"

反观那位富人徒有钱财，却日日想方设法要管理工人、事业，对待奴仆苛刻吝啬，过得一点也不轻松。到了夜里身心俱疲，即使入眠，也经常作噩梦，梦到自己成了别人的奴仆，被老板使唤、鞭打。

终于富人不堪疲惫病倒了。朋友来探望，他向朋友诉苦。朋友就说："你这是日有所思，夜有所梦。白天恣意地使唤仆役，他们稍有怠慢，你就生气骂人、打人。人生日夜各半很公平，白天让你享受物质、权力，晚上你就做做奴仆体会一番。"

富人听了若有所悟，心想应该要改变对人的方式。从此看到工人搬运重物时，想起自己在梦里当奴仆，拼命工作还要遭人打骂，不禁生起怜悯，就会说："来、来！休息一下，不要做得太辛苦了。"

他的工人少了挨骂，心里负担也减轻许多，身为老板的富人心胸也愈来愈开放，彼此都能安然自在。

虽然这只是一则故事，然而值得省思的是，人生快乐、痛苦，幸与不幸，都是一种心态而已。那位长工尽本分甘愿做，晚上能够好眠好梦，真正是欢喜受。富人一味地追求物质，心却不自在，日日都在苦难、烦恼中度过。

人生追求再多的名利地位，最终有什么所得？重要的是心灵享受。能够把握时间做好事、心想好意、口说好话，帮助他人，每天生活在互相关怀的大爱中，就会觉得很幸福；看得开，自然就不辛苦，人生欢喜自在。

清心寡欲存正念

人的一辈子有多长？一味地贪着外在享受是无意义的，要好好地利用身体这个载道器，保持心念的纯净，就如身体弄脏了就勤洗浴，保持干净，即不受污染；行事作为以正见、正思维、正语、正业、正命、正精进、正念、正定为原则，时时拭净心镜，就能照见智能增长。

我们的心好像一面明镜，贪念就如尘埃会蒙蔽镜面，无法照映出境界的真相。去除贪念很容易——饮食简单求温饱，衣饰整洁能得体，粗衣淡饭即修行。这几句话大家一听就懂，只是能否明辨欲望而适时阻断？

佛经中有则寓言——有位穷人难得有亲友办喜事，还邀请他参加。他想，让人请客总要穿得体面，于是努力存了点钱，好不容易才买了一块粗布来做衣服；穿上新衣服，自己觉得很满意，就高高兴兴地前去赴宴。

宴会中，邻座有个人对他说：“你看起来一表人才，穿着这身衣服实在可惜，如果能锦衣上身，就像一位贵人了。”

他听了心里欢喜，却也无可奈何地说：“要穿一件粗衣就要努力很久，我哪有什么办法。”

那人就对他说：“听我的话，你就能希望成真。”

穷人很高兴地跟着他来到郊外，看他生起一堆火，说：“你把这身衣服脱下来丢到火里，粗布衣服自然会变成绫罗绸缎。”

穷人很想要件好衣服，顾不得这是身上唯一的衣服，马上脱了丢进火里，虔诚地祈祷：粗衣变华服。结果火熄灭后，只剩一堆灰烬。

穷人着急地质问：“我的衣服在哪里？”

那人说：“对不起！你不够虔诚。”然后扬长而去。

穷人赤裸着身子愣在那里，最后忍不住伤心哭泣。

有人会觉得这不过是个故事，而且也有点离谱；其实人心不正，就容易误入歧途，甚至走火入魔。很久以前曾听闻一件真人实事，有个人信了某种宗教，一天在礼拜的时候，忽然间转身就从二楼窗户往下跳，摔断了脚。

问他为什么跳楼？他说："我明明看见天梯，有人跟我说爬上去就能上天堂，哪知道会跌下来！"这就是在信仰中心念偏差，产生幻想而走火入魔。

在身心医学科、精神科，常有幻听幻觉的病患，现前的景象就像有层灰尘蒙住。现在医学发达，应该要找专业医师辅导，而不是依赖求神问卜。

人的一辈子有多长？一味地贪着外在享受是无意义的，要好好地利用身体这个载道器，保持心念的纯净，就如身体弄脏了就勤洗浴，保持干净，即不受污染；行事作为以正见、正思维、正语、正业、正命、正精进、正念、正定为原则，时时拭净心镜，就能照见智能增长。

关闭贪欲之门

> 待人处世只要方向正确，将贪欲之门关好，以平常心处之，对人对事有规矩，这就是最好的修行。

许多人期盼过平淡、静谧的生活；也有许多人希望自己精进度日，又能无忧无虑。无论向往何种生活形态，重要的是从心出发，内心不起烦恼，去除爱欲贪念，思路自然清晰，脚步踏实地走好生命之路。

"修心"要修得静如井水、净如明镜，说来简单，做起来谈何容易。外境来来去去，世间诱惑、习气熏染等等，都是严峻的考验。

佛典中有则故事——在远古时代一座山城中，因腹地辽阔，慢慢地许多人迁居至此，人口不断地增加，成了一个很热闹的城市。

城中一位年轻人叫做德查氏罗，他很有才华、能力，家族中谁有困难都找他排解，渐渐地连外人也来找他。所以他虽然年轻，却常为人排忧解难，也让山城愈来愈安和乐利。

当时大家在议论：山城里的人愈来愈多，应该推选一位领导人。讨论的结果，不约而同推选德查氏罗为王，他虽然受到居民爱戴，却没有为王的意欲，只是乐意为人服务。

居民极力拥戴德查氏罗坐上王位，俯首跪拜称王，又为他布置一座富丽堂皇的皇宫，欢喜、热情地迎他入新居。大家非常欢喜，觉得山城好像成了一个新的国家，有位令人敬爱的国王；于是全城选出一些漂亮女孩，然后接受训练，送到国王面前献舞。

每位美女都是天生丽质的娇媚体态，年轻的德查氏罗非但未受女色诱引，反而觉得：人，为什么那么可怜，男人是以打猎及经商讨生活；女人就用美色、娇态引人瞩目，这样的人生真是苦！

德查氏罗向来好学，看过许多书籍，知道人生的陷阱莫过于“欲”，心欲一开，清净的心就受污染，一旦堕入陷阱，不知会造作多少恶业。德查氏罗看到这些歌舞娼妓，就想起书中的教诫，因此保持内心静如井水，宁静地映照着天上的明月一般。

也许有人认为修行是一门很深的学问，要有一定的宗教仪式、刻苦的闭关自修等等。其实种种外在的形式，只是在帮助心念定静，重要的还是自己要有坚定的意志，明白正道的真谛，自然在日常生活中，心不会被境转。

现代人真是无奇不有，有些人为了体态轻盈、身材曼妙就去减肥。报上曾报导有位小姐花费巨资减肥，结果减肥不成，还引发消费纠纷。原本店家表示一百二十万元就能达到她理想的体态。第一次去缴了费用，第二次开始陆续向她推销产品，那位小姐减肥心切，也没有考虑清楚，不断地消费购买，一共花了一千一百多万元。

那位小姐未曾想清楚她肥胖的原因，是平常吃得太好又不运动，还是因为身体机能有问题？如果是后者，应该循正常渠道去求医；如果是前者，只要有毅力的运动，加上正常饮食，就会有健康的身体。

为了身材，花了那么多冤枉钱，非但没有减轻烦恼，反而惹生许多不必要的纠纷，烦恼中再添烦恼，这也是信念不够坚定所致。

总而言之，待人处世只要方向正确，将贪欲之门关好，以平常心处之，对人对事有规矩，这就是最好的修行。

无贪着，无烦恼

人生不如意事十有八九，而人心贪着却是无穷无尽，没有满足的时刻，于是烦恼的心结一路纠缠。如何放开心胸，不贪、不取、不执著，这都是在日常生活中磨练出来的；面对人、事、物能够磨练到心无贪着、无烦恼，才是真修行。

人贪“得”，因为“取着”而产生烦恼、想不开。有的人贪名，有的人爱利；有人取着物质，有人取着感情。现代人为了名利，争得多么厉害，看看在选举期间，竞争得多苦；在商场上也有争夺的痛苦。

一般人的烦恼多在物质或感情，物质的欲望永远填不满，贪得无厌，永无止境；内心总是觉得不够，因此想尽办法去取。

有的人原本习惯贫困，生活过得很平淡，无争无取，逍遥自在；一旦得到些许物质之后，心就开始烦恼了。

有一则故事——

有一天，一个原本一无长物的穷人，在半路上捡到一包东西，他好奇地打开一看，是金光闪闪的金银财宝。

他高兴极了，当场一个一个拿出来算，数得正开心的时候，失主慌张地跑回来说：“我遗失了这些钱财，好担心、好着急，谢谢你帮我照顾。”

失主伸手取回财宝时，穷人焦急地说：“你说这些金银是你的，到底有多少呢？”

失主就说：“一共十两金子和十五两银子。”

穷人方才计算过，果然分毫不差，只好万般不舍地奉还对方，眼睁睁地看着失主带着金银欢喜回去。

这时穷人的心里很懊恼：觉得自己怎么这么愚蠢，捡到金银拿了就走，失主找不到就好了，为什么还在原地慢慢算？结果空欢喜一场。从此他心中就打了结，生起烦恼，日日患得患失，从未想到那些金银根本就不属于自己。

当穷得一无所有时，他并不烦恼，反而一“有”了之后就会想“取”，取不到就生烦恼。

人们何时才会觉得“够了”呢？永远都不够；贪无止境，所以取着也是无止境。不仅钱财、感情，还有的人在乎身体。

以前有位资深的慈济委员，她投入慈济很精进。有一次去检查身体，医师说必须开刀，她就很紧张地缴了保证金，准备开刀。

她打电话回来告诉我，我说：“你再仔细检查看看吧！开刀容易，养身难。”

她竟然说：“可是我已经缴了手术的保证金。”

我说：“钱去灾消，健康就是福。”

后来她去大医院再做一次详细检查，果真不需要开刀。她一扫生病的阴霾，又投入慈济工作，做得欢喜又自在。

人生不如意事十有八九，而人心贪着却是无穷无尽，没有满足的时刻，于是烦恼的心结一路纠缠。如何放开心胸，不贪、不取、不执著，这都是在日常生活中磨练出来的；面对人、事、物能够磨练到心无贪着、无烦恼，才是真修行。

贪欲的可怕

所谓“学而时习之”，人人生来就不断地学，向好的学，就熏习良善习气；向坏的学，就熏染恶习。各人的生活形态、待人处事都不同，倘若多数人都向坏的方向学，就会乱了自己的人生，而且乱了家庭、社会，甚至天下。

在世间，每个人都应该提高自我的感“觉”，不仅在区分眼睛所见的一切外在事物，或者自身所感受的情感，内心所想的欲念，甚至付诸行动的种种；更进一步要“觉”悟的是，在分秒瞬息变迁，世间森罗万象不停地流逝下，如何彻底明白世间万物的真理？

从基本的待人处事中就要非常用心，才能有所“觉”；觉就是不昏沉、不无明、不愚痴，十分明朗的意思。人的心性原本都是清净无染，这种善良的本性人人皆同，因世间复杂，人的习性慢慢地被熏染而改变，才会有“人心不同，各如其面”的说法。

我认为应该是“习气不同，各如其面”，比如兄弟姊妹，同一对父母生养，之所以个性不同，都是后天习气所致。所谓“学而时习之”，人人生来就不断地学，向好的学，就熏习良善习气；向坏的学，就熏染恶习。各人的生活形态、待人处事都不同，倘若多数人都向坏的方向学，就会乱了自己的人生，而且乱了家庭、社会，甚至天下。

佛陀的教育，希望凡夫抛却无明、暗钝、愚痴的心态，走出无明，提高觉性，要提高觉性，就要少欲知足。欲念使人堕落、受苦，很多的危机、苦难都是从贪欲而起，然而凡夫被无明、暗钝、愚痴所蒙蔽，往往忽略贪欲的可怕。

佛陀常以浅显的故事为譬喻——很久以前，有位国王嗜吃鸟肉，尤其喜爱又肥又嫩的鸟，人民为了讨国王的欢心，争相捕鸟奉献。

那时有只鸟王，看到空中网罗密布、危机四伏，飞鸟们无一宁日，心里很着急，苦思如何使鸟类平安？

有一天，捕鸟人设了很大的网，捕获许多鸟类，这只鸟王也在其中。后来皇宫的厨房为了能够不断地供应国王的餐食，就设了许多鸟笼，将捕获的鸟儿暂时饲养着。

厨师每天挑选一只又肥又嫩的鸟进献国王，鸟王就对这些鸟说：“大家都是因为一个‘贪’字，贪吃、贪玩，才会受此灾殃，所以要节食，首先饿肚子就肥不起来，不肥就不会被选入厨房，受刀割、火烹之祸；其次瘦了下来，就能够钻出鸟笼，又是海阔天空。”

人间不也是如此？“贪为狱”。牢狱中的犯人，无论是犯什么罪，都不离一个贪字，人有了贪而蹈入法网就失去自由；即使不犯罪，有了贪就会造业，业报也像无形的牢狱，由不得人自由。

“贪为毒。”新闻常常看到，有些人因为要买毒品而不惜抢钱、勒索，这也是贪，贪就如毒，一旦中毒过深，就无法自拔。

“贪为刀”。贪心一起，妄念便生，掩盖觉念，如同一把刀，向外求取之际，另一面刀刃也向着自己，不但毁伤自己的智慧，往往还会招来杀身之祸。

若是减少欲念，无明、烦恼也会随之减少，就像故事中的鸟如果不肥，就不会被选入厨房。烦恼增长，人也会受魔的境界束缚；烦恼缩小，就像鸟儿瘦下来，能够钻出鸟笼一样地自由自在、海阔天空。

每天减少一点贪欲，就能少一分烦恼，增长一分觉性。

最可爱的人

真理就在日常生活中，种种的因缘果报也在日常的心念、动作中形成，所以我们要分秒不空过，把握时间，累积善因缘，自然会得到无量的善果；能够广结善缘，发挥自我良能，就是一个可爱的人。

人生时时刻刻都在接受时间的挑战，谁也无法留住分秒；因此，一定要懂得惜时，勇于与时竞争，接受人事考验，才会有成功的人生。

如何才能善用时间不空过？就要自爱。真正自爱、善用“使用权”的人，才会有效地运用时间，这是一门“人生哲学”。

佛世时代，有一回，舍卫国的国王和夫人在谈天，国王问夫人：“世界上哪种人最可爱？”

夫人回答：“自爱的人最可爱。”

国王想认同夫人的意见，但又怀疑到底正不正确，国王非常认真地思考这个问题，始终没有定论。

于是国王就去请教正好在舍卫国的佛陀。他到佛陀座前礼拜并恭敬请问：“佛陀！有个问题我思考了很久，想请教您：哪种人才是最可爱的人？”

佛陀反问国王：“你认为呢？”

国王将思考多日的想法表达出来：他也认为爱自己的人最可爱，真正自爱的人就是，时时口出良言、心有善念、身行好事；常以善意对待他人，他人也会同样用善良的心回报；如果口出恶言、身造恶行、心想恶事，别人也会以牙还牙，这正是自取其辱。既然惹人厌恶，还有什么可爱？

佛陀点头微笑，很欢喜地说：“国王，这就是真理、智慧。人与人之间都是相对的，一片好意、一句好话或和善的动作，都是种‘好因’，别人对你的观感，反应出友好的态度则是结‘善果’；如果对人恶形恶状，别人回报的必然是恶果。”

真理就在日常生活中，种种的因缘果报也在日常的心念、动作中形成，所以我们要分秒不空过，把握时间，累积善因缘，自然会得到无量的善果；能够广结善缘，发挥自我良能，就是一个可爱的人。

忍辱的毅力

“忍辱”是待人处事不可或缺的修养。人生唯有以坚强、忍辱的心，勇于面对种种挫折与挑战，才能开创光明前程。

古时有位修行人修“忍辱”行；他以大树为顶，以石头为墙，野居山林，平时采食野生植物为生，一心希望能在此生以忍辱力成就道业。

有一天，国王带着士兵到此山林打猎，发现一只肥美的山羊，立刻骑马追捕，追着追着，来到那位修行人的住处，就问他：“你有没有看到一只羊跑过来?”修行人心想：我不能眼睁睁地看着无辜的山羊被捉走，所以他摇摇头并不答话。

国王追不到羊已经很心烦懊恼，又看到修行人冷淡的态度，便生起怒气，质问修行人：“难道你不知道我是谁吗？你是什么人，竟敢如此大胆?”修行人回答：“我知道您是国王；而我是一个修行人，修忍辱行。”

国王听了更生气，心想：你明知道我是国王，还如此傲慢！于是拔出刀又问：“你真的是修忍辱行的人?”修行人说：“是的。”

国王一怒，举刀砍下修行人的一只手，以此威胁修行人求饶，并且说出山羊的去向。这位修行人非但没有一点恐惧或愤怒，反而面不改色地面对国王；国王气愤难当，陆续将他的另一只手及双脚砍断，修行人仍如如不动。

附近的修道者知道了这件事，纷纷围聚，对国王暴戾无道的行为，都感到十分愤慨。

这位修行人却对周围的同修者说：“你们不要动气，今天国王会对我如此，是我不对，惹他生气发怒，过去，我一定和国王结下这份恶因，如今才会有这份缘；我要感恩国王成就我的道业，考验我是否具有忍辱功夫。现在我内心很平静，并无任何怨恨，但愿国王也能平息怒气，消除彼此过去的恩怨。”

这些修道者听了都很感动，国王更是感到惊惧又惭愧，赶紧向修行人表示忏悔，修行人仍不改初衷地说：“谢谢国王成就我，我现在内心很平静。”

“忍辱”是待人处事不可或缺的修养。看看一棵树在长成大树之前，也必须忍受一番风霜和酷暑；大地上的一切生命不也是如此吗？人生唯有以坚强、忍辱的心，勇于面对种种挫折与挑战，才能开创光明前程。

智慧与烦恼

只要有心，时时都是修行的好机会。待人处世要常怀知足、感恩、善解、包容；若能如此，内心自然会平静、祥和，智慧与禅定即能不求而得。

智慧与烦恼就如天平的两端——烦恼多，智慧就少；烦恼若能减轻一分，智慧就能增一分。倘若能敞开心胸，多去关怀社会、利益人群，内心就没有空间装载烦恼。

修行就是要学习去除烦恼，让自己拥有平静的心，境界自然明朗；心若不静，外境也会随之紊乱。

有则小故事——有个人遗失昂贵的名表，十分心急，赶紧请大家帮忙寻找。

于是很多人都热心地帮他找，但是翻箱倒柜四处都找不到，最后大家找得精疲力竭，只好稍作休息。手表的主人又难过又着急，此时有位年轻人自告奋勇，要单独再去找。

他请其他人在房外等候，自己走进房间里，却坐着如如不动。大家都觉得很奇怪——他要找东西，怎么一直没有行动？大家静静地看着这位年轻人，究竟要做什么。

坐了一会儿，年轻人突然站起来，钻进床下，出来时就拿着手表。大家兴奋地问他："你怎么知道手表在床底下？"

他说："心静下来时，自然可以听到手表的滴答声，就知道表在哪里。"

当我们心静下来时，就能敏锐地听到外界很多声音，有往来的汽车声、高空的飞机声、窗外的虫鸣鸟叫声等等，种种声音历历可辨。倘若在静中能多用心，智慧便从中而生，这也就是正念、正定。

正定是指内心无邪思、无邪念、无烦恼。近年来有许多人喜欢修学禅坐，其实日常生活中，担柴挑水、行住坐卧无不是禅。譬如：很久以前有位小沙弥从小就在寺院中修行，他每天勤奋地和大众轮替职务，不是种菜就是做厨房的工作。

有一天，他在厨房摆放碗筷，老和尚看到，就问他："小沙弥，你在做什么？"

小沙弥回答："我在摆碗筷。"

老和尚又问："你的心在想什么？"

小沙弥说："什么都没有想。"

老和尚就说："可惜！你现在如果想着'和大家结好缘'，欢喜地摆碗筷，等会儿有很多人来吃饭，你就已经和大家结了好缘，这样就是正精进。"

这则故事正是告诉我们，只要有心，时时都是修行的好机会。待人处世要常怀知足、感恩、善解、包容；若能如此，内心自然会平静、祥和，智慧与禅定即能不求而得。

一本《静思语》救了我

> 父母亲就是堂上的活佛，父母健在能时时给予我们爱的叮咛，那是多么幸福的事！有些孩子不懂得珍惜，往往等到失去才后悔，那就太迟了。所以行善、行孝要及时，这就是最好的报恩与感恩。

孟武伯问孝，子曰："父母唯其疾之忧。"为人子女者要懂得自爱，爱惜自己的身体与心灵，不要让父母担心，这就是孝顺，也就是报恩。

世间有许多苦难人生，我们要庆幸自己拥有健康，可以付出力量助人、回馈人群，所以懂得回馈就是感恩。

在马来西亚曾发生一件事——有位青年在十六岁时，因贩毒被判死刑。上诉期间，他在牢狱中，深受环境与心灵的痛苦煎熬。在无意中看到一本《静思语》，其中有句话让他非常震撼，那就是“爱心宽一寸，待人退一步”。

这简单的两句话，让他刻骨铭心并调适自心，面对人事争端时，就实时自我反省——“爱心宽一寸，待人退一步”，内心慢慢地平静下来。藉由《静思语》也接触到佛法，因此改变了心念。

后来适逢大赦，他在监禁十年后，获释出狱；不久，在报上发表一篇文章《一本〈静思语〉救了我》，叙述这十多年来的心路历程，坦然地现身说法。

当初他的父母离异，让他陷入一个破碎的家庭，在他最需要母爱的时候，母亲离开他，因此怀恨在心，行为叛逆而堕落。

在狱中让他内心最煎熬的，就是对妈妈的怨恨。当他接触《静思语》之后，有一天他突然觉悟，自己不只“爱要宽一寸”，而且还要有一份忏悔。

父母也有他们的心灵世界，假如为人子女者能更体贴一点，了解他们的心灵，就会有一份同理心，这叫做“与生命对话”；人与人之间要彼此深入，生命互相有交集、对话，能够互相理解，体贴对方，就不会产生冲突。

遗憾的是，在他服刑期间，母亲往生了，他这份忏悔的爱，再也没有机会亲自向妈妈表白。

我们要知道父母亲就是堂上的活佛，父母健在能时时给予我们爱的叮咛，那是多么幸福的事！有些孩子不懂得珍惜，往往等到失去才后悔，那就太迟了。所以行善、行孝要及时，这就是最好的报恩与感恩。

“道”无所不在

至圣先师孔子学问渊博，然而“入太庙，每事问”，可见任何事都有专门的学问，都有其“道”理。一般人却总认为深奥难懂的事物才是真道、才值得爱惜。其实只要能让我们受用的，就是真道，信手拈来无不都是理，端视能否用心体悟，亲身实践。

一般求道者都希望博学深究，然而究竟“道”有多广？“理”有多深？

常听闻这样的例子——小朋友不小心跌倒，坐在地上哭闹不休，妈妈赶紧拉起他安抚，他还是哭个不停，怎么哄也没用，一面哭，一面指着地上的一颗石头，原来是那颗石头将他绊倒；爸爸就把这颗石头丢得远远的，小朋友才停止哭泣、露出欢颜。

人原本都是天真无染，只是一生下来就受到后天环境的影响。譬如小朋友有什么不如意，父母就满足他的需求；姐姐若打了他，父母就会不舍地说：“来！我打姐姐给你看。”

这就是“教”，虽然只是一件不起眼的小事，但是差之毫厘就会失之千里，从小养成复仇的心态，连踢到石头跌倒，也会产生报复的心理，非将那颗石头丢得远远的才甘心。如何期待这样的孩子长大后能够消除仇恨心理。日常生活中行住坐卧，凡事都是道理。

古时，庄子的朋友东郭子一日来访，问起“道”在何处。庄子回答：“道在蝼蚁。”东郭子心想，博大精深的“道”，怎么会在最轻微的蝼蚁之中？他不太满意。

庄子又说：“道在稗中。”

东郭子更加不满，于是庄子就说：“道就在砖瓦之中。”

他觉得更离谱。庄子看他仍不满意，干脆就说：“道在屎尿里。”

东郭子愈听愈生气，认为庄子说的离“道”愈来愈远。庄子这才说明：“你的问题太笼统了，到底要问哪种道？其实道无所不在，不要轻视任何卑微的事物，道一样存在其中。”

“道在屎尿中”，在现代而言，一点也不奇怪，现在的人检查身体，要化验大小便，医师在显微镜下研究，可以辨别出许多疾病，其中也有深奥的学理。“道在砖瓦之中”，也有道理，想想如何砌成一间坚固的房子，能够遮风蔽雨防日晒，让人人有个安稳的环境，这也有很大的学问。

“道在稗草里”，何尝不是？稻稗形似，不懂的人难以分辨，农夫都能辨别其异，也知道稗草只会消耗肥料，若不拔除，稻苗一定长不好。

“道在蝼蚁”，蠢动含灵都有生命的本性，庄子以卑微的蝼蚁为比喻，明理的人就能了解，“道”就是这么简单；若是想不通的人，就会觉得如此微贱能有什么“道”？

至圣先师孔子学问渊博，然而“入太庙，每事问”，可见任何事都有专门的学问，都有其“道”理。一般人却总认为深奥难懂的事物才是真道、才值得爱惜。其实只要能让我们受用的，就是真道，信手拈来无不都是理，端视能否用心体悟，亲身实践。

自然最美

> 自然就是美，身体发肤受之父母，要懂得自我爱惜；真正的美在于身形端庄、气质优雅，尊重自己就不要拿自己的身体作怪。

自然就是美，身体发肤受之父母，要懂得自我爱惜；真正的美在于身形端庄、气质优雅，尊重自己就不要拿自己的身体作怪。

随着时间流逝，我们的身体会自然变化，已逝的岁月，想要倒转也没办法，何不珍惜当下。年轻时，应该珍惜最自然的模样；年纪大了，头发渐渐发白，就表示历经岁月的淬炼，累积无数的生活智慧，古人称白头发为“智慧毛”，就是表示所有的生命历练都呈现在这些白发上。

现在常常听到有人说：母女或婆媳的外表看起来像姊妹，听起来好像是恭维，其实我觉得很感慨，外貌失去年龄应有的形象，长幼伦理秩序都模糊，如何要求道德规范？

我们要保持自然，否则将会付出极大的代价。医界提出许多报告，比方染发会造成皮肤过敏，经过研究，染发剂也有致癌性。曾经有则新闻报导，英国一名女子休克而亡，追根究底就是染发所造成的。

还有人为了颜面的肌肤，一罐化妆品数万元也舍得买。其实医师建议肌肤最好的保养就是保持干净，何况许多保养品都含有化学成分，使用不当也会造成伤害。而我认为最好的保养品就是"慈济面霜"，衷心地表达内心的真诚，一个浅浅的微笑，就是最真、最善、最美的面容。

穿着也是自然、端庄就好。我曾看过同一天的两则新闻：一则是服装展示，展出一套镶满钻石、珠宝的衣服，价值上亿天价；另一则新闻，则是联合国的人道精神组织评估，全球还有八亿人口处于饥饿中。

这不是对比很悬殊的事吗？这么多人处于饥饿中，病、贫、苦难缠身；另方面一罐面霜、染一次头发或一件衣服，就足以让许许多多人活下去。

慈济有位环保志工就很有智慧，她上有年迈公婆要照顾，还要做手工维持家计，却仍然积极地投入环保工作，资源回收，每天分秒不空过。她还说："生活不需要花费很多，我的很多用品都是回收再利用的，像身上穿的衣服就是。"那叫做"惜福衣"，一样穿得干净、端庄，她的自然美让人又敬又爱。

有人珍惜双手细嫩，所以舍不得做事情，殊不知那是最没有用的手，因为一事无成；而看到一双粗糙的手，就觉得不知道担过多少重物、做过多少事情，那才是真正展现最美的价值。

岁月不待人，分秒不断地过去，我们要扎扎实实地分秒不空过；人身"没有所有权，只有使用权"，肯去付出，就是有能力的人，有能力的人最有福。

三好合一调伏法

> 人要先从自己的身、口、意三业调整好，才会快乐自在。佛陀畅演八万四千法，就是教导我们清净身、口、意三业，方法已经有了，目标也订定好了，端视个人是否踏出脚步去做，唯有开始走，最终定会到达目的地。

我们不断在提倡“三好合一”，就是“口说好话，身行好事，心发好愿”，这也是修行最基本的调伏身、口、意三业。

有的人说：“我的心很好，只是爱骂人而已！”，“爱骂人”并不能表达有爱与好心地。

有人说：“我无意伤人，只是把听到的讲出来而已！”这就是造口业。

人与人之间，应该要圆融人事，决不可不辨是非，随意造谣、散播。倘若听到批评的音声而后详细观察，再以智慧判断，这就是圆融事理。

佛陀在世时，有位居士到精舍求法。佛陀问他从何而来，叫什么名字，以前从事何种行业？这位居士答：“我过去住在皇宫，为国王驯象。”佛陀又问：“你如何驯服大象呢？”

居士表示：驯服大象有三种方法：第一，用铁钩把象鼻和嘴钩住控制它，只有吃东西或工作时，才让它自由。象鼻非常有力，若不好好训练会毁坏一切；若训练得好，有力的象鼻可以很轻松地勾起山中的大木材。第二，限制象的饮食，这是为了控制它的体重，以免它发起猛来无法操控，而且让它饿肚子才会受教。第三，要加以鞭打，让它的行动依循我的指挥。

佛陀说：“你把象训练得那么好，能够听话、做事，而你如何调伏自己的身口意？”

居士愣了一下，恭敬地请问佛陀：“我该如何自我调伏呢？”

佛陀说，我也有三种方法，可以调伏自己。第一，以“至诚”调伏口业，说话、待人必须诚实，“信为道源功德母”，若无法让人相信，如何修德。第二，以“慈心”调伏刚强的身业，有慈心自然举止动作都是大爱的表达，都能利益众生。第三，以“智慧”持戒，灭除心中的贪、瞋、痴等烦恼。

人要先从自己的身、口、意三业调整好，才会快乐自在。佛陀畅演八万四千法，就是教导我们清净身、口、意三业，方法已经有了，目标也订定好了，端视个人是否踏出脚步去做，唯有开始走，最终定会到达目的地。

道理要站对位置

道理端视自己如何去执行，用得对，就很美；若有偏差，就会起争执。期待人人多用真心体解真理，善待他人，社会就能充满亮丽与祥和。

“理”，不过是一个名词，看似无形，也摸不到实物，本来无名无字，只是心理意识；人生却时常要探讨道理，或是争个“理”字。

一般人都会说：“知道，知道。这个道理哪会不懂？即使不懂，只要多听、多看、多研究就懂了。”可是所听到的是不是真理？

如何才能真正体悟道理？很难。在文字上探讨、寻找，甚至体会“理”，谈何容易！文字是用来显理的，通常很难一句就让人听得懂，却也不一定要长篇大论才能体会。

有一天，从国外来了一封信，我看不懂外文，就请懂英文的人来看，他看了半天就说看不懂。又拿给懂德文的人看，他说这不是德文，他也看不懂。拿给懂法文的人看，他也不懂。辗转到最后才知道是阿拉伯文。

全球各地使用的语言、文字各有不同，并非人人皆识。如此说来，透过文字去理解的道理，难道不会受文字所限？执著于文字相也会变成一种习惯，一味地认为看书就能懂得道理，囿于文字，反而遇到真实的人事物，就难以圆融。

所以说，重要的是本性，若能在人事物中多用心，不执著，用真诚的本性去体解道理、贴近真理，就是体悟。

虽然道理似乎很简单，但是如何贴近真理？就是我们要体会之处。文字或语言只是工具，我们运用工具，藉以真正体会道理。

《金刚经》云："法，如筏喻者。"意思是，将"法"比喻为一艘竹筏，我们从江河的此岸到对岸去，必须使用船、筏等工具，等到渡过河上了岸，船筏就不需要了。这就是懂得方法还要能运用，而且不受法之束缚；因为到达彼岸后，必须弃船上岸，并没有上了岸，还随身将船带着的道理。

在日常生活中，人与人之间要多用点心，在每个人的动作言语中，无不是法、无不是理，只是有时候站错边。

我很喜欢孩子，在他们身上可以看到最天真的本性，用心去听他们的童言童语，往往能听出真正的道理。有一回我到慈济小学，看见一群孩子在操场跑，一个三年级的孩子就说："喂！你们为什么要跑得那么快？要守规矩，你是几年级？"

一个孩子就反问他："我是二年级，那你是几年级？"

三年级生回答："我是三年级，你应该尊重我，听我的话。"

二年级生就说："我是二年级，你比我大，应该要疼我、照顾我。"

两个人说的都有道理，但是各执一词，就变成争执；两个人都执著于"有道理"，怎么办？其实道理要放对位置，双方互换一下，不就完美了？

道理端视自己如何去执行，用得对，就很美；若有偏差，就会起争执。期待人人多用真心体解真理，善待他人，社会就能充满亮丽与祥和。

亲善离恶

> 为人处世要光明正大，修行就是让自己从迷惘中觉醒，远离懵懂无知，日常生活中一举一动，处处都要谨慎、洁身自爱，"一念偏差，差之毫厘，失之千里"，丝毫疏忽不得。

"人之初，性本善"，每个人本性都很善良，然而人生无常，世事诡谲多变，凡夫处于如梦如幻的人生，极易受到周遭环境诱引，善恶不分，无明心起，贪、瞋、痴念就会现前，人生的方向稍有偏差，便随俗沉浮而无法自拔。

佛陀曾说："莫亲恶知识，亦莫愚从事；当近善知识，人中最胜者；人本无有恶，习近恶知识；后必种恶根，永在暗冥中。"意即提醒大家在日常生活、人群中，要懂得亲善离恶。

待人处事要以智慧选择，不要依恃表相，譬如有人利口辩辞，说道讲理往往断章取义。道心若不坚定，可能言者无意，听者有心，自己反而失去正念；倘若不能好好地静思、分析，冲动行事，也会伤害自己。

因此不盲从就在于心意是否坚定。平时我们的知识、观念，必须清楚正确，才不会人云亦云。“亦莫愚从事”，不要做未经思考的事，一定要用心分析后才能行动，倘若思虑受人影响而有所偏差，行为、言语、思想也会有偏差。

“当近善知识，人中最胜者”，能引导我们走入正道的人、事、物，都可称为善知识；正直有德的益友就是善知识之一，知道这个人具备了正知、正见、正念，就多向对方请益，再经过思考后，坚持正确的方向而去行动。善知识能帮助我们增长智能，成长慧命，当然是人中最殊胜的因缘。

“人本无有恶”，众生与生俱来皆有与佛同等的慧根善性，只是生长于五浊恶世之中，受到后天习气不断熏习，也就是“性相近，习相远”；若不知时时修行去除恶习，便会遮蔽清净善良的本性，这都是因为“习近恶知识”的缘故，因此开口动舌、举手投足必种下恶根。

行为只要一造作，业的种子就形成了，现在种什么因，将来必得什么果；若造作恶业，则必得恶果，甚至会“永在暗冥中”，使得心地永远处于黑暗中，以致前途渺茫，不知何去何从。所以要多接近善知识，多习正知、正见，心存正念，行正精进，就能增长真如慧命；舍恶修善、入于佛道，做到见贤思齐，便能同于贤者。

为人处世要光明正大，修行就是让自己从迷惘中觉醒，远离懵懂无知，日常生活中一举一动，处处都要谨慎、洁身自爱，“一念偏差，差之毫厘，失之千里”，丝毫疏忽不得。

难得一趟人生，要以正念直行于真谛之道，日日朝着正确的方向前进，随着时间的累积，便能增长道业，圆满人格。

候鸟的迁徙

> 候鸟迁徙的路线在空中，天空那么宽阔，他们都不会迷失航线，这就是“道”；人生也有一条正道，若不肯去走，岂非比鸟还不如？或者迷在人生道中，浪费时间，就真的太可惜了。

人虽是万物之灵，但在世间短短数十年，究竟能学得多少？时日不停变迁，人的智力与能力也不断地开发，相较于其他动物更为发达。然而有时看看动物的行为，再斟酌人类的发展，不禁深感惭愧。

自古以来雁鸟一到秋天，就会成群结队飞到几千里外的南方，避寒、过冬、繁殖；等到冬去春来，它们又会带着新的一代飞回凉爽的北方。

鸟类有这份择居的智慧，会选择适合它们生活的气候，并且一代带领一代。母鸟飞到南方生下小鸟，然后将它们带回原来居住的北方，等到天冷的时候，再度飞向南方。新生代也会遵循上一代飞行的路线，代代相传、循规蹈矩地生活，试想，人类能做到如此的规律吗？很难。

上一代的人虽想教育好下一代，但年轻人却随着时代潮流、社会风气，时常发出抗议：“古时是古时，现代是现代，时代不一样了！”古人走过的路，现代人不肯遵循；长辈所教导的处世方法，年轻人也往往不肯接受，这就是“人不依人伦，人不依人道”。

佛陀抱着大慈大悲之心，放弃世俗的一切，出家修行，教导众生，要弟子们去掉无明、自私，舍小我为大我；有的人却还是愚钝顽劣，不能依佛陀的教化去做，这就是凡夫不能入圣成贤的原因。

所以我常说：直心是道场。假如能依照圣人贤者的教导，心无旁骛地学习并实践，则天底下没有不成就的事；只是人心常常弯曲不直，仗着自己的小聪明，拘泥执著于不究竟的“理想”，对古贤先哲指示的真实道路却不肯去走，因此始终无法成功。

有些事物能以假乱真，若常抱持“自以为是”的理想，很容易自蹈陷阱。好比有一种树，它的叶子与葡萄几乎一模一样，只是葡萄树会结果实，而那种植物只会长刺。若光看叶子就伸手去摘，一定会被刺伤。

好比我们分不清楚真实与理想，必定会受伤害。人生无常，时间飞逝，生命是短暂的，所以要走踏实的道路，倘若放弃真理，而执著自以为是的理想，不啻伸手就刺。

时光宝贵，希望大家能循规蹈矩，依循先贤古哲的教法而行。候鸟迁徙的路线在空中，天空那么宽阔，他们都不会迷失航线，这就是“道”；人生也有一条正道，若不肯去走，岂非比鸟还不如？或者迷在人生道中，浪费时间，就真的太可惜了。

美丑一念心

人生的美与丑全系于一念心，如果心怀鬼胎，常常对人起疑、生恨，对人、事、物就容易产生埋怨，倘若能心怀善念待人处世，则人人皆美、事事皆善，所以人人都应先照顾好自己的心念。

人生的美与丑全系于一念心，如果心怀鬼胎，常常对人起疑、生恨，对人、事、物就容易产生埋怨，倘若能心怀善念待人处世，则人人皆美、事事皆善，所以人人都应先照顾好自己的心念。

以前有位知名的大画家，备受推崇与赞叹，他觉得自己受到如此的肯定，必须更上层楼，就想创作一幅尊贵的佛像。他花了很久的时间，慎重地寻找一位模特儿，最后找到一位轮廓分明、相貌端严的年轻人，画家认定这就是圣人形象，因此不惜重金礼聘他。

当画作完成、展出时，的确轰动艺术界，画家的名气因此往上提升了不少。不久，画家又想向自我挑战：已完成最庄严的佛像，是否也该画一幅最丑陋的恶魔像？

他又开始寻找长相丑恶的人，经过一段时间，最后他在监狱中找到一名死刑犯，正适合当恶魔像的模特儿。当画家在画的时候，这名死刑犯忍不住哭诉：“数年前，我也当过你的模特儿，那时你画的是佛像；几年后你画恶魔，竟然也选中我。”

这位画家听了，整个人愣住了，他说：“怎么会这样？以前的你，让人看了就心生欢喜，为什么会落得今天这种下场？”

死刑犯就告诉画家：“你画完之后给了我很多钱，我就不再工作了，整天吃喝玩乐，还沾染吸毒、赌博等恶习；钱花完了就抢劫、杀人，以致落得如此下场。”这位画家听了，内心感慨万千，也替这位年轻人深感惋惜。

所谓“相由心生”。当时这位年轻人的心很清净，无私无欲，没有迷失，所以能成为佛像的模特儿；后来因为钱财而生贪欲，迷失自我，一踏入陷阱后，再也无法自拔，所以做尽坏事，变成了恶魔的形象，多么可怕！

每个人的本性都没有差别，本具纯真的心，只是被后天的欲念所污染，以致争权夺利、事事计较；或是因一时糊涂，而一步踏错就步步皆错。其实一个人犯了错，最怕的是知错不改，只要能勇敢改过，永远都不嫌晚，仍是善莫大焉。

心的火车

由于我们还在学习阶段，仍需经过不断地磨练，才能消除愚痴、迷惑；所以平日就要把“福慧”当成两条铁轨，让“心的火车”在铁轨上平稳行驶，这样才会安全抵达目的地。

“普天之下，没有我不爱的人”，倘若细心思考这句话，可知确实不是容易的事，因为“习气不同，各如其面”；就如每个人的形态不同，要每个人的行动、生活习惯、做事方式都能一致，让人欢喜、赞叹，谈何容易？

常有客人来访时，有的以前曾经见过面，我还是会一时叫不出名字，真的觉得很尴尬。

若自我善解——相而无相，没有人我相，也没有名相，如此行得通吗？实际上只是勉强说服自己不必太在意；人生想要“相而无相”并不容易，因为我们都生活在人群中。因此，人与人之间，更需要彼此包容。

在日常生活中，大家能和谐共事，需要靠彼此的感情和合，互助、互爱。

何谓苦？一切都只是心的分别，内心觉得苦，不知不觉就破坏了自我人生的幸福。

因此若不去除小我偏狭、自私的念头，如何培养“普天之下，没有我不爱的人”这种大我精神？尽管我们都还在学习，难免还未全然扫除习气，但是若能扩大心胸，境界自然日渐开阔。

福慧智德及烦恼迷惑如同天平——一边轻一点，一边就会重一点；如果能够时常自我反省，发挥良知、智慧，愚痴、迷惑就会慢慢地减轻。

在佛经中有阿育王与龙王比“福德”的故事。有位大臣建议以同样重量的黄金打造两尊像——一尊是仁爱治国的阿育王，一尊是福德透天的龙王。

起先两尊塑像放在天平的两边，龙王像较重；阿育王看了之后深自忏悔，发心效法龙王，更加勤政爱民、济助孤寡。经过数年后再秤，变成阿育王像较重，而且龙王也心悦诚服地现身向阿育王朝拜。

由此故事可知，我们应勤修福慧，让福慧并行；不要将勤修的福业放在天平的一端，愚痴、迷惑在另一端，这样就难以平衡。由于我们还在学习阶段，仍需经过不断地磨练，才能消除愚痴、迷惑；所以平日就要把“福慧”当成两条铁轨，让“心的火车”在铁轨上平稳行驶，这样才会安全抵达目的地。

我本如此

人身难得，当然要好好爱惜；若得不到实益，又无法改变自己的习气而留给别人坏印象，真是不值得。习气要自我反省、努力去除，这一切都不离“多用心”。

每个人都带着习气生活，平时日子过得平静，不会发觉自己的习气；人多、事多，面对复杂的环境，习气、缺点就容易表露无遗。

不懂道理的人会说：“我本性如此。”发过脾气还不觉得有错，这就是凡夫；然而习气影响甚巨，一般人也不易察觉。

佛陀曾说过一则寓言——很久以前，在茂密广阔的山林中，有种非常美丽的鸟，叫做白金鸟，纯白的羽毛，阳光一照就现出五彩光芒，闪闪发亮。

有一天，白金鸟王要为美丽可爱的女儿公开招婿，全山林美丽的鸟都聚集一堂，希望能被鸟王的女儿选上，做鸟王的乘龙快婿。

鸟王的女儿看了看，就说："我想挑选孔雀为夫，因为它的羽毛、体态都很漂亮。"群鸟听了，既羡慕又兴奋地向孔雀道贺祝福。孔雀竟然得意忘形，骄傲地对众鸟说："那是你们平时都不知道我的本领和优点。"说着就炫耀地将羽毛展开，扬扬得意。

鸟王原本很高兴，然而看到孔雀如此骄傲，万分失望，觉得这就是孔雀的习气，不顾廉耻、不懂谦虚，没资格作为鸟王的女婿，立即另选德貌双全的鸟为婿；孔雀只好丧气地离开，不曾料到，已经得到的殊荣，竟轻易地拱手让出。

这就是习气造成的损失，习气人人都有，但是在日常生活中要好好自我磨练，时时警惕自己，努力去除习气，时时反省一言一行有无过失，不要在日常生活中，不经意地显露出来。

譬如：对自己宽容，却好与人计较；犯了错还找借口掩饰，忘了是非往往是自己所引起的。真正的善解、包容是要对他人，不是好的归自己、坏的都是别人冒犯，若是如此，就是蔑视佛陀的教法。

佛陀为了扫除弟子贪欲之心，制定简单生活规戒，只穿着简朴的衣服，藉此自我提醒，外表的美是没有用的，重要的是内在的品德。

当时有一弟子违反戒律，身着华服，引来大众议论纷纷，佛陀就召唤那位弟子，告诉他："僧团的规矩，衣食住行都要朴素，你这么讲究穿着，实不宜修行生活。"

那位弟子听了由愧转怒，脱下上衣扔在地上，怒气冲冲地走了。所有在场的人都很诧异，他不肯依教奉行就算了，竟然有如此粗暴的形态。

佛陀就对大众开示：他的习气不改，吃亏的还是自己，在生活中经常犯错，必然引来别人的评论与轻视，也会丧失学习机会。

人身难得、佛法难闻，当然要好好爱惜；既闻佛法，若得不到实益，又无法改变自己的习气而留给别人坏印象，真是不值得。佛法就在日常生活中，习气要自我反省、努力去除，这一切都不离"多用心"。

富贵在品格

真正的富贵在品格，在于心灵富有伦理、道德，才是人性之富；在日常生活中，言行举止都要有品行，对家庭要做到最基本的孝道，才是贵。

什么是“富贵”？一般的定义，“富”是指有钱财、丰富的资产；“贵”就是权力大、地位高。

其实真正的富贵在品格，在于心灵富有伦理、道德，才是人性之富；在日常生活中，言行举止都要有品行，对家庭要做到最基本的孝道，才是贵。

人一出生，父母就百般疼惜、爱护，不辞辛劳教养，这是父母天性，并且不会随着儿女的成长，有丝毫减损；然而儿女的心却会慢慢地远离父母，逐渐忘记父母的爱，遑论反哺孝亲。

近来常听闻，社会上有许多年轻人，父母辛苦抚养长大了，受完高等教育，年纪也不小，就是不想找工作；或者好高骛远，不想从基层做起，找不到理想的工作，就赋闲在家，反正父母还有钱，还能工作，就依赖着父母生活。

这样的人生何其悲哀，古云：“修身、齐家、治国、平天下”，自己不修身，如何能齐家？无法齐家的人，如何为社会付出，天下如何能平安？

反之，在安徽的官渡乡有个慈济村，有一户三代同堂的模范家庭，虽然家境清寒，家中每个成员却极富人性与孝道。

老奶奶中风，一只脚不灵活，她的儿子、媳妇都非常孝顺。已为人母的媳妇勤俭持家，谨守孝道，每天陪着中风的婆婆散步当做复健；每餐煮好饭，先喂婆婆吃，轻声柔语，服侍得非常周到。

全家主要靠老奶奶的儿子耕作一块贫地，一年收成仅一千多元人民币，农余期间则要四处打零工，经济十分拮据。老奶奶的大孙女看着父母如此辛苦，一度想要休学，帮忙分担家计，减轻父母的重担。

这对夫妻非常重视子女的教育，不愿子女像他们一样，老奶奶的儿子表示，“穷不能穷教育，苦不能苦孩子”，无论如何一定要栽培子女。后来两个女儿都考取大学，二女儿见母亲如此细心照顾奶奶，想到父母有朝一日也会年老、有病，于是立志当医师，服务病人，还能照顾长辈。

这个家庭父慈子孝，个个都是心灵富有，品行高贵，值得尊重与敬爱。所以，地位再高，权力再大，若无法守本分，不能对家庭负责任、为社会奉献，这样的人富在哪里、贵在哪里？

总而言之，人生要自富也要自贵，每个人从自己身体的行动、心灵的观念做起，心与身合一，人生的方向就不会脱轨；能够修身才能齐家，进而为国、为天下。

辑二　真情的厚度

私情小爱，犹如一页薄纸，不堪打击；若能发挥长情大爱，方能散发厚实的能量。

缺爱的富翁

我们要充实自己内心的爱，把慈悲喜舍发挥在日常生活中，一切为他人着想，为他人的利益去付出，这就是大爱，也是菩萨行。

我们的社会繁荣富足，什么都不缺，就缺“爱”。

生活在世间，何者幸福快乐？何者令人苦恼？其实，有丰富的爱心，凡事为人着想，乐于奉献付出，就会获得真正的快乐；假如欠缺爱心，贪图一切，千奇万疑，就会百病丛生。

佛陀在世时，有位富甲一方的富翁，平时很吝啬，疑心身边的每个人，连妻儿都严加管束。更遑论雇请的佣人，更是苛刻以对。

日久之后，他的亲朋好友都受不了，连妻儿都离他而去，家中的佣人也无人留下，只有他独自生活在孤寂中，当然不快乐；他却不知道不快乐的根源何在，还是每天痛苦地守着财产；贪、瞋、痴、慢、疑占据了他的心，有一天终于病倒了。

佛陀知道后，亲自到这位悭贪的富翁家中，为他开解人生的道理。富翁一见佛陀的亲切慈爱深受感动，赶紧合掌恭敬地说："佛陀，我全身都是病，将不久于人世。"

佛陀说："你的病确实不是世间医药可以治愈！"

他说："佛陀，我到底得了什么病？"

佛陀说："你的心中欠缺慈悲爱念，若要医好身病，获得幸福，只有将深埋的爱心发掘出来。"

佛陀离开之后，这位悭贪、孤单的富翁静静地思考，终于领悟：当我生病时，平时最爱的金钱能做什么？当初不知珍惜妻儿、亲人的爱，以致个个离我远去，这样的人生多苦！

于是，他将儿子找回来："儿子，过去我辛苦地赚钱，无非是想把产业留给你。现在我想通了，一个只会守着金钱、为钱计较的人，真的很痛苦；只会赚钱而不会用钱的人，更是天下最大的傻瓜。所以在把产业交给你之前，你必须先学会花钱，限你在一个月内花完三千贯钱。"

这位年轻人向来用钱不自由，现在忽然要花这么多钱，一时也不知该怎么做；但他想到自己欠缺爱的痛苦，就决定到最贫穷的地方，扶助孤苦无依的老弱妇孺，他施衣施药，满足贫困者的需要。

一个月后，他回去告诉父亲，已把所有的钱都用完了。父亲问他："你把钱用在什么地方？"

这位年轻人做事很细心，花费的清单列得很详细。他父亲一看，满心欢喜地说："我从来不知道，金钱好好地运用，是这么快乐、震撼人心。"他埋藏在最深处的爱心，刹那间被启发了，他的病也不药而愈。

人与人之间为何会不快乐？就是欠缺爱；为什么有"人我是非"？也是欠缺爱。所以，我们要充实自己内心的爱，把慈悲喜舍发挥在日常生活中，一切为他人着想，为他人的利益去付出，这就是大爱，也是菩萨行。

放下即自在

"如何获得解脱、轻安?"方法很简单——知道自己执著于欲念，就赶紧远离，能了悟"迷情小爱"的变异性，多培养"长情大爱"，自然就能解脱而获得真正的自在与安乐。

人生之苦，源自于心中的烦忧；烦恼的起因，主要就是欲念。有些人虽然知道要淡泊少欲，但是往往缺乏恒持的毅力与勇气，乃至付诸实际的行动。

在《百喻经》中有则寓言故事——一位远行旅人，走在天煎地热的路上，十分口渴，想要找水喝，远远看到山壁有一根竹管，引着山泉水汩汩而下；他欢喜地跑过去，就着竹管，张口畅饮甘甜的山泉。

喝饱了，他就对着水说："好了，够了。"但是水还是一直流着，他急得一面大叫："停啊！停啊!"一面还是张口喝水，肚子都快撑破。

这时有人从旁经过，觉得很可笑，就对他说："泉水从山上顺着竹管流下来，有需要就去喝；喝够了，只要人离开就好了，为什么叫水停止流出来?"

这则故事看似荒谬，其实充满哲理。世人都知道：人生唯有远离欲念，才能解脱烦恼；但若只是知道，却无法实践，也是枉然。

曾有位妇人向我诉苦，她生活在富裕的环境中，精神上却觉得十分煎熬，我要她想想，究竟痛苦从何而来？她说："是自己给自己的。"真正的原因就在"情"字上看不开。

她和先生两人白手起家，经过一段非常艰辛的日子，好不容易事业渐成，生活也逐步安稳舒适，此时才知道先生早在十多年前，已做出对她不忠的事。

回想当时事业刚稳定，也有很好的发展机会，先生又很体贴，她觉得自己是个很幸福的女人。现在才知道，那正是先生开始金屋藏娇的时候。

我说："当时你觉得很幸福，是因为你不知情；现在何妨也当做不知道。"

她说："不可能，我觉得很不值得，竟然被蒙骗了这么久!"

为她开解许多道理，尽管她都明白，却无法解开心结。后来我对她说："你为什么要一直回顾过去？与其这么计较、挣扎，不如就放下吧!"

一般人都知道执著是痛苦的，却“放不下”，仍在痛苦中挣扎。常有人问：“如何获得解脱、轻安？”方法很简单——知道自己执著于欲念，就赶紧远离，能了悟“迷情小爱”的变异性，多培养“长情大爱”，自然就能解脱而获得真正的自在与安乐。

理直气要和

修行就是要去除习气、调伏自心，学习如何对治自己的心态，一次改不过来，两次、三次持续地改进，只要真正下定决心，就一定没有困难。

我常强调“调心”，因为心调好了，自然语言行为就会表达出来，这就是身、口、意三业平行，所以起心动念，对日常生活、待人接物影响深远。

有人会说：“心不好，别人又看不到。”其实经常累积坏的念头，很自然地就容易控制不住自己而发脾气；脾气就是累积而来的习气，遇见不顺心的事，就会表现出不好的脸色，说出不好听的话。

例如“发脾气”就是累积而来的习气；只要看到不顺眼的事，听到不如意的话，就会表现出不好的神情，这都是习气。如果任由习气积累，不当的起心动念，也会变得理所当然。

有位慈济委员曾分享，诉说自己婚后二十多年过的痛苦日子。她的婆婆受的是传统礼教规范，认为“查某人憨憨地呷，憨憨地做就好（闽南语）”，彼此观念的落差及代沟，致使婆媳之间产生摩擦，而先生的大男人主义，不懂得温柔体贴，更让她想放弃婚姻。

后来一位慈济委员带她走入志工的行列，她亲眼见到种种苦难的众生相，才发现自己的处境其实很好，不愁吃穿、生活无虞，却自我折磨得几近发疯。尤其当她看到“脾气、嘴巴不好，心地再好也不能算是好人”这句静思语时，更犹如当头棒喝。

她也曾自我反省，尽管很想做个好媳妇、好太太，却常常爱发脾气，说话直接，不替对方着想，心中更是充满怨气，而常常觉得：我比较有理，有理为什么不能解释清楚？

其实，“理直气壮”就容易“得理不饶人”，若觉得自己最有理，就要和人争到赢为止，这样的人生不是很痛苦吗？她慢慢地明白“理直气要和”、“得理要饶人”。心念轻轻一转，人与人之间的纷争也会减少了。

她看清自己的缺点后，才明白为什么先生假日不肯陪她，婆婆也不疼惜她，她决心修正自己的态度。看到她的转变，不仅婆婆惊讶，先生也很高兴。

如今，她的婆婆高龄九十多岁了，有时会自怨自叹：“我这么老了，已经没有用了。”

她就告诉婆婆：“您是我们的宝，正因为有您在，我们才有孝顺的机会！”婆婆听了就很安心。

当自己的儿子要娶媳妇时，自认曾做过失败的媳妇，她很担心也会是个失败的婆婆，就鼓励年轻人婚后自组小家庭，但是儿媳却选择住在家里。

她一方面高兴，一方面也担心万一和媳妇处得不好怎么办？于是她就对儿媳说：“大家住在一起最好，但是相处上若有什么问题，一定要沟通，因为妈妈有时候也会有无心之过。”

自从改掉不好的习气，她每天都过得很欢喜，因为真诚的对待，三代婆媳之间和乐融融，有婆婆让她尽孝道，有媳妇让她疼惜，怎能不欢喜！

修行就是要去除习气、调伏自心，学习如何对治自己的心态，一次改不过来，两次、三次持续地改进，只要真正下定决心，就一定没有困难。

对不起，失礼了

> 一颗球若弹在棉被上，它就跳不起来，若碰上坚硬的地板，则反弹更高。人与人的相处也是同样道理，柔软的心不论面对什么，都不会起冲突，家中无争，心即祥和、无烦恼。

有人问禅师：“如何才能断除满心的烦恼？”禅师回答：“把心顾好。”这句话听来容易，难就难在如何落实于生活中，而且时时守持住。

很多人说：我的心地很好，也知道要轻声细语，只是脾气一发就忘了！

除了粗声厉语之外，心念若没有顾好，举止行动中常会自毁形象；心行不端，如何做人？

尤其烦恼来时，明明是自己错了，却不肯承认，还理直气壮地直指别人的不对，这就是于烦恼中再添烦恼；起初是无心犯错，接着是有意地将错就错，还辩解自己无过，正是错上加错。

多年前有位妇人向我哭诉："我很羡慕别人家庭气氛和谐，不像我家成天吵闹不休，先生、孩子回来就开始吵，我受不了，也跟着大声，家里总是不得安宁，如何享受天伦之乐？"

我问："你是不是凡事不肯让人？"

她答："为何要让人，我又没有错。"

我说："是不是你先生脾气不好？"

她说："他也不是脾气不好，只是在外面忙得很辛苦，回到家听见孩子和我的声音就想发脾气。"

我说："那你的孩子也没有错吧？"

她说："是呀！孩子觉得功课压力很大，回家又看到父母在吵，就很毛躁。"

我说："正因为你家没一个有错的人，人人据理力争，才会吵吵闹闹。"她听了若有所悟。

过一段时间后，她对人提起："我家现在每个人都自认'犯错'，所以天天和乐融融。"

大家一听都很好奇，纷纷询问原因，原来她向先生沟通、忏悔："过去很不懂事，总要争个理，没想到你在上班有工作压力，还要忍耐诸多不如意，回到家我又让你生气，难怪你总是放大声量。以后我们应该和谐地沟通，孩子才能安心读书。"

先生听了很诧异，太太从不承认自己的错误，怎么突然变了，就问："你怎么了？"

她说："到花莲听了师父的话，觉得一开始就是我的错——一家主妇应该要温柔体贴，请你帮助我做个温柔的女人。"

先生很感动，说："在外面我是受了很多委屈，不过你也很辛苦，把家里整理得那么舒适、干净，我应该感谢你；只是一看见你的脸色，就把那些感恩的话吞回去了，专挑你的错。其实我也很不对！”

夫妻俩彼此认错，从此先生下班，太太即以笑脸迎接，先生也轻声柔语，再也不破坏家里气氛。孩子感受到家里变得安静祥和，耳听欢喜的声音，眼见和悦的脸色，自然就对父母尊重，功课也进步不少。

这位妇人说：“现在我们全家都是愿意认错的人，不论是谁稍有疏忽，就会听见：‘对不起，失礼了！’这样哪还会有什么争吵？”

一颗球若弹在棉被上，它就跳不起来；若碰上坚硬的地板，则反弹更高。人与人的相处也是同样道理，柔软的心不论面对什么，都不会起冲突，家中无争，心即祥和、无烦恼。

大声争吵是因为没有惭愧心、没有把心照顾好，只看到别人错，不承认自己错，争个我对你错，愈争烦恼愈多，心乱则形乱，形乱则恶业成；做个真正的好人，就要确实照顾好心念。

施慈用悲

要以同体大悲的心，视众生的贫病如自己的贫病一样。为了让众生能够幸福，所以施慈；不忍心众生的苦难，所以用悲。即使遭受伤害，也要平心静气，这份宽宏大量，就是菩萨心。而“慈悲”二字更应落实在日常生活中，时时保护好自己的心。

修行不离心，懂得满足就是最富有、最幸福的人生。

现代社会多元化，世界的距离也愈形缩短，许多人离乡背井远到他方做生意，若能安分守己，正直诚意地谋生，就是人生正确的途径；但是有的人因一念贪心，蒙骗欺诈、作奸犯科，这都是在造恶业。

佛陀曾说过一则故事：很久以前有个临海的小国，国中许多人都因海上探险寻宝而致富，其中有位长者也很富有，他却觉得：财富就像镜花水月般无常，汲汲营营有何用呢？尤其看到许多处在贫穷、病痛中的人，苦不堪言，他就发愿，要将自己的财富与人分享——对贫者施粮食，对病者施医药。

长者布施的名声远近驰名，人人尊重他，更有许多病患不辞路遥前来求取医药。渐渐地，长者将财富花用得差不多，于是他又和商队一起到海中寻宝。

在回程中，天气非常炎热，路上又缺水，长者好不容易找到一口井，赶紧通知商队，大家争先恐后地抢水；长者看大家喝完水又提振精神，他才高兴地放下包袱，前去取水喝。此时，商队中有人看见长者的包袱里有许多价值连城的珠宝，都是长者冒险在海中寻获的，商队的人一见珠宝就心生歹念，趁长者取水时，将他推入井里。大家分了珠宝，就回国了。

国王看到商队回来，却不见长者归来，怀疑商队的人在半途陷害长者，但苦无证据，也无可奈何。

另一方面，掉入井中的长者很幸运，这口井并不深，跌下去没有受伤，很快就脱困回家。国王看到长者回来，非常欢喜，只是看到他一身狼狈，心中更加疑惑，不断地追问长者："你发生了什么事，为什么没和商队一起回来?"

长者不愿拖累他人，只对国王说："我这回什么宝物都没得到，只因路途遥远，才这么狼狈，是我自己没有福气。"

国王仍然不相信，决定严办那群商队。长者赶紧向国王求情："国王！这些人只是一时的利欲熏心，而起了贪念，不值得国王动怒。还有很多家庭需要靠他们生活，请让他们有机会能改过迁善。"他一再地恳求国王饶恕他们。

国王见长者这么仁慈，就对商队的人说："看看这位长者的仁、德、慈、爱，难道你们都不受感动吗?"

大家都非常忏悔，向这位长者叩头感恩："所有的宝物都归还您。您向来济贫救病，财物在您的手中，可以救很多人；财物在我们手中，都是造恶业，我们也要跟随您学习如何行道、自我忏悔、洗净自心。"

这位长者护住"施慈用悲"的心，将一切众生当成自己的家人，不断地付出仁德大爱，即使遇难时心中都毫无埋怨，还是以怜悯心悯念一切众生。

听了这段故事，让人知道，要以同体大悲的心，视众生的贫病如自己的贫病一样。为了让众生能够幸福，所以施慈；不忍心众生的苦难，所以用悲。即使遭受伤害，也要平心静气，这份宽宏大量，就是菩萨心。而"慈悲"二字更应落实在日常生活中，时时保护好自己的心。

自私与体谅

人心各不同，心念就是心中的种子，自私的人总是凡事计较，以自己的立场为考虑，最后的苦果还是自己尝；若能扩大心量，懂得体谅别人、事事感恩，就是有智慧的人。

人心就如一亩田，撒下什么种子，就会得到什么收获；我们必须好好地培育、照顾清净本性的种子，心地的福慧才能增长。

人生最苦莫过于病痛，而解脱病痛必须仰仗医护人员。尤其每当传出一些传染疾病，大家都闻之色变，避之唯恐不及；医护人员却必须站在最前线，直接与病人接触，即使再危险的病症，都要尽己之力，及时地抢救生命，由此可见医护工作辛苦的一面。

随着时代的变迁，医病关系愈来愈受社会大众重视，医师除了精湛的医术之外，也需顾及待人处事的艺术，才能从容地面对不同的病患。感恩愈来愈多的医护人员有此共识，不但力求自我充实医疗新知，更具备充分的大爱，细心地为病患服务。

反观病患若能多一份体谅之心，那么医病关系就会更为良好，也将会是善的循环。

大林慈济医院的林院长曾分享一则案例：有位老妇人心绞痛发作，一早来找林院长看门诊。林院长问这位老人家："您的心绞痛是什么时候发生的?"

她说："昨天晚上，都快痛死了。"

林院长吓了一跳："您怎么没有赶快来医院就诊?"

老人家就说："我知道医师很辛苦，你们常常看病看到饭都没吃、没休息，难得晚上可以睡一下，就不要吵你们，所以忍到天亮才来。"这位老人家能放宽心量、体谅他人，多么令人感动。

林院长也谈起另一则个案，有位中年人头痛半夜前来急诊，问他头痛多久了？他说："十多天了。"

再问："为什么不早点来就诊？"

他说："白天要工作。"

院长又问："那为什么下班不来，拖到半夜才来？"

他说："下班时不太痛，就不想来；现在反正睡不着，就想来看看医师。"

人心各不同，心念就是心中的种子，自私的人总是凡事计较，以自己的立场为考虑，最后的苦果还是自己尝；若能扩大心量，懂得体谅别人、事事感恩，就是有智慧的人。

人人都希望拥有幸福。福，需要时间累积，心地善良的人，就会把握时间多造福；人人都能多造福，社会就会祥和无争。

有心有福，有愿有力

> 不论多大的毅力和愿力都起于一念心，正所谓"有心就有福，有愿就有力"，我们都要照顾好自己的心念，恒持初发心。

发愿投入救世的行列，必须有非常坚定的毅力。百年前，日本有位坚毅非凡的铁眼和尚，为了宣扬佛法，发愿筹募经费，翻刻佛经，以广为流传。

有一年冬季，大风雪来袭，整个京城笼罩在冰雪之中，当时铁眼和尚为了筹募经费，常常在进城要道的鸭川桥上，请过路人发心捐助。虽然天气非常寒冷，寒风吹得他全身打颤，但是仍以宏亮的声音，向过路人劝募。

有的人看到和尚如此辛苦，钦佩他的精神，而捐出一些钱；也有人以不屑的眼光看待或视而不见。

一天有位武士经过，和尚赶紧到武士的马前，向武士说明："我是铁眼，发愿要刻一部大藏经。这部大藏经对我们非常重要，能净化人心、拯救人类，请您发心捐助。"

那位武士不相信单凭个人能力，一分钱、两分钱地劝募，就能完成翻刻一部大藏经的工程，因此不以为然、自顾自地走了。

和尚不放弃，边追边说服武士："请您发心成全这份善愿。哪怕只捐一份钱，我也很感激您的。"

武士不堪其扰，只好丢一分钱到和尚的钵里；当他回头，看见这位满身雪花的和尚正恭敬地向他鞠躬道谢时，内心不禁一震，受到感动，但因顾及武士的尊严，仍毫无表示就走了。

后来大雪融化，酿成大水灾，许多人家园遭殃，生活无着，在生死边缘中饥寒交迫。铁眼和尚很不忍心，就将预备刻经的钱拿去买米赈济灾民，最后将募来的钱花用殆尽。

这场灾难过后，铁眼和尚又开始出去劝募刻经的钱。有的人佩服他的爱心，因此随力赞助；也有人很不谅解，认为他利用刻经名义行骗。

虽然铁眼和尚救济灾民而招来毁谤、辱骂，甚至有人拿石头丢他，但是他仍然抱定坚忍的意志，毫不退缩地继续劝募。

铁眼和尚打算以六万片樱花木，请一百位雕刻工匠来进行这项浩大的工程。那位武士获悉消息，内心更为震撼，心想：这位和尚好伟大！为了救济灾民，刻经的工作又中断，不得不忍辱再向大众劝募。因此武士发了一分善愿：我一定要帮助他，让他早日完成心愿。

武士从奈良运来六万片樱花木送给铁眼和尚，刻经的工程总算稳定。等到完成六千九百六十五卷的经书时，前后已花了十七年的时间，终于成就出日本第一部《大藏经》。

据闻这六万片樱花木刻板保存迄今，许多经典都是由这些刻板印刷出来的，这就是铁眼和尚依靠无比的毅力所完成的大工程。

可见毅力和愿力多么重要！而不论多大的毅力和愿力都起于一念心，正所谓“有心就有福，有愿就有力”，我们都要照顾好自己的心念，恒持初发心。

贫富二法

> “富”，就是要付出；“贵”，就是赞叹他人，成就好事。贫就是不肯布施，贱就是遮蔽别人的善根。贫贱、富贵各有二法，听来简单，在日常生活中，却富含深刻的道理。

佛陀教育弟子：人生，有两种法会使人贫贱，也有两种法会使人富贵。

什么是贫贱二法？第一、看到别人身处困厄，却不肯付出、不肯布施救济；第二、不仅自己不愿布施，还心生嫉妒，想办法阻止别人去付出，这两种法会使人贫贱。

富贵二法则是：看到别人布施、付出，能够心生欢喜，口出赞叹；而且不只是见人布施欢喜赞叹，自己也真正身体力行做布施的工作。简言之，就是要见善随喜。

见善随喜，能让布施的人富中加富，富有物质更富有爱心，令人看到就心生欢喜，忍不住要赞叹他。这样的人，人见欢喜，更能影响他人见贤思齐，这就种下富贵的种子。

总而言之，“富”，就是要付出；“贵”，就是赞叹他人，成就好事。贫就是不肯布施，贱就是遮蔽别人的善根。贫贱、富贵各有二法，听来简单，在日常生活中，却富含深刻的道理。

放眼天下，许多贫穷、苦难、生于边地下贱的人，也还有人过着原始生活。数年前，印度尼西亚慈济人去一个离岛援助当地原住民，他们不仅生活封闭，而且没有衣物，不论男女老幼都全身袒露，冬天抹上一层油，再用泥土涂在身上御寒，这种景况让人听了好心疼、好难过，也觉得不可思议。

没有文明的生活与健全的家庭，他们的房子，只是随便用树枝、草叶盖一盖，躺在地上就睡了，难以遮风蔽雨。落后的地区如此，即使在富裕的社会中，一样有贫穷苦难人躲在暗角，亟需有人伸出援手。

我们虽然有幸生在富裕之地，但是人生无常，有能力帮助他人，就要及时去做。倘若自己不做，也不要阻碍别人行善。

自己不肯行善是贫的因；毁谤、阻挡别人行善，就是贱的因。能随喜赞叹，则是贵的因；身体力行，是富的因。

我们常见富中之富的人生，不只看到别人做好事一直赞叹，甚至也用心鼓励大家一起做，无论是否富有财物、地位或学识，只要见善随喜、见善思齐、身体力行，这种人生绝对富有；因为内心踏实、丰富又很欢喜，每天不生烦恼，过得很有意义，令人尊重敬爱，这就是贵。

富的人生，要不断地付出；贵的人生，要时时赞叹。人生难得能在富贵中，有平和的日子，我们要懂得珍惜与感恩，更要多付出这份爱，互相赞叹，彼此相成，这就是人人应该精进和学习之处。

单纯心看世界

> 智慧能分辨是非、肯定自己，如此的自信，自然能够累积丰富的收获。我们要学得以单纯、清明的心看待万象，亲近善知识，展现光明、自在的人生。

佛家有云："信为道源功德母，长养一切诸善根。"也就是说，有坚定的信念，以智慧选择人事物，一门深入实践，方能有所成就。

有一则故事——有位盲者清早要去寺院礼拜，离家很远，所以他提早出门，天未亮就抵达寺院；寺院里的僧人问："清早就来，怎么没提灯？"

他说："我看不见，提不提灯都一样。"

僧人又问："你难道不怕掉到水沟，或是发生意外？"

他说："虽然是第一次清早出门来参加寺院的早课，但是平时就来过几次，能熟悉道路的方向与状况。"

这位盲者在寺院里听经、请教问题，不知觉已到黄昏，准备起身回家，对僧人说："能不能借我一盏灯？"

僧人说："提灯对你有用吗？大清早都能来了，为何现在需要提灯回去？"

盲者说："清早时刻，我相信路上没有行人，不会被人撞到；现在夜幕低垂，路上行人又多，提灯是怕别人看不到，会撞到我。"这就是他相信自己，却不敢肯定别人。

人生不也是如此？要相信自己又肯定别人，需要有很高的智慧。人与人之间总是互疑猜忌，因此心念混乱，明明眼前是一条康庄大道，却自我障碍设限。

现代人有许多种疑心，一是"自疑"，有些人外在条件不如意，或是教育程度稍低，心生自卑，不敢与人合群；别人无意间看他一眼，或者正好在说话，就疑心他人轻视、议论自己。

对自己没信心，内心就会"暗钝"，以致自我封闭，无法开启智慧；慢慢地心起烦恼，产生不正确的观念，进而搬弄是非、颠倒道理，就会引发诸多的错误行为。

另一种是“疑师”，所谓“一日为师，终身为父”，尊师才能重道；既然用智慧选择明师，就要尊重、敬爱。若是对师承的道理，或是对师长的人格、教法，有所怀疑，如何习得真理，成就自我的慧命？

所以时时要自我警惕，不要自疑也不要疑他，有了这念疑心，无法学习到道理真正的内涵。古云：“三人行必有我师焉。”无论遇到善知识或恶知识，都是现相教育，不要将人事当作是非；一旦是非生起，要当作是磨练自我的教育。

智慧能分辨是非、肯定自己，如此的自信，自然能够累积丰富的收获。我们要学得以单纯、清明的心看待万象，亲近善知识，展现光明、自在的人生。

欢喜的骆驼

世间有智慧高的人，也有大智若愚的人，无论面对智、愚，我们都要用包容的心、真诚的爱去付出，真正去做了，就会成就自己的生命价值。

我曾做过一个梦：一只猫在抓老鼠，狗在旁边很起劲地吠叫，气氛很紧张。在追逐中，猫看见一面镜子，镜里也反映着一只猫在追老鼠，它以为有其他的猫来抢老鼠，于是放下老鼠，和镜子里的猫拼斗……其实盲目、无知的争斗，终究只是一场空，与镜子又有何干？

每每我看到喜憨儿（智障儿童），就觉得他们虽然处在纷扰的世间，但是心灵单纯得好像与红尘无染，就会联想到大德先贤所言“心如明镜台”。

九·二一地震的时候，南投启智中心也受创严重，断水、断电，三百多位院生受到惊吓，幸好慈济人很快地送去所需物资，也结下这份缘。

刚开始，喜憨儿一见陌生人，很抗拒也很惊慌，难以接近。慈济人用诚恳的爱不断地去关怀，牵起每个孩子的手，慢慢地建立他们的安全感，教导他们生活自立能力，慈济人医会也来关怀义诊，并教导院生保健常识、卫生习惯。

孩子们对慈济人从陌生到互动而产生依赖感，还会很贴心地叫师姑、师伯，投入他们的怀抱里撒娇。

慈济人与院内老师有共识，要训练喜憨儿自立，具有对社会投入的观念，进而启发他们的爱心，懂得自爱爱人。因此将教育的方向，慢慢地引导踏出院外。

2003 年开始，喜憨儿组成“欢喜儿骆驼志工队”，和慈济环保志工一起去做环保。会取这个名字，是因为平时我常说：“当菩萨要有赤子之心，骆驼的耐力，狮子的勇猛心”。他们认为喜憨儿已有赤子之心，虽然没有办法像狮子般勇猛，但是可以磨练耐力，因此以骆驼的精神自许。

这些喜憨儿也学会环保歌曲：“垃圾、垃圾，令人很烦恼，垃圾不可随便倒。”不只唱，在生活中，若看到有人丢垃圾，顺口就会运用，还会马上捡拾。

看他们无忧无虑，那么单纯，虽然在一般人眼里，他们天生就有点缺陷，但是他们既不会伤害别人又很受教，只要用点心多付出关怀就会给予真诚的回馈。

但愿人人都有一片与世无争、与人无争、与事无争的清净心，这样人生就会海阔天空。世间有智慧高的人，也有大智若愚的人，无论面对智、愚，我们都要用包容的心、真诚的爱去付出，真正去做了，就会成就自己的生命价值。

简单最好

> 做人简单纯朴，心地淳厚、不复杂；倘若人人都能有纯真的感情、体贴的心，用爱相处，这就是最美好的温馨世界。

人生愈简单愈好，最简单的人做出来的事，往往是最成功的；偏偏世人大都不愿做简单的人、过单纯的生活，反而常常自寻烦恼。若能简化一切，那么生活就能非常快乐、自在。

曾看过一篇报导，令我非常感动。有对夫妻，他们的大儿子出生不久，即被证实是智障儿，父母四处求医，仍无法治好孩子的病。

不幸他们又经商失败，赔累得几乎破产。除了大儿子外，还有大女儿和小儿子，家境愈来愈窘迫，太太却在么儿三岁时因病过世，留下三个可怜的幼儿；先生更加辛苦，必须一边做工、一边照顾孩子。此时，大女儿已经七岁要上学，没有时间看顾弟弟们，因此三岁的弟弟就开始学习照顾五岁的智障哥哥。

经过一段时间后，先生深感家中仍需要女主人照料，又娶了一位太太，陆续再生下六个子女。原本就拮据的家境，更无力照顾这三兄妹。于是大女儿半工半读，赚取微薄的薪资，维持姊弟三人的生活。

兄弟俩感情非常好，哥哥离不开弟弟，弟弟也舍不下哥哥。姐姐结婚后，弟弟肩上的担子更沉重，哥哥连生活都无法自理，所以弟弟不仅要赚钱维持生活，还要照顾哥哥的生活起居。尽管日子过得贫寒，但是他们就像“人”字一样，简单地两画互相依靠着。

后来弟弟娶了一位刻苦耐劳的太太，一家三口——哥哥、弟弟和弟媳过着简单的生活。弟弟努力工作，太太则勤俭持家、认真理财，渐渐地有能力租一间较大的房子，生活才比较稳定。正当他高兴有能力给哥哥较舒适的环境时，哥哥却一病不起。弟弟觉得过意不去，为此发愿要为哥哥守墓三年。

这位年轻人很难得，他一点儿也不埋怨自己的际遇，而且很珍惜兄弟的情谊，尽心尽力照顾哥哥一生。现代社会很难得有这样的人。更可贵的是，他太太非但不抱怨，还很欣赏丈夫的惜情重义，认为他能对哥哥有义，自然就会对妻儿有情，所以她非常支持先生的作为，让他每天晚上都去守墓。

这是一个平凡的故事，却少有人做得到——做人简单纯朴，心地淳厚、不复杂；倘若人人都能有纯真的感情、体贴的心，用爱相处，这就是最美好的温馨世界。

快乐妙方

生活中时时有爱，贫穷也会快乐，挫折也能获得纾解。只要心中的爱多一点，贪欲就会少一点；感恩多一点，争执就会少一点，爱与善解能温暖这个世间。

心中有爱，互相关怀，纵然天气燠热难当，内心依旧清凉；即使身处冰天雪地，也能感受冬阳般的温暖。

佛经中有则小故事，有对老夫妻没有子女、亲戚，住在一个山城小镇外，没有什么邻居，只有两老相依为命，虽然家境贫困，但是生活中充满着爱的意境与满心的善解。

两老每天都会彼此问候："你今天高兴吗？""很高兴呀！"在一问一答中，两人哈哈大笑，笑声传遍山谷。

有时候面临窘困，两人也不在意。阿公问："今天有饭吃吗？"

阿嬷说："家里空空如也哟！"又是一阵无忧的笑声。似乎任何难题都难不倒他们，每天充满着善解与欢喜。

有一年除夕前，大雪纷飞，阿嬷很欢喜地说："明天就是大年夜了。"

阿公说："嗯，真欢喜！"

阿嬷说："希望能做些好料理，过一个丰富的大年夜。"

"我们有什么东西吗？"

"什么东西也没有！"

阿公想了一会说："我们有刚做好的五顶斗笠，拿去镇上卖掉，就可以买年糕、白米，还有丰富的菜肴。"

阿公就赶紧出门，外面大雪还下着，积雪好深好厚。阿公戴好头巾、拉紧衣领，冒着风雪往镇上去，阿嬷看着阿公的背影愈来愈远，直到看不见才关上门。

阿公冒着大雪走得十分辛苦，就在即将到达小镇之前，远远地看到六个人站在路旁。心里纳闷：这么冷的天气，这些人站在路边做什么？

走近一看，原来是六尊石雕的地藏菩萨像。每尊菩萨的身上全是雪花，阿公于心不忍，赶紧挥掉菩萨身上的雪；然而大雪直下，根本来不及清理。于是，阿公就让石地藏戴上斗笠，抵挡风雪；不过只有五顶斗笠，阿公又取下自己的头巾，仔细地为第六尊石地藏绑好，才安心地回家。

到家时天色已暗，阿嬷看到阿公回来很高兴。阿公不好意思地说："对不起，我还是空手而回。"

阿嬷说："没关系，只要你平安回来，就是最好的礼物。"阿公将经历说给阿嬷听，一面说一面笑，阿嬷见他那么愉快，也听得好快乐。阿公每说到一尊石地藏，阿嬷就说一次："做得好，做得好。"赞叹阿公有爱心又虔诚。

当晚大年夜，真的没米可下锅，两老看着空锅冷灶相视而笑，阿公告诉阿嬷："早点睡吧，睡着了就不觉得饿。"

阿嬷说："对呀！早点睡，明天起来一样过新年。"这就是心中没有挂碍的清净欢喜。

生活中时时有爱，贫穷也会快乐，挫折也能获得纾解。只要心中的爱多一点，贪欲就会少一点；感恩多一点，争执就会少一点，爱与善解能温暖这个世间。

审思生命

> 生命能够重如泰山，也可以轻如鸿毛，端视自己如何让生命发光，利益人群。不懂得管理生命的人，大部分都是不知恩、不懂得父母的辛劳，也不顾忌伤害父母的心，更不知养育之恩昊天罔极。

现在的年轻人不善调适心绪，大好人生往往就自我毁灭，不懂得管理自我生命，一念之差，毫厘的偏向，最后就会错得很离谱。

生命能够重如泰山，也可以轻如鸿毛，端视自己如何让生命发光，利益人群。不懂得管理生命的人，大部分都是不知恩、不懂得父母的辛劳，也不顾忌伤害父母的心，更不知养育之恩昊天罔极。

看到有人为了爱情毁掉自己，同时毁掉别人，这真是爱吗？其实是缺爱，而且是畸形之爱、不轨的贪念之爱，不顾一切，伤害别人也断送自己，扰乱了社会，也伤害父母的心。这种不顾家庭、社会，自私地践踏生命，真是令人担心。

当然也可以看到亮丽的生命。有一则很感人的真实故事——北加州的慈济人医会，有位宋医师，他有一个美满的家，夫妻恩爱，母慈子孝，彼此爱惜，真正把握住爱的真谛。

宋医师的母亲气质高雅，为人谦和，但八十多岁高龄，患有轻微的失忆症，平时宋太太为了让宋医师能专心从医，就全天候照顾婆婆生活起居，不让先生有后顾之忧。

宋医师很体贴太太，每逢周末假日就由他照顾母亲，让太太回娘家探望老母。有时候宋医师假日参加义诊，都会带着母亲与他同行。宋老太太会坐在候诊处，亲切地招呼来就诊的每个人。

宋医师每看完一位病人，就会抬头看母亲，微笑招呼。倘若不见儿子，宋老太太会到处找，仿佛迷路的孩子在找妈妈；每个看过宋医师母子相处的人，都由衷地尊敬这位医师。

这样彼此体贴、互相有爱的家庭，真美，为人子媳能孝养父母、敬爱长者，为社会付出己能，就是给下一代最好的榜样。

孝亲伦理，并不是什么做人的大道理，而是每个人应尽的义务。只是现在的年轻人不但不感恩父母，更别提反哺报恩。父母只好降低标准——会不会孝养都没关系，只要他乖、不让人操心就好了。

现在的父母不敢要求孩子孝顺，然而孩子能自求平安吗？

我常说，自爱就是报恩。现在的年轻人令人担心的，都是起于那一点心的方向，假使人人都把那一点点的“迷思”导正为“慎思”，一定社会祥和，家庭幸福，每个人都有亮丽人生。

生命要慎思，戒慎正思维，朝向正确的方向，做就对了，秒秒踏实做，就能时时有所获。

观境练心

学习观境练心，能够感到自我的渺小；缩小自己，感恩人人，对人事物尊重，发挥内心本具的真诚之爱。

我常说，人和、事和，理就和；人圆、事圆，理就圆。人与事能够和睦圆满，就能广达道理。为人要放下执著，才能在人群中学习，不断地增长智能，有智能的人能心存感恩，进而懂得尊重。

做人的规矩不离尊重、感恩、爱，听来很浅显，然而离开尊重，就不能产生感恩心；离开了感恩，就无法尊重人；缺少了尊重与感恩，就不会有爱。

现代人普遍患有"缺爱症"，缺乏的是真诚、智慧的爱，以致很多人自大妄为，自我膨胀。人必须缩小自己，如一颗微尘，放开心胸去尊重他人，生起感恩心，处处发挥大爱良能，才能得到他人的尊重。

佛陀在世时，社会也是分歧动荡的局势，有些修行者认为，修行必须离开乱世，得道之后，再来教导众人。

有位修行者修持认真，但愈是修行，愈对社会乱象感到忿忿不平，总觉得大众都很愚痴，心地黑暗。他自认智慧高超，只要有人提问，他一定能以最好的道理引导大众。

为了吸引大众向他提问，就在大白天拿着一支火把，到处喊叫："世间太黑暗了，我要以这支火把为大家引路，照亮你们的内心。"

旁人看了大都一笑置之；有的人摇摇头，觉得他非常可怜，是不是精神有问题？佛陀闻悉，觉得这位修行者本意是善，只是欠缺智能，自大妄为。

佛陀就问这位昼执火把的修行人："你真的什么事都知道吗？"

"你有什么疑问尽管提出，我都能回答。"

佛陀就问他："天文地理、四时循环的道理，不知你懂不懂？"

"这太高深了吧！"

佛陀又问："你知道如何治国，能使人人致富、社会祥和吗？若有外国侵犯，又如何调兵遣将来防患？"

修行者心想：原来我知道的这么少；顿生惭愧，放下火把，虔心向佛陀求教。

佛陀说："若多少有闻，自大以侨人；是如盲执炬，照彼不自明。"不能以为听闻一点道理，就自我膨胀，瞧不起别人，这会像盲人拿着火把，自己认不得路，却想要为人引路，这不就是以盲导盲吗？须知在人群中，一己所知的道理，都如微尘一般。个人的见解有限，所看的境界能有多远？所见的景象，能分辨真实吗？眼看一片树林，却无法分别每棵树的种类，因为太远了；走近看得见每一棵树，又无法见树林的全貌。又如抬头看，见天是蓝的，云是白的，果真如此吗？宇宙何来颜色，只是距离与光线照射，眼睛看来就觉得是蓝的。

譬如我提倡发挥爱心，有的人就说："我也很有爱心。"问他做了些什么善事？又说："总之不害人就好了。"然而不害人只是独善其身，没有兼利他人，并不够；心中有爱必定要付出，才是真实的爱。

学习观境练心，能够感到自我的渺小；缩小自己，感恩人人，对人事物尊重，发挥内心本具的真诚之爱。

让家庭充满温暖

> 要安定社会，必须先调和家庭；想有和乐的家庭，先得有欢喜的家人；欢喜心即从"慈"学起。慈，是让人快乐；先决条件是，先调适自己每天都很愉快。

社会不安宁，往往是因人心缺少"慈"。心中少了慈悲，就会转而被贪、瞋、痴所充塞，徒增烦恼，累积起来就无法冷静，社会才弥漫着动荡的气氛。

要安定社会，必须先调和家庭；想有和乐的家庭，先得有欢喜的家人；欢喜心即从"慈"学起。慈，是让人快乐；先决条件是，先调适自己每天都很愉快。

我们的身心调好，修养有成，心中充满欢喜、感恩，才能家和万事兴；人人和乐安稳，这个社会不繁荣也难。

凡人往往有许多烦恼，其实只是一个观念而已。比如：现在有很多青少年，深更半夜还流连在外，不愿回家；有的先生则是一天到晚忙于应酬，这是为什么？我想应该是家里缺乏温暖，甚至让家人觉得回家是一种压力。

如何让家庭充满温暖？必须家人合心齐力，有互相感恩的心，不论是夫妻或亲子都能勇于表达心中的感恩；有互爱的行动，勇于将心中的爱明白表达出来，营造家庭和乐的气氛。如此人人珍惜自己的家庭，回家就如群鸟归巢般地温馨，形成爱与善的循环。

我常说："做人要谦虚，缩小自己。"一家之主负起责任，给家庭安全感，要带给家人快乐、欢喜，也要谦虚、缩小自己。虽然平时在外为事业忙碌、应酬很辛苦，但是到了晚上一定要回家，这是给孩子作一个好的模范；回到家，也不要认为自己赚钱供家人生活，就理所当然要享受，这对家人而言并不公平。

至于一个家庭最重要的角色，就是主妇，因此做太太、妈妈的更要守好本分，展现温顺柔软的天性，把家庭整理干净，营造美的气氛，让先生、孩子感受到那份温馨，我想这个家庭一定是最幸福的。

家庭的每个成员都有责任守好自己的本分，彼此之间互相敬爱，如此合心互爱，就是孩子心中理想的家庭，他们也就不会成天流连在外，而能对家庭产生向心力，学习守好本分，做事循规蹈矩。

现在的社会真令人担心，乱象丛生的原因，归纳起来只源于一念心。所以大家要培养这份欢喜、感恩之心，并且舍弃烦恼，待人和顺，家庭一定幸福；倘若有很多快乐的家庭，社会一定会更富裕祥和。

不要钻牛角尖

能够面对现实的人，就能欢喜接受人生的不如意，"能知足就有快乐，懂得感恩就没有敌人"。表面上受人欺负，自己仍然能欢喜地逆来顺受，这种功夫才令人敬佩。

常听人说："我看破了！"其实遭遇困难时，应该将问题"看透彻"，而不是“看破”。看破是消极的态度，容易走上极端，不计后果、任性胡为。

真正能看透生命的人，无论顺境、逆境都能看得透彻，内心就如一片透明清净的水晶，外境尽皆映照得分明，能一一地分析清楚进而突破，当然能够冲过重重难关。

现代人在心理、精神、观念上似乎都很脆弱，缺乏坚强的意志，走极端、寻短见的人很多，不禁令人担心。

容易走上极端的人，内心往往被贪、瞋、痴、慢、疑五种毛病所覆盖，道德伦理沦丧之下，所做的事伤了别人，也害了自己。

有位慈济志工，过去是流氓，稍不顺意就和人起冲突，耍勇斗狠、耀武扬威。在别人面前自以为是英雄，很多人看到他都要赶紧躲避，然而他的内心很孤单，尤其每次进出监狱，那份孤独感更深刻。

当他觉悟之后，回想起来才发现：当时真可怜！不会去爱人，人人都讨厌我，这样的人生真威风吗？其实是烦恼无明障碍内心，看事情不能透彻，最终还是伤人害己。

寻短见的人，生性软弱，不了解人世间本来就是堪忍的世界，既然来到世上就要有毅力勇气，才能突破层层难关；若碰上挫折便不图振作，以为“一了百了”，其实是“没完没了”；我们要透彻道理，知道灵魂轮回是无穷尽的，无始无终，此生选择逃避，来世还是不得解脱。

能够面对现实的人，就能欢喜接受人生的不如意，“能知足就有快乐，懂得感恩就没有敌人”。表面上受人欺负，自己仍然能欢喜地逆来顺受，这种功夫才令人敬佩。

为什么有些人能有如此乐观的天性，对一些不好的缘愿意真心化解；有的人为了轻微的事，就钻牛角尖、活得很辛苦，自己突不破、看不开，容易偏向消极的道路？这都是过去生中所带来的意识。

所以此生若继续累积烦恼，又想不开而寻短见，这种心态将来还是会如影随形。看看那些精神上无法安宁、有苦说不出的人，常常会习惯性地惊惶、对人排斥，那是多么痛苦。

我们要知道，自杀的业比杀人的业还重，因为自杀是毁掉父母给予我们的生命，除了杀人之外，再背上不孝之罪，让父母受到心灵折磨；周围的人为他烦恼、心痛，更造成社会不安，这些都是轻易自戕者没有想过的罪业。

既然能因冲动去自杀，为何不拿出勇气透彻人生，坦然面对困境？只要用心去闯，都能一一化解；所谓“柳暗花明又一村”，度过难关，眼前便有更开阔的境界。

羊群与虎子

所谓“不经一事，不长一智”，我常说“藉事练心”，倘若没有世间事，如何训练分别是非？所以常常提醒大家“莫将人事当是非，要将是非当教育”。

佛教说“众生”，意指天下所有万物，包括人与动物在内。想想，人与动物在许多方面都很接近，尤其是众生本性都是善良单纯，由于受后天环境的熏染而有不同的习性。

新闻报导中披露的争执事件，总令人忧心现在的社会，不能容纳他人的意见而僵持不下。俗云“相骂无好话”，在争执中的口角之辩，彼此伤害，使人心不能平静。所以说，所有的争执也是后天“我执”所致。

有则寓言故事——一只母虎刚生完虎子，体力正虚弱，猎人发现就趁机猎杀母虎，母虎中枪后，还撑着一口气跑回洞穴，将最后的奶水喂给虎子。

猎人一路追逐到洞口，看到母虎自然流露出母爱的景象，非常感动，悔恨做出猎杀母虎的行为，但是为时已晚，母虎终于不支断气了。

虎子哀哀低鸣，猎人不忍心，将虎子抱回家，并决定饲养它以弥补自己的过失。他让虎子在羊群中生活，母羊也将小虎当成自己的孩子般抚养。

随着岁月增递，虎子也长大了。虎子每天和羊群白天出去吃草，太阳下山就回到羊圈休息，相处融洽。有一天，虎子跟着羊群走到水边喝水，它将头探入水面，见一潭清澈静止的水面，映着一只虎影，它吓了一跳，大吼了一声，虎吼声也吓得周围的羊只四散逃奔。

虎子自己也很吃惊，为什么忽然会有这种举动？为什么水中有只虎？它不可置信地往水面再看一次，惊觉原来自己是一只虎，却在羊群中长时间安逸地共处。它看看周遭受惊的羊群，一走近，所有的羊只都回避它，虎子知道自己不能再和羊群生活了，只好离开羊群。

一般人常说“人心不同，各如其面”，我认为应该是“习气不同，各如其面”。大家的心都是清净的本性，只因为受后天不同的环境影响，造就了各人不同的习气。

修行就是要发觉自己的本性，那只虎子虽然在羊群中生活，羊群习性温驯，虎子也受其影响，彼此共处相安无事；但是等到有朝一日发现形象与众不同，自己的心态起了分别，令羊群也有所分别，不得不重新选择生活方式。

人也是如此，所谓“不经一事，不长一智”，我常说“藉事练心”，倘若没有世间事，如何训练分别是非？所以常常提醒大家“莫将人事当是非，要将是非当教育”。

现在社会当务之急在于回归清流，努力以清流净化人心，以爱抚平人与人之间的争斗。爱的力量很大，只要付出一份清净无私的大爱，不但能净化己心，也能利益他人。

忘了加盐的菜

为人处世也是一样的道理，凡事行于中道，因此时时照顾好自心，去除痴爱，发挥智慧的大爱；能够爱得恰到好处，就是人生幸福之源。

我们要照顾好自心，不可一念差千步错，时时反观自心，取于中道，在生活上不离轨道，置身于各种境界中，能不随境转，这才是修行之道。

人心常被境界所转，看到别人好，就想比他更好；看到别人的生活优渥，就希望自己能更富有；看到别人的孩子聪明，也希望自己的孩子更聪明。无法满足的追求，往往就会脱轨偏离正道，自然招致内心的烦恼。

每个人都有爱心，而爱也必须中庸，恰到好处即可，如果爱得太过也是烦恼。有些父母亲对孩子爱得无微不至，样样顺着孩子的心，宠爱的结果，孩子反而不知感恩，无法体会父母深厚的爱。

有对很善良的夫妻，他们只有一个儿子，就把全部的爱都放在独子身上；但是，两人对孩子的教育观念不一致，经常为此争吵。

父亲的观念是：要让孩子就读最好的学校，只要儿子愿意读书，拿高分就好。看到儿子优异的成绩，他就非常满意，儿子要求什么，一定悉数供给。母亲则认为，只要孩子听话，她什么都愿意做。

父母万般宠爱，让独子总是一味地要求，凡是自己想要的，他都认为：爸爸一定要满足我，妈妈也要无条件地奉献。结果养成骄傲自大的心态，又非常依赖父母。

他在学校无法与同学和睦相处，他觉得除了家之外，没有一个地方能容得下他，因此放学一定准时回家，在家当个小霸王。这样的孩子真令人担心，他长大后，如何走入社会与人相处?

我常说："要培养大爱，将普天下的年轻人都当成自己的子女。"把爱心扩大，自然不会过度溺爱自己的孩子，也不会过度为孩子操心。

佛陀教导众生：凡事适中就好，要取于中道。佛陀举例——从前有个人去拜访朋友，朋友很欢喜地准备一桌丰盛的菜招待他，菜里却忘了加盐，看来好吃的菜肴，可惜全都难以下咽。

主人吃了一口，"哦！原来忘了放盐！"赶紧把每道菜都加上一些盐，再尝尝，果然味道变得很可口。这个人心想：加上一点点盐就这么好吃，如果再多加一些岂不更好，若是直接吃盐，味道肯定美味极了！

他回家后径至厨房，拿起盐罐就往嘴里塞……结果可想而知。人人都知道每道菜固然需要盐，倘若盐放得太多或光吃盐巴，哪里能下咽?

为人处世也是一样的道理，凡事行于中道，因此时时照顾好自心，去除痴爱，发挥智慧的大爱；能够爱得恰到好处，就是人生幸福之源。

有爱永远行得通

做人要脚踏实地、打开心门，学习这份包容之德，才能免于在红尘旋涡里打转，让人生海阔天空，凡事从自己做起，对方容不下我，我就要先善解，缩小自己，自我反省，或许是自己的心不够宽大，才让对方碍眼；能够如此，就能超越娑婆世界。

佛陀认为我们所处的世间是娑婆世界，堪忍事多，对人、事、物都必须有很大的包容胸怀；因为一般人心胸狭隘，却自我膨胀，原本小小的心房，容纳不下异己的看法，彼此排斥，痛苦不堪，不是心痛就是身痛。

曾经有位女士向我诉说心灵之苦，她的人生在长期忍耐中度过；为什么要忍？她年轻时误以为贞操观念落伍了，因此不珍惜自己的身体，未婚的她竟在一年内堕了两次胎，怀了不同人的孩子，而遭到朋友的歧视，家人也不能接受。这种堕胎的痛苦与煎熬，不只身体苦，心灵上也很苦。

不堪身心折磨，她生病住院了，住院期间，遇到一位情意相投的男士，以为终于找到白马王子，未料，配合父母的信仰而去问神卜卦、排八字，最后婚事在双方八字不合的情况下作罢。

后来由长辈安排与一位佛教徒相亲，她想起以往种种遭遇，冥冥之中似乎都是命里注定的，于是完全听从长辈的安排，接受这位相亲的对象。

婚前先生对她承诺既往不咎，一切从头开始；婚后，她发现先生对信仰很投入，对家庭却不负责任，在事业上也不认真，尤其渐渐地翻起“旧账”——不能原谅她的过去。

这位女士回想起十多年来的纷纷扰扰，真的不能再犯错了，她问我应该如何安排未来的人生？如何面对先生，改变生活理念？

家家有本难念的经，这些都是很难的课题，娑婆世界，永远都有堪忍之事。唯一能做的，就是把心放下，面对现实，过去的事要“甘愿做、欢喜受”，折磨来临时自己要反省、忏悔，自在地面对；改变自己之后，对方也许会慢慢受到影响也跟着改变。

人生的旅程，目标、方向非常重要，一步错，想回头必须受到许多折磨；人不怕犯错，最怕的是一错再错，不知悔改，就会受到更大的折磨。

反观她的先生虽然是虔诚佛教徒，但是只对修持、拜佛、打坐认真，对外人也有宽容之心，这是不够的；对家庭负责任，工作认真，对亲人有包容心，才是人生最基本的态度，修行该尽的本分。

做人要脚踏实地、打开心门，学习这份包容之德，才能免于在红尘旋涡里打转，让人生海阔天空，凡事从自己做起，对方容不下我，我就要先善解，缩小自己，自我反省，或许是自己的心不够宽大，才让对方碍眼；能够如此，就能超越娑婆世界。

人生的道路，就是一连串不断地教育与学习，在这个世界或许有种种不规则的观念，凡事善解、包容，以爱自己的心来爱别人，有爱的人生最快乐，不论走到何处，无分别、无界限的大爱，永远行得通。

人间最大福

天地一片祥和，是人间最大福。福是求得物质的享受，或是情爱满足，抑或是名利地位？这一切都不是永恒的，而且是苦的根源。我常说“善恶拔河”，也就是善念多，恶念自然息；善念少，恶念自然高涨，善恶互相消长的过程，不仅要让善念生起，还要时时增长，才不致让恶念有滋长的空间。

天地一片祥和，是人间最大福。福是求得物质的享受，或是情爱满足，抑或是名利地位？这一切都不是永恒的，而且是苦的根源。

为了满足欲念，不知招来多少世间的苦难；小至人我之间的对立，大到国际的冲突，最后遭受苦难的还是自己。所以天下若能风调雨顺无争端，我认为这就是最大的福。

所以我们要把心照顾好，心念要正，方向不要偏差。我常说“善恶拔河”，也就是善念多，恶念自然息；善念少，恶念自然高涨，善恶互相消长的过程，不仅要让善念生起，还要时时增长，才不致让恶念有滋长的空间。

佛陀教育我们，在人间有两项烦恼的源头，一是“作恶本，起怨嫌”。人的内心时时会起恶的心念，一旦生起后，所造作的一切，都会招来怨嫌，令自己很烦恼、不快乐。

另一项就是“不造善行诸德之本”。人人若能开启心门，启发出良知、良能，就是众德之源；造作善行，自然能得到别人的欢喜赞叹。若不开启善门，不造作善行，就是烦恼了。

大家都知道要断烦恼、行善，只是不知从何做起。其实举手动足无不可造福，只要当下做好本分不造恶，用心付出行善事，没有做不到的事。

在南非有一群祖鲁族人，虽然他们生活并不富裕，但是当他们投入慈济志工的行列之后，都觉得能用健康的身体，付出自己的力量，心灵非常富有。

2005 年，他们为了南亚海啸及纽奥良风灾，上街头募心募款。其中有位志工平时就常走入爱滋村关怀，有这个植福的机会，更是不放弃，向村民们说明：“天下一家人，无论受灾难的人离我们多么遥远，都是我们的家人，要为他们付出一点爱。”

这些非常贫穷的村民，听了都很感动，慷慨地投下仅有的零钱，对于身无分文的村民，这位志工自掏腰包换了许多零钱给他们，还说：“钱是你们的，你们将钱投入爱心箱的同时，要很虔诚地祈祷，但愿在遥远的那一方受灾难的人，能够渡过难关。”

多么有智慧，即使物资贫乏，却能启发内心的爱，这就是“济贫教富”。尽管他在贫穷苦难的环境，能够遇到有爱心的人陪伴与疼爱，真是虽贫犹富。

所以说，恶不可生，善令增长，这就是日日“精进”，能坚定意志不受影响，人生自是平坦的康庄大道。

同舟共济不迷航

人能造善与造恶，信念正确与否，影响所及非常深远，所以必须好好地照顾自己的心，散播更多的爱心，引导我们共乘的这艘船，航向光明安定的境地。

社会不安定，往往会影响人心失去正确方向，人与人之间见解不同，为了坚持己见，不愿包容异己，就容易互相猜疑，竖起自我防卫的障碍，造成彼此愈来愈短视近利。

譬如：看到眼前一碗饭，不去思考这碗饭的来源，只想到短暂的温饱，没有预留一些种子耕作，为往后的生活作准备；这就是只见眼前，不想未来。

现代人大多只关心自身的问题，不会思及社会的长治久安。台湾不大，四周面海，在岛上的人就如同共乘一艘船，无论风浪多大，只要掌舵者方向正确，船上的人个个都能坚守岗位，这艘船就能渡过风浪，安抵彼岸。倘若只顾私利，而在船上晃动不安，只会加深危险。

所以“信”很重要——人我之间要彼此互信，信己无私、信人有爱；其次，要遵守好的制度，人人都守法，就是正信。人一旦缺乏正信，就会陷于迷信；在迷信中倘若产生偏离现实的妄想，不只影响自己，也会影响周遭的人；人人都应该时时自我警惕。

曾在报上看到一则新闻，有位妇人心生妄想，自认为是国安局专员，全家人并未查明真相，就信以为真。

由于妇人开设餐厅，她也影响了长期用餐的客人，相信她的玄谈与妄想。后来她又妄想二女儿有心脏病，无缘无故地帮女儿办理休学，也认为小儿子会有生命危险，要求他留长头发扮成女生，以免受害。一家人跟着她“闻声起舞”，长达八年之久，不仅扰乱家庭生活，还耽误子女成长的学习机会。

最后，她的先生怀疑太太精神异常，报请强制送医，才诊断出她患有妄想症；令人难以置信的是，在这八年的时日之中，家人及友人竟然都跟着她“共同妄想”。

现在的社会，是否也有类似的共同妄想症？由于迷信，反而不相信自己与周围的人；没有看清现实的问题，随意地闻声起舞，导致人心惶惶不安。这就是佛法所说“五浊恶世”中的“见浊”。

见浊，就是污浊的杂念，蒙蔽清净的本性，然后产生成见——对自己，还有对周遭人事物的成见。这种成见，不一定正确，却往往令人迷失自我。

生命的价值应该是为了利益人群，我们必须放开胸怀、拓展眼界，努力奉献一己之力，造福人群。全球天灾人祸频仍，庆幸的是，还有许多人以社会安危、人道精神为重，哪里有灾难，就会闻声救苦，现身在全世界各角落援助他人、散播大爱。

人能造善与造恶，信念正确与否，影响所及非常深远，所以必须好好地照顾自己的心，散播更多的爱心，引导我们共乘的这艘船，航向光明安定的境地。

辑三　人生的宽度

若一味地图求私利，就会愈走愈狭隘；唯有去除妄想、守持正念，为人群奉献良能，才会拥有宽阔的人生。

学　　愚

“与人无争则人安；与事无争则事安；与世无争则世安”，若能与人、事、世皆无争，才能拥有真正平静心安的日子。在忙碌的现代社会中，倘若能做到无争心安的境界，才是真正了不起，也是修行者最高的境界。

大家都听过“大智若愚”，也知道这句话的道理，但是有多少人真正透彻其中深义？

许多人都想追求聪明和知识，都希望别人称赞自己是最聪明、最有学识的人。殊不知，为人真正应该追求的是“心安”，如何才能天天心安无愧，是我们要用心之处。

“与人无争则人安；与事无争则事安；与世无争则世安”，若能与人、事、世皆无争，才能拥有真正平静心安的日子。在忙碌的现代社会中，倘若能做到无争心安的境界，才是真正了不起，也是修行者最高的境界。

曾经有位教授为小朋友们举办一次户外教学，去参访民风淳朴、文化气息浓厚、还保有许多古迹的鹿港。行程中拜访一位被当地人视为“国宝级”的老先生，他高龄九十多岁，写了一手好书法。

这位老先生的父亲往生时，留给他一甲地。当时他很年轻，对书法很有兴趣，对农事却一窍不通；于是他将一甲地变卖，买了一支令人啧啧称奇的大笔。

这支笔一直陪伴在他身边，发挥写字的功能；他拿出来给孩子们看，果然是一支很大的笔。小朋友们看了好高兴，赶紧请老阿公当场挥毫。

他写了一幅“学愈愚”的字要送给孩子们，那三字的笔力浑厚遒劲，但是孩子们对所写的字不了解，教授看到这三个字也很纳闷，就请教老先生其中含义。

老先生安详地回答：“做人要‘学愚’，能学愚就会心安。”

这位九十多岁老先生的话，真的很令人震撼！我也常说要“大智若愚；学佛就是要学得心安”，却从来没有看过“学愈愚”如此言简意赅的诠释。

这位九十多岁的老先生既长寿又快乐，还写得一手好字，脑力又这么清晰，我相信他是真正做到了“学愈愚”，是多么有智慧的老人；日日过着心安理得、轻安自在的人生。

其实要达到心安的境界，人人都能做到，只要多用心！

成功的原动力

> 修行要精进，而精进需要忍辱与耐力；做任何事都一样，若不能忍辱、没有耐力，精进的心就无法保持恒久。

修行要精进，而精进需要忍辱与耐力；做任何事都一样，若不能忍辱、没有耐力，精进的心就无法保持恒久。

百年前，日本有位年轻的学问僧，他对佛法的研究十分专注，知道佛经是来自印度，传至西藏，传遍整个中国，再传到日本，所以都经过中文辗转翻译成日文。他常想：如此经文译法是否正确？内涵可有流失？愈想愈怀疑，愈有疑问就愈想探讨究竟，找出合乎正道的佛法。

因此，他提起勇气，要前往保存经典最完整的西藏取经求法。当时西藏是个很神秘的地区，不与外界来往，甚至有些外人到了边界就被驱逐出境或是抓起来。他只好设法先到尼泊尔之后，混入难民区和乞丐营里，不惜在污秽恶浊的环境中生活三年，学会当地语言，打听清楚前往西藏的路程，并了解西藏民俗，乔装成尼泊尔人，不敢让人知道他从外地来。

三年后，一切准备就绪，在春天时出发。喜马拉雅山一带的春夏季节，山巅仍是白雪皑皑，但他为了要得到真正的佛法，不畏艰辛地走在崎岖的道路上。他立下坚定的誓愿，再辛苦也要向前走。

到了冬天，天寒山高路难行，他虽然穿着很厚的皮靴，但是因长途跋涉，脚底起满水泡、皲裂，每走一步就痛彻心髓。有时候雪深及膝，踏下去很难再举起脚来，可说是寸步难行。他还是凭着无比的毅力，不断地向前走，心中唯有一个念头支持着——要取得真实、原文的佛经。

不仅道路难行，他的遭遇也很惊险。好不容易越过喜马拉雅山，看到有个帐棚，他正高兴，要去商借休息一下，未料却碰上强盗，粗声粗气地问他："你来这里做什么？"

当时他并未因惧怕而退缩，反而急中生智，说："我来找一位很久没见面的仁波切。"这位仁波切是大家尊敬的人，对方听到也是敬畏三分，于是变得很和善，还请他进帐棚，泡奶茶、拿点心给他。

道路仍然崎岖，而且必须越过一座一座的高山，才能到达西藏高原。他咬紧牙关再向前走，几乎耗尽体力。终于皇天不负苦心人，让他抵达目的地。

在拉萨，他想尽办法进入当地的大学，用功钻研，学习经典，终于学成，这位就是河口慧海，他可说是用自己的生命，换取真实的佛法经典；后来学成回到日本，毕生致力于弘扬佛法，对日本佛教有深刻的影响，这都是由河口慧海无比的耐力、毅力所成就的。

无忍境界常保欢喜

“忍无可忍”的问题症结在于自己不会忍耐，倘若对任何人事物都能抱持感恩与宽容的心去善解，就能提升到“无忍”的境界，常保欢喜自在。

一般人在日常生活中和他人发生冲突时，都自认有理，理直气壮地互不相让，为的就是争一口气；然而也往往因为忍不下一口气，使自己陷入烦恼与痛苦的旋涡。

有位年轻小姐满腹委屈地向我诉苦：“我在工作上很尽心尽力，经常接手同事们不愿意做的事；无论有多辛苦，都可以忍受，然而我这样卖力，不但没有得到赞美，反而遭人嫌弃，我实在吞不下这口气！”

我告诉她：“真正的忍，不仅要吞下去，还要消化掉才是真功夫。”

忍，就像搬块石头压在草地上，尽管地下的种子一时无法长出地面，但是因缘成熟，还是会钻出石缝。所以不只是从“忍”做起，还必须将“忍”的感觉吞下去进而消化掉，提升到“忍而无忍”的境界。

如同再好的食物也必须经过咀嚼、吞咽、消化后，才能吸收营养、排除杂质。当他人说出不顺耳的话，倘若无法消化掉，就会形成心中的阴影；言者无心，何必听者有意？

她听完后，尽管泪珠盈眶，却开朗地笑着说：“师父，我明白了，我的自尊心太重，别人一句批评，就心生烦恼。”

我说：“一个人的自尊心太重时，总觉得自己做得很好，为何得不到应有的夸奖，反而遭到批评？这就是自我膨胀成‘我慢心’。也因为自尊心太强，自我要求高，一旦稍不如意，就会有自卑心，面对他人时则转为‘卑劣慢’——因自卑而转化为傲慢的态度，对任何人事都不顺眼。”

她又说：“以前在别的单位工作时，总觉得同事都对不起我，非常烦恼，于是要求转调单位，现在回头想想，当初的同事都很好，是自己不对。”

在新的工作单位中，她仍然遭遇许多挫折、烦恼，也因为经历这些磨练，让她回想过去的错误，而加以反省，彻底地改变了人生观点。

“忍无可忍”的问题症结在于自己不会忍耐，倘若对任何人事物都能抱持感恩与宽容的心去善解，就能提升到“无忍”的境界，常保欢喜自在。

心不争自圆满

修行前应先学做人，能将自己的心照顾得好，再去照顾别人的心，如此自利利他，自然就能走上圆满的道路。

修行前应先学做人，能将自己的心照顾得好，再去照顾别人的心，如此自利利他，自然就能走上圆满的道路。

我常说：“用同理心，将心比心”，但这份同理心，已经渐成专有名词，而没有人真正去实践。

所谓“将心比心”是他人在起烦恼时，我们能否反省为何会起烦恼？就是因为内心的一股气不顺畅。这股气就像大自然的乱流，或者是高低气压的不平衡，很容易变成台风酿灾。大乾坤有时四大不调，心的乾坤也会有四大不调，往往就是一念贪瞋痴，引来无数心灵灾难。

总而言之，修行不只是信仰正信，还要学习佛陀开阔的胸襟及远见，否则，人生你争我夺，无论怎么争，都很苦。

《阿含经》中有则经文：有位顶生王很有福，妻妾、子孙，贤臣、明士，无一欠缺，更遑论财富宝物之丰，要什么有什么。然而人的欲念真是无底洞，即使如顶生王那么富有的人，还是觉得不够；他希望能到处走走，将天下都整治成他的国土。不久，果真如他所愿，走遍四大洲，统治了天下。

过一段时间，他又觉得不满足，心想人间都走遍了，也拥有一切，接下来应该要到天上去。后来他也如愿到了天界，天帝恭敬地迎接他，还把天帝的位子让一半给他，二人平起平坐。当时他想：我只是来借坐而已，有朝一日我也要拥有这个大位。

回归人间后，心里不断地想着天帝的大位，直到老了、病了。在病危时，他的大臣就问他：“国王，您到了生命的关键，假设有人来问，您对此生有何心得，我们该怎么回答?”

顶生王就说：“你可以告诉大家，我拥有一切，却时时不满足，心中总是苦，苦到临死，才知道人生就只是这样而已。”说完叹了一口大气。

我常说劝募，重要的是募心而不是募款。对于捐款的善心人士，我都是衷心感恩、祝福他；但是，我对七八十岁的老居士，或是带病投入善行的人，我都会拥抱着他或拍拍他的肩膀说：“真是功德无量，你好有智慧。”这正是人生的真价值。

“万般带不去，唯有业随身”，看看一些真正投入的慈济委员走到生命的终点，轻安地向大家说声：“再见!”有的甚至幽默地对我说：“师父，您很忙，我替您多睡一下。”多洒脱!

我相信那种解脱的修行，真正是付出到最后一秒钟。所以我说“做就对了!”要记住，心要时时调好，所谓“师父引入门，修行在弟子”，人生苦短，能力有限，大家要把握当下、恒持刹那。

用心过日子

> 生而为人，自然天天要过日子，如果天天烦恼、妄想纷乱，只是空过时日，什么也得不到。我们的身体不断地新陈代谢，很快就会衰老，最终就是“亡”。若凡夫时时刻刻忙得心念杂乱，忘掉如何滋长慧命、揭显本性，心又有何用?

世间过得不知时日的人，可分为两类：一是整天忙碌的凡夫，遇事就忙得团团转而烦恼丛生，有烦恼就容易迷失今朝此时，往往一辈子就在忙碌烦恼中，陷入“今日是何日?”“该做何事?”的茫然里，空过时日。

另一种是超越时空，已达到不起分别的修行境界，不会刻意分别今天、明天，只是全心为践行生命的价值而努力。

譬如孔子很好学，所以“发愤忘食”，“不知老之将至”，他有济世行道的精进精神，十分爱惜时光，点滴无漏，废寝忘食地为理想而努力，甚至不知道自己年岁已老，这是超然的人生。

佛陀常说“诸法无我”，一切烦恼莫过于执“我”，连“我”都必须看破，更何况是时日？

一般人对“我”，不容易透彻理解。什么是“我”？头是“我”呢？还是手是“我”？心、肝、脾、胃到底哪一项是“我”？

认真地想，这些器官都各有名称，无一项是“我”；“我”与头、手等有无关系？如果头痛，应该说：“拿药给我的头吃”；肚子不好，应该说：“拿药给我的肚子吃”，可是我们却说：“请拿药给‘我’吃。”一般人真不容易透彻了解这个“无我”。

日常生活也是为了身躯的作息活动，必须吃得下、消化好，由肠胃吸收营养、排掉废物，才能维持身体的健康。如此看来，“我”只是综合的代名词，何须为一个空泛的代名词而烦恼、计较？该计较的是，能否发挥整个身体的功能，才是生命真正的价值。

凡夫的因忙忘时，圣人的发愤忘时，虽然都是把握时间，但是其价值迥异。无论就佛法的观点而言，或从凡俗世法来讲，世间的一切是时间所累积而成的，没有昨天就没有今天，不经过昨天就无法衔续到今天，事实上，在接续不断的时间中，每一个开始都在“过去”，过去后又有新的开始。

生而为人，自然天天要过日子，如果天天烦恼、妄想纷乱，只是空过时日，什么也得不到。我们的身体不断地新陈代谢，很快就会衰老，最终就是“亡”。若凡夫时时刻刻忙得心念杂乱，忘掉如何滋长慧命、揭显本性，心又有何用？

“忘”，亡心也，也就是心死。心无所作用——诸事不用心，所以易“忘”。心死的人，迷茫度日，再好的事情、言语、道理，他都不会好好吸收应用，终至空空洞洞度过一生。

我常对弟子们说“多用心”，希望大家都能天天活泼、日日灵巧，把握时间，增长慧命，否则空得人身，何其可惜！

生活，淡泊简单就好

有的人不仅图享受，还追逐时尚流行、虚荣、奢侈，这种人生无不就是为了一个“贪”字。可知道，无明烦恼往往就在日常生活中累积，所以每个人应该自我调整好心态，守持简单淡泊的生活，身心才能清净，也是最健康。

知足之法即是富乐安稳之处，佛典云：“知足之人虽卧地上，犹为安乐；不知足者虽处天堂，亦不称意。”

一切唯心造。有人出门还随身携带被子、枕头，只因为“不习惯”，这也是执著已有与他有。试想：一个人躺卧能占多少空间？休息只不过为了调养生息、恢复体力，不必有过多的希求与欲念。

曾有则新闻：一位独居洞中数十年的人，媒体称他为“野人”，但他也是普通人，只是住所完全没有现代文明的设备，进出住所仅靠一条铁链上下。洞中鼠虫悠哉来去，他觉得这很自然，人鼠也共处得很好，生活乐在其中。这就是常说的“知足常乐”。

一般人常因虚荣心起，贪着执迷，物质再多也无法满足，心灵实苦；回归淡泊简单的生活，知足者虽贫而富。

古时有个村落背山面海，村中男人都靠打猎捕鱼维持家计，妇女们则卑顺地照顾家庭、服侍丈夫。佛陀觉得他们这样的生活，不但造作恶业不自知，而且毫无生趣，于是便到村落说法。

佛陀一走进村落，无论是卑顺的妇女或自大狂妄的男人，都被佛陀庄严柔和的气度所感化，静静地聆听佛陀演讲杀生的罪业与六道轮回。

佛陀教示众生，不杀为仁，慎言守心，是处不死，所适无患。履仁行慈、博爱济众，福常随身，卧安觉安。天护仁爱，在所得利。

意思是，培养内心仁德的第一步就是不杀生，平时说话要很谨慎，不要动辄粗言鄙语，心中要有爱，若能如此，生活就可以适心如意无烦恼。一切行动以仁德、慈悲、博爱为原则，爱护万物，尊重生命，能博爱济物，这份福永远都在身边，自然睡在何处、住在哪里都一样。上天总是保护具仁爱的人，无论如何，有仁爱的人终能得到利益。

村民都心开意解而欢喜地接受佛陀的教法，弃渔猎而迁居农耕，一样生活安定，而且更加和睦。

现代生活很便利，究竟还要希求多好？有的人不仅图享受，还追逐时尚流行、虚荣、奢侈，这种人生无不就是为了一个“贪”字。可知道，无明烦恼往往就在日常生活中累积，所以每个人应该自我调整好心态，守持简单淡泊的生活，身心才能清净，也是最健康。

真正的富有

懂得在人世间利益人群，好好应用世间财，无不是功德，这才是真正的富有；若是只会求不会用，有钱也没有用。所以要学得心地丰富，时时善解、知足，就是最有福的人生。

世人对于财富总是需索无度，富要更富，多还要更多，所以人生多烦恼的，大部分都是“有一缺九”的人，永远都是愈缺愈多；若是为富不仁，有钱不肯好好行善，这与没钱并无二致。

令我记忆最深刻的是，当初计划兴建慈济医院的时候，劝募得很辛苦。有一次我去屏东，有对穿着朴素的夫妻，带着四个年纪都还小的孩子来看我。

夫妻俩非常虔诚，孩子也教育得很好，一家人整齐地跪在我面前，我就对他们说：“来！坐着说话。”先生和太太就一起把手中的一包东西拿给我。

我问：“这是什么？”

先生说：“师父，请您收下，我们就很感恩了。”打开一层又一层的包装，原来是太太的嫁妆，有金手环、戒指、项链等等。

在谈话中，我知道他们在做“爆米香”的生意，夫妻俩每天一大早，就载着爆米香的机器出去做生意。因为家里的大门故障无法上锁，仅仅是拉上卡住就出门了。

太太表示，这些金饰常常是橱柜下、床底到处藏，回家就去摸摸看，东西还在就安心了。

我听了实在很感动，说："你们的生活也很辛苦，这是结婚的纪念，怎么好全部捐出来?"

太太就说："师父，嫁妆虽是妈妈给我的，但我留着也是烦恼，不如捐给师父做好事!"

先生接着说："请师父收下来，否则我们成天担心丢掉，也很有压力。"

夫妻俩又说："只要我们身体健康，可以每天出门做生意，所赚的钱虽然不多，但要养这些孩子没有问题。"

说完，手就摸一摸孩子的头，孩子们也赶快依偎着爸爸妈妈。尽管事隔多年，那家人满足和乐的画面，至今还很鲜明地在我脑海中，真的很美，这就是最富有、幸福的家庭。

懂得在人世间利益人群，好好应用世间财，无不是功德，这才是真正的富有；若是只会求不会用，有钱也没有用。所以要学得心地丰富，时时善解、知足，就是最有福的人生。

乐善好施的真义

所谓"善门难开"，行善这条路上，有时受人感恩、尊重，有时受到嫉妒、毁谤，这一切都必须以清净的智慧与坚强的毅力去面对，更要恒持初发心——那份单纯与虔诚的善念，才不致动辄丧失信心。

凡夫心容易计较与退缩，修行就是要学习毅力与恒心。选择正确的事去做，不求自我得失，这是毅力，才能突破一切困难；方向已定，必须恒持初发心，不断地精进，无论道路多么遥远，一定可以到达目的地。

古时有位富有的长者心地很善良，觉得与其自己享用万贯家财，不如帮助大家都衣食无缺，因此大开善门，广为救济贫苦病痛的人。

那些被救助的人对长者既感恩又赞叹；渐渐地长者的声名远播，不只全国人民敬爱他，连邻国人民也赞叹他的爱心。最后这些人间的赞叹声上达了天堂。

有位天人得知长者受到那么多人爱戴，心想：我以前在世间也是乐善好施，才感召天福，投生天堂；这位长者所做的好事胜过我，将来他的福报是不是会超过我？

这位天人心生嫉妒，计划着让长者退失道心。于是，他幻化为一位平常人，来到长者面前说："你将自己宝贵的财产布施出去，不会心疼吗？"长者笑了笑摇摇头。

天人又说："辛苦赚来的钱财应该留给自己和子孙享受，你这样不断地布施，最后会把财产散尽。"

长者面露笑容回答："天地万物滋养众生，我的财产若只给一家人享用太可惜了，不如让天下人一起共享。"

天人佯称："据我所知，如果勤于布施，将来会堕入地狱！"

长者觉得很奇怪：为非作歹才会感召地狱的苦报，布施行善的人怎么会堕入地狱？

天人见长者不信，便幻化出地狱的景象，告诉他："你看！这些在地狱中受苦的人，以前都是在世间布施的人！如果不相信，可以去问他们。"

长者走到一个人面前，问他："你为什么会堕入地狱？"这人迎合天人便答："以前我常常布施财物帮助别人。"

"那么，接受你帮助的那些人呢？"

"他们都往生天堂了。"

长者欢喜地说："我的心愿就是人人幸福，既然那些曾受我帮助的人都能往生天堂，只有我一个人堕入地狱，也不算什么，我还是很高兴！"

长者的神态是如此诚挚而感人，天人受到很大的震撼，既感动又惭愧。他恢复天人的身份，对长者说："我一时起了嫉妒心，想要动摇你行善布施的心念，才编造那些谎言；你这份'但愿众生得离苦，不为自己求安乐'的心怀，真是令人感佩！"

这是佛经上的一则故事，由此可见，所谓"善门难开"，行善这条路上，有时受人感恩、尊重，有时受到嫉妒、毁谤，这一切都必须以清净的智慧与坚强的毅力去面对，更要恒持初发心——那份单纯与虔诚的善念，才不致动辄丧失信心。

想收获要先播种

人生有时忙忙碌碌，只在一念之差、一心之妄，忘了过去是否勤播善种，一味地强求获得利益，这是了不可得的。我们要去除妄想、杂念，守持正念，时时恪守本分，为人群付出奉献，在人生的康庄大道上平稳地向前迈进。

古云："山中忘岁月。"我却是"闹中岁月忙"。古时修行人在深山中自修，不知岁月流逝，我是在红尘中忙碌，不觉时间已过。中国人造字，字义贴切，"忙"字，"心"字旁加个"亡"，可以解释为：心忘了一切，那就是"忙"。

修行虽然要断除杂念，才能到达清净的心境；但是不能忘了自我本分，否则岂非埋没良知，忘了自心。

我常说，心念停滞过去，叫做"杂念心"；时时空想未来，则是"妄想心"；我们应该放下过去与未来的烦恼，认清此刻的本分，把握当下。

倘若能够认清眼前正在走的道路，方向正确，脚步不偏不倚，这样的人生，即使忙碌也能忙得去除杂念、不生妄想，反而能坚定勇往直前的道心。

无论修行或是面对学业、事业，都必须认清目标，不可乱了人性、志向；否则方向错误，如何达成目标?

《法句经》中有一则小故事：古时印度有个偏远的小国，有一回，国王的母亲病得很重，国王聘请许多名医为母亲诊治，却不见起色。

群医束手无策，有人就建议国王："医药既然无效，那是不是为王母卜个卦?"国王立即派人去请外道为王母观星卜卦。

这位外道教徒断言必须大肆杀生祭祀，才能求得王母身体健康；国王一听，未及深思，立即下令全国准备举行祭祀法会。

佛陀得知消息后，便千里迢迢赶来。国王看到佛陀的威仪风度，无形中生起欢喜、恭敬之心，不由自主就向佛陀跪拜、问讯，并问："大德从何处来?"佛陀便自我介绍，国王听了，内心更加尊重。

国王说："很久以来，我就听说佛陀游化人间，只是苦无机会拜见佛陀。今日巧合，我国要举行大祭祀法会，请佛陀慈悲指导。"

佛陀问："为了什么事要杀生祭祀？"国王就将母亲的病情述说一次。

佛陀说："想要土地有收获就得先播下种子；人想要富有就要大布施；若要求得智慧就必须多学多问；想求取健康就要培养慈悲心。"

国王听闻此言，顿如甘露灌顶。他又追问佛陀："我杀生祭祀，能否求得母亲的健康？"

佛陀说："人人爱惜生命，众生也是一样，哪有杀害他人来增长自己生命之理？"

国王听了深觉有理，立即取消杀生祭祀的命令，那些准备祭祀的生灵，在生死关头及时得到解脱。

国王随后皈依佛、法、僧，也将这番道理禀明母亲，王母听了满心欢喜，身上的病痛顿时轻安许多。

人生有时忙忙碌碌，只在一念之差、一心之妄，忘了过去是否勤播善种，一味地强求获得利益，这是了不可得的。我们要去除妄想、杂念，守持正念，时时恪守本分，为人群付出奉献，在人生的康庄大道上平稳地向前迈进。

创造生命的活水

> 大自然中日升、日落，有一定的运行，人应该依循自然，日出而作、日落而息，该休息时就好好地休息，清醒时则尽情发挥良能，这才是精进的人生。

现代人生活愈来愈不正常，出现所谓的"不夜城"，不知因而衍生多少社会问题，成为犯罪的温床，浪费多少大好人生？有的人整日懈怠，以吃喝玩乐、睡觉来打发日子，不知把握宝贵时光；有的人即使清醒也不懂得分秒必争，无所事事地消磨时间，无不可惜了大好时光。

大自然中日升、日落，有一定的运行，人应该依循自然，日出而作、日落而息，该休息时就好好地休息，清醒时则尽情发挥良能，这才是精进的人生。

我曾看过一篇报导，美国有位九十二岁老人虽然孤独无依，独居在贫民区，仰赖政府救济金维生；但是他身体状况良好，更重要的是，拥有正确的人生观。

他每天天未亮就起床，醒来时，总会先转转头，觉得没什么障碍，就说："感恩！今天我的头脑还很清醒灵活。"

接着伸伸双脚，又说："真高兴！今天我的脚还能走路。"之后就下床来，展开为人服务的一天。

他已经九十多岁了，还能为人服务什么？原来他每天都在垃圾车到来之前，带着哨子、拄着拐杖站在路边。如果有其他车辆行驶过来，他就吹哨子提醒他们：那里只能停靠垃圾车，不能停放其他的车子，以方便小区邻居倒垃圾。

老先生从七十岁就主动负起这项工作，二十多年来风雨无阻。附近居民只要一听到他的哨子声，就知道垃圾车快来了，该准备把垃圾拿出去。

等大家都倒完垃圾，垃圾车开走之后，他就高兴地吹着不同旋律的哨音，欢欢喜喜地离去。大家每天看到这位快乐的老人，都十分尊敬他。

有人问他："您年纪这么大了，为什么还要出来做事？政府不是每个月都给您生活费吗？"

他面带笑容说："我是在利用生命，要爱惜生命有用的时间。我希望每天都能头脑灵活，双脚自由地走路，所以就要多活动活动筋骨。"

看了这篇报导，由衷地敬佩那位老先生——每天感恩自己的头脑清楚、双脚能行走自如，这就是生命的活水。更难得的是他善用生命的每一分秒，善尽自己的每一分良能。

倘若日常生活中无所事事、浪费生命的功能，把行动都放在"空档"，空过人生不是很可惜吗？我们要保持身心健康，灵活应用身体，才能发挥人生价值；所以要时时自我警惕、积极进取，做个爱惜生命时间的人。

深心与菩提心

修行必须具备深心与菩提心。简单地说，深心就是专心一志，菩提心就是智慧明彻而无错谬之心。修行要以深心深愿，从初始的一念心直到最后都能精进不退，方能成就功德。

修行必须具备深心与菩提心。简单地说，深心就是专心一志，菩提心就是智慧明彻而无错谬之心。修行要以深心深愿，从初始的一念心直到最后都能精进不退，方能成就功德。同样的，在社会上无论从事什么行业，只要有心做，则千秋百世之业，也是源于当下的这一善念。

十九世纪初，英国有位社会工作者，发心为贫困者谋福利，他看到许多人受贫穷、疾病所苦，于是很用心地跑遍全国探究原因。经过深入走访、收集资料与分析评估，他发现疾病多由贫穷地区的传染病开始，因贫民区经常满街垃圾，饮水卫生也成问题，而贫病和脏乱几乎是相连不离。

他将研究结果写成论文，向英国国会提出报告，引起社会医疗机构的注意，到贫民区取水化验，之后证实水中的确含有传染病菌。从那时开始，政府才将用水集中于干净处，经过清洁消毒处理，再排放给居民使用，后来慢慢地发展出现在的自来水。

这是那位社会工作者用心于环境卫生和社会福利，所作出的贡献，也是深心、菩提心的表现。无论从事哪个行业，只要用心注意，凡是对社会有贡献的都不忽视，必能发挥良能，以智慧利益人群，自利利他。

现代社会普遍面临严重的垃圾问题。从前的垃圾多半是自然、有机的，只要加以分类，使其回归自然，就能变成肥料，让大地资源更丰硕。随着时代的进步，生活便利，垃圾也相形增加。

人们常为了享受，许多东西还没有坏就扔了，却没有想到垃圾也会反过来污染自己，降低生活质量；倘若人人只知享受，而不懂得关心别人，一定带来很多困扰。

垃圾不论是掩埋还是焚化都有问题，要解决垃圾问题应该从基本的生活习惯做起。

第一，不使用不能燃烧的东西。譬如不能分解的塑料袋，无法化成有机肥的物品，都尽量少用。

第二，要惜物。还可以用的东西，不要随意丢弃；即使物品损坏，也要善尽废物再利用的价值，这样就可减少很多垃圾。以前的人用大灶烧火，用坏的桌椅、木柜，还能劈了烧水煮饭。现在旧房子拆了，旧木料没有人要用，马上就成为一堆垃圾。

其实大家都很重视环保，只要每个人在生活中多用心，养成节约习惯，再做好自家垃圾回收、分类，就不会发生那么多的垃圾问题。

纯真妙信成大事

世间人不可缺少信心，“信”就是要用心选择，坚持到底，才会成功；若是缺少纯真坚定的信心，则万事难成。

所谓“信为道源功德母，长养一切诸善根”。对社会上各行各业的人，“信”字都非常重要。真正想超凡入贤，就必须有信；“信”是开启功德的法门，可以引导我们步入正道，舍弃凡俗心念。

俗云：“钱财是身外之物。”一旦失去时，才是真正考验人心的时候。许多慈济人遭逢天灾人祸时，反而能够看透一切，这就是具有“纯真妙信”的人，不夹杂任何污染的信心，可以引导人向前精进。

在社会上也必须讲究“信”，做任何事倘若缺乏信心就会有行不得的窘境，有信心才能提起精神，以增强毅力和勇气拨除烦恼，克服困难。

过去有许多发明家都是凭着信心，从事研究试验，最初可能一点发现也没有，但若能以信心、耐心不断地尝试，就可能有大发明以造福人群。

比如麻醉，是近百年来才被运用的止痛方法，当时医师使用鸦片让病人昏睡，才开始进行手术治疗。使用同样的药量，也许有人还未醒来之前，医师已经完成治疗；有的人却无法入睡，只好让病人强忍疼痛，进行治疗；有些病人则“一眠不起”！可见鸦片的剂量因人而异，很难控制得宜，令当时的医师和药剂师非常困扰。

有位学习制药的学徒，深知大家对麻醉的困扰，他不断地思考这个问题。有空时就拿着鸦片出神，或者以动物做试验，可是一次又一次地失败，总是无法达到理想。

经过数年的研究，毫无进展，他却没有放弃。有一天，当他又在实验时，一瓶药水不小心倾倒于鸦片粉中，黑色的鸦片粉渐渐地变成白色的结晶物，他非常高兴有这个意外的发现，于是，信心不减地继续研究。

十余年后，终于研究出稳定的麻醉剂，也就是吗啡，它会使人昏睡，也有止痛的效用，这是由一位小人物——制药学徒，努力不懈的研究成果，而他的发现造福后世人群，这都是来自于开始的一念信心，所以“信”为“万行之先”。

世间人不可缺少信心，“信”就是要用心选择，坚持到底，才会成功；若是缺少纯真坚定的信心，则万事难成。

化瞬间为永恒

人生本无常，如何利用有限的生命，创造永恒的慧命，端视能否坚持正确的方向，以及把握分秒时间，就能化瞬间为永恒。

人生变化万千，时日的运转、人事的变化，都在瞬息之间，要留住现在实不可得，因为世间万物皆在不断变异中。

在时间的长河中，可追溯至千万年前，也可以延续千万年之后，过去、未来无不都是当下的一秒而成就。环境、大自然不断地流转，生命也处在微妙的变异中，如何化瞬间为永恒？

瞬间虽然无法留住，但是若发了一念之愿，而后能够好好地把握，持续依愿实行，这就如同永恒。

释迦牟尼佛在一期的生命中，他对人间的看法，启发内心深处的愿力，确定生命的方向，因此往求道、求觉的道路走。试想，他当时的感受，对世间的思维，是短暂还是永恒？他守住一念善愿而付诸行动，今日才有佛法流传在我们的生活中，这就是“瞬间即永恒”。

在大林慈济医院有位七十岁的志工，非常乐观进取，自称是“十八岁的少年郎”，他的心境不随时日衰老，仍停留在少年时的毅力坚定、活力充沛，付出自我良能，这也是化瞬间为永恒。

南部有位老妇人喜欢和大家一起做环保，不过她的脚有毛病，经常痛得连走路都一跛一跛的。有人问她：“阿嬷，您脚痛，为什么还要来做环保？”

她就说：“坐着痛，走路痛，做环保也痛，虽然都会痛，但是我选择做，很快乐。”

这就是“痛快”，而且还能乐在其中。人生的观念要好好地调整，与其忧郁地喊痛，不如快乐地去做，痛苦一样会过去。

好坏念头都在一瞬间。坏念头一浮上来，身体去实行，也许会造成许多悲凄人生；若是一念好念生起，付出好的行动，这份精神就能源源不断地流传。

人生本无常，如何利用有限的生命，创造永恒的慧命，端视能否坚持正确的方向，以及把握分秒时间，就能化瞬间为永恒。

严己宽人

> 人生什么是幸福？当然是爱。内心若充满爱，一定会负起人生的责任。若只是批评别人欠缺爱，严厉地指责他人，对自己却很宽容，什么事情到了自己身上只想躲避责任，这就是错误的心态。

“心”是行动的主导者，心念若能照顾好，人生是快乐的；心念有了偏差，后果就是苦难不断。这种苦难不是缺少物质或贫穷，而是心中自我障碍，层层纠结与自己过不去。一个人能满足、自爱，就是最好的人生。

有一天，一位医师来看我，他一直抱怨现在的医护人员不重视病人的心态，也不懂得关怀病人；说到自己时也有许多抱怨，譬如现在法律的权责问题，使他感到责任重大。我仔细聆听，发现他前后矛盾，还有一些偏颇的心态。

我就说："人生是最公平的，看你付出多少，就能得到多少。"

我举一个例子，工地里的建筑工人很辛苦，看他们无论建盖高楼大厦或是平房别墅，都要爬高爬低，忍受风吹日晒雨淋，而且充满危险。正因为他们的工作危险性高，所以工人都会很小心，避免发生意外，也对每一个细节负责，一天下来，虽然忙碌、劳累，但是晚上回家就能很坦然，睡得很安稳。

医师责任重大，相对的也是高薪阶级，当然要负起行政和法律责任，因为人命关天！病人交到你手中，就要尽心尽力，付出爱心去关怀、尊重生命，千万不能大意疏忽；生命是无价的，任何物质都无法换回。

他听了好像了解我的意思，却欲言又止，想继续问下去。一旁已心领神会的太太则赶紧说："我听懂、了解了，你不必再问了。"

人生什么是幸福？当然是爱。内心若充满爱，一定会负起人生的责任。若只是批评别人欠缺爱，严厉地指责他人，对自己却很宽容，什么事情到了自己身上只想躲避责任，这就是错误的心态。

我们应该对他人宽容，而严以律己，如此言行不易犯错，就不会无端地惹生烦恼；只是凡夫多数都是反道而行，自己不能反观自性，也没有顾好自心，反而批评别人，心里当然会痛苦。人生重要的还是"严己宽人"，才是修为的正道。

贪婪与懈怠

> 贫穷不可怕，可怕的是贪婪与懈怠，不肯正当地努力工作，只想轻松过日子，这种心态只会带来更辛苦的生活。

贫穷不可怕，可怕的是贪婪与懈怠，不肯正当地努力工作，只想轻松过日子，这种心态只会带来更辛苦的生活。

很久以前，有位穷人困苦潦倒，找不到谋生工作。有一天，他看到富有人家风光地办喜事，就想到：我儿子也已到适婚年龄，要拿什么替他办喜事？

想着想着，忽然闻到一股臭味，低头一看，原来是只流浪狗，全身又脏又臭。看到狗儿那副狼狈的模样，不禁心生怜悯，也联想到自己的处境：这么贫穷，家里还有太太、孩子，要拿什么养家？不如自我放逐去流浪，从此他就不敢回家，心里更是苦不堪言。

穷人在艰困中流浪着，不断地埋怨：我为什么活得这么辛苦？于是，他就去向佛陀吐露苦闷的心声。

佛陀听了很同情，告诉他："照顾好自己的心，不要让内心产生任何欲念，倘若生起贪念，就会种下贫穷的因；一旦有了贪念要及时消灭，赶紧培养丰富的爱心。"

穷人回答："我什么都没有，如何付出爱心？虽然我爱我的妻儿，却无法给他们什么，我真惭愧，一直不敢回家。"

佛陀就说："你还是回去吧！家人所爱的不是物质，而是心灵上的依靠；在生活中用心地付出，就是一份爱的培养。现在要好好地造就爱与慈悲的心念，以平等心对待一切众生，如此就能让你的贪念消除，贫穷的苦报，也会慢慢地减轻。"

穷人听了佛陀的教诲，心想：爱，应该是很美的，就像那只流浪狗即使又脏又臭，无形中也会让我生起怜悯心，这大概就是爱吧！

他将这份心得告诉佛陀。佛陀微笑地说："是的！我们对于一切苦难的众生，包括所有的生灵，应该时时生起怜悯心，自然就能培养一分慈爱之念。"

穷人明白了，慈悲，不一定要给予丰富的物质作为表达，重要的是一颗知足的心；更不应贪求别人的物质以满足自己，贪欲若无止境，人生就不会快乐。

淡泊知足，愿意努力付出，处世就没有困难。只要努力精进，去除对身外物的贪念，内心自然宁静清明，眼界也会跟着开阔起来。

"宁静能致远"，不做亏心事，心无挂碍，内心就能安定，并开启智慧，宏观于今生未来，不为眼前的利益而使行为偏差，就能够致远。

倘若心中毫无贪念，宁静淡泊，自然看到好的东西也不会贪求，还能以爱心去行布施，以种种形式、动作去帮助别人。所以在日常生活中，要好好地精进，不可放逸心念、贪求无度。

君子斋戒

> 人人若能戒慎如规、互爱互勉，保持尊重生命的心，社会才有希望，千万不要彼此冷漠、排斥；用爱编织起防疫网，让我们真正远离传染疾病的威胁。

《礼记·月令》云：“仲夏之月……阴阳争，死生分，君子斋戒，处必掩身，毋躁，止声色，毋或进，薄滋味，毋致和，节嗜欲，定心气。”

根据传统记载，仲夏是疫痢流行的季节，又称为恶月，是人类身体最难适应之时，天气炎热，蚊虫孳生，是“阴阳争、死生分”的时节，人们容易罹患疾病而往生。因此强调“君子斋戒”，人人在这段时间更需要持斋守规戒，止息声色娱乐，饮食素淡，收敛心欲。

现代的夏天，一样不脱疫疾的威胁，从肠病毒、登革热，一直到 SARS、禽流感，大家都需要提高警觉。

防范这些流行传染病，饮食、卫生习惯真的非常重要，勤洗手，出入公共场合戴口罩，时常注意自己体温变化，不仅是传染病流行期需注意，最好平时就能养成良好的习惯。

从新闻中得知有些地方受热浪侵袭，气温高达五十度以上，已经热死人，更不幸的，万一又面临缺水困境，人要生存异常艰辛。

台湾气候宜人，最热也是摄氏三十多度，不像其他热带地区，动辄四五十度高温。像慈济人在印度尼西亚发放白米，也是在五十度的高温下进行。[①]慈济人把这份爱送到苦难人的手中，为他们带来希望，宛如酷热中送来阵阵凉风。

看到当地志工在搬运白米，汗流浃背，全身湿透，慈济人就问他：“你累不累?”

① 关怀印度尼西亚贫民，慈济基金会自2003年起展开为期两年的“爱洒人间大米发放”人道援助计划，由台湾“农委会”提供五万吨白米，慈济基金会执行运输及发放工作。

他回答："累啊！怎么不累？不过很快乐。没想到付出汗水去助人，心灵上会那样快乐、清凉。"

爱，就如冬天里生起一堆火的温暖，也像炎夏中吹过一阵微风那般清凉，所以唯有爱的力量能安定人心。看看别人，我们生在台湾这块福地里，更要共同提倡爱的善念。

古人说"居安思危"，生活本来就需要警觉心，我也不断地强调以尊重生命的心，保持长期斋戒，不要贪一时口欲，而使众生的生命饱受伤害；期待万物能和平相处，共造祥和社会。

人人若能戒慎如规、互爱互勉，保持尊重生命的心，社会才有希望，千万不要彼此冷漠、排斥；用爱编织起防疫网，让我们真正远离传染疾病的威胁。

自爱为做人之本

> 难得来到人间，要好好地照顾身体，培养乐观进取的观念，训练自我的毅力、勇气，勇敢地面对人生，做一个有福、有智慧的人。

时间是人生难得的宝，过去了就无法重来。

人从出生开始，就与时间密不可分——时间累积让我们长大，进而完成学业、功成名就；也是时间累积使人老化，令万物走向灭亡，所以时间在成就一切的同时，也在损坏一切；因此做人要好好地把握时间，更要抱持感恩心珍惜难得的时间。

最近常听闻景气不好，失业人口增加，无法承受生活压力而想不开的人也不少。这是不对的！我们应该守道德、知孝道，懂得饮水思源、尊重生命。虽然人生有许多难关，但是我们仍要坚强地克服。

孔子的弟子曾子很自爱，本性善良孝顺，又懂得尊师重道，在当时深受尊重，也收了很多门生。

在他临终时，学生围绕在身边，他问学生："你们看看我的手脚、身体，有没有什么伤痕?”

弟子们仔细地看过一遍，回答：“没有，您的身体、皮肤都照顾得很好。”曾子面露笑容，很安慰地说：“我安心了，父母给我的身体，我照顾得很好，没有损伤。”

这是告诉我们，人要心存孝思，对自己的身体自爱，是尽孝道的第一步；自爱也是做人的根本。世间谁能不受到难关困扰？做人必须堪忍世间层层的考验，才能平安地度过。

曾经有位妇女因为生活压力大，一时想不开，从捷运站台跳下，旁人发现紧急送医，虽救回一命，但全身多处骨折，伤势不轻。

她上有高龄父亲，自己不但未将身体照顾好，恪尽孝道，还遗弃老父而自戕，真是不应该；最后还拖累老父必须照顾她，伤了父亲的心，也伤了父亲的身。

困境来临时，动辄就想一了百了，这是不对的，非但伤害了自己，也背负不孝的罪业。我们应该以毅力面对人生，只要肯想办法，绝对可以度过难关。

从新闻报导中，常看到生意人发挥创意，推出千奇百怪的促销方法，譬如有家洗衣店，衣服无论大小，统统洗一件一元。广告一打，店门口大排长龙。还有一家餐厅，下午茶免费，也招揽了不少客人。尽管景气不好，还是有很多种方法可以度过，千万不可做傻事，只要做法正当，总能继续往前走。

我们应该要反观自省、知足惜福。普观天下，有多少人在天灾、人祸中受苦受难，身居富庶的台湾，我们已经很幸福了。

难得来到人间，要好好地照顾身体，培养乐观进取的观念，训练自我的毅力、勇气，勇敢地面对人生，做一个有福、有智慧的人。

真孝顺

人人都要感恩，珍惜时间与空间，生命的意义不在于长短，而在于能否尽本分，发挥良能。

我常说：人生要尽本分，才能得本事。人最基本的两件本分，一是行孝，一是行善，要确实做到，却不容易。

有人问我："师父，您为何不兴建养老院?"

我说："最好的养老院就在自己家里。"

父母从不嫌麻烦，亲手养育我们成人，现在他们年老了，我们更应该尽责任照顾；而且老来苦，日渐体弱力衰，有的人甚至罹患失忆症、老人失智症、行动不便等，病痛缠身亟需照顾，尤其需要亲人的呵护与照料。

有位郑居士从不讳言自己是养子，阿嬷、母亲视他如亲生般地疼惜、照顾，他也深具感恩心，善尽孝道。

有一次他带阿嬷来花莲，我对他说："你要'真孝顺'。"

听了这句话，他铭刻在心。后来，阿嬷卧病在床，母亲不舍儿子白天要上班，回来还要照顾阿嬷，太辛苦了，就说："是不是将阿嬷送到养老院?"

他贯彻"真孝顺"的理念，坚持将阿嬷留在家里，甘愿地照顾阿嬷所有的生活起居。

郑居士伉俪都十分孝顺，他们育有二子，俗话说："父母是孩子的模"，他们孝养阿嬷、母亲，以身作则教育孩子孝顺长辈，这就是家庭教育。同时做到了"落地一家人，何必骨肉亲"，人与人之间能够互相感恩、尊重，抱养与亲生都必须尽孝道。

当然，年纪大的人也要多活动，照顾好自己的身体，才不会带给晚辈太多麻烦。我听过一些医师学者表示，平时常用脑，忽然间休息停顿，就容易罹患老人失智症，所以我常说："年纪大了，身心更要活动。"

在慈济志工中，有许多年老的环保志工，八九十岁还耳聪目明、身体强壮。有位九十一岁的阿嬷，每天一大早就到环保站做资源分类，非常勤快，做得很好。

她说："师父说时间要多利用，不用就浪费了；我年纪大了更要做。"

还有一位八十六岁的阿嬷，以前都是天未亮就去做环保，后来听我说天未亮不要出去，因为视线不好，车行往来很危险。她很听话，现在每天三点半起床念佛，破晓才出门，风雨无阻。

这些志工的年纪都这么大了，头脑却清明有智能，口说好话、心有好意，谁说年老了就要休息？老人家一样可以尽本分行善事。所以人人都要感恩，珍惜时间与空间，生命的意义不在于长短，而在于能否尽本分，发挥良能。

是非止于智者

人生最可怕的就是这一念心，心念偏差，小事情也会变成大是非。好好照顾自心，遇到逆境能冷静思考，运用智慧突破，不仅能提升自我的道德，还能促进人际和谐，进而让社会平静祥和。

佛典中有一则故事——

深山里，有两只猛虎，一只叫善牙，一只叫善博，感情很好，每天都一起出去猎食。它们的后面常跟着一只奸诈的野干，以捡食猛虎吃剩的猎物为生。

野干虽然依附猛虎而生，却非常惧怕它们的力量，经常思量：一只猛虎就力大无穷，两只猛虎在一起更是力不可挡，一定要想办法离间它们，否则一旦有什么闪失，说不定自己的性命都不保。

有一天野干灵机一动，就对善牙说："我好心告诉你一件事，但是你不能伤害我。"

善牙说："我怎么会无故伤你？放心告诉我吧！"

野干附在善牙耳边说："善博平时看起来和你要好，不过私底下，我听到很多动物都说，善博常向大家宣告：你不如它，它的形、色、毛、力等等都比你强。”善牙就听进心里。

不久，野干又跑去对善博说：“善牙对你很不敬，在我面前说你很多坏话，还说你有很多地方不如它。”善博也将这番话放在心里。

两只老虎再度碰面时，由于野干的离间而怒目相视，善牙心想：应该要先下手为强，比比看谁的力量大，于是先出手要打善博。善博并没有立即还手，而是选择退避。善牙不罢休，责骂善博：“你凭什么在兽群中，说我样样不如你?”

善博听了，虽然愤怒难耐，可是还保有一点冷静，想着：不对，我并没有骂善牙，为什么他竟会这样误会?眼见善牙又要追打，善博赶快退后，并且说：“你冷静一点，其实我也听说你亲口告诉野干，我处处不如你，还用种种恶毒的话骂我。”

善牙这时也停下手：“奇怪!我也是听野干说的，而且我并没有骂过你呀!”

善博又对善牙说：“在山林中，我们的力量比其他兽类强，绝对不能有冲突；否则不但两败俱伤，还会闹得山林不安。你我都是听他说的，可见其中必有蹊跷，我们应该要保持冷静。”

可见猛虎虽然有冲动的血气，但是若能冷静思考，便可化解争斗，避免动荡不安的灾祸。

人若不慎思，往往会被小人利用。有权有力的人，若听信小人谗言而欠缺冷静思考，社会就不得安宁；家庭、团体也是一样，只要有这种喜欢离间、挑拨是非的人，都无法营造和睦的气氛。所以要时时保持内心平静，不论听闻什么，都要用智慧分析，做到“是非止于智者”。

人生最可怕的就是这一念心，心念偏差，小事情也会变成大是非。好好照顾自心，遇到逆境能冷静思考，运用智慧突破，不仅能提升自我的道德，还能促进人际和谐，进而让社会平静祥和。

你不是最可怜的人

千里之路始于初步，只要方向正确，一步一步地向前行，总会有到达终点的时刻；修身养性也是如此，每天都要精勤不懈，有朝一日就会听到一句人生中最契机的道理。

迷与悟只在一念间。许多人身处苦难中，往往是缘于一个“贪”字，贪念让自己控制不住，瞋念接着发作，痴念也随之行动，这三种毒念，就构成无数颠倒的行为，不是伤害自己，便是伤害他人；不是扰乱自心，便是扰乱家庭、社会，这都是众生的“痴”。

觉悟的人知道，贪、瞋、痴对人生为害甚深，所以能打开心门追求正道；一旦心智开启，不只自利利他，还要自救救他，也会将已得的善念再传扬出去，让别人也能够知道；有时候一句简单的话，就能让人有所体会，解脱心灵的苦难。

多年前，在花莲有一个原本小康的家庭，先生因工作意外受伤导致下半身瘫痪，妻子日夜不休地工作支撑家计，后来不堪压力，身心俱疲地走上轻生之路，留下瘫痪的先生和两个幼子。

慈济志工发现后，便开始用爱去关怀，并济助他们生活费。然而，这位先生自我封闭，对接受济助感到很羞耻。

有一次静思精舍发放，他带着孩子来了，坐在角落不发一语。我走近身旁问他的近况，他说：“我怎么这么可怜？我的人生没有希望，我没有用了！”

我轻轻地对他说：“你只是双脚不能走路，你还有眼睛、头脑和双手，能够照顾孩子；你不是最可怜的，其实没有用的人，才是最可怜的！”

这一句“你不是最可怜的人”，打开他的心结，他决定要靠双手重新打拼自己的人生。每当心情低落时，就想起这句话，心头的乌云就会慢慢散去；尽管生活仍然充满艰困，但是性格逐渐开朗的他，已经不以为苦。

若能契合根机，真正打开心结，话不必多，只要一句就能够改变人生。什么时候才能听到一句契机的话？就如走路一样，无论要走多远，总要走完最后一步才能到达目的地；然而这并不意味着何须走得那么辛苦，早知道只要走最后这一步就好了！这是不可能的。

千里之路始于初步，只要方向正确，一步一步地向前行，总会有到达终点的时刻；修身养性也是如此，每天都要精勤不懈，有朝一日就会听到一句人生中最契机的道理。

多闻就能志明，多接触正法，了解人生的方向，确立志愿，自然志气就能明朗；志明智慧增，人生方向若正确，就能全心全意地广求多闻，增长智慧，进而用真诚的智慧，和他人做心灵分享，使人听了之后心开意解，放下过去的苦难，得到轻安快乐。

让大地自由呼吸

> 大家必须有共识，要降低地球的污染，改善温室效应，人人有责，唯有每个人从小处着手，如省电、环保、减少污染等，点滴累积即是一股很大的力量，就能还给大地一个自由呼吸的空间。

现代生活离不开电力，正值盛夏高温，处处少不了冷气、电扇，以致用电量大增。不可忽视的是，用电也是一种二氧化碳的排放，而二氧化碳正是地球目前非常严重的污染。

过去大家普遍缺乏二氧化碳的常识，现在都知道二氧化碳会破坏臭氧层，引起温室效应，造成气候异常。近年来全球气候失衡，天灾频传，其实都与每个人的日常生活息息相关。

人人都有责任节约能源，也都能时时做到，譬如：不需要用电时，养成随手关灯、熄电源的习惯；倘若每个人都能响应节约能源，节省下的能源就很可观。

许多先进国家也警觉到节约能源的重要性，极力倡导“省电、省水、省能源”的观念，以便减少制造二氧化碳，更落实在实际的行动。

日本自2003年起，民间在夏令期间推动“关灯运动”，每天在一定的时间里关闭家用电灯，且安排一场露天烛光茶会，相邀左邻右舍，一同在户外点起蜡烛。虽然只是短短的一两个小时，但是数百万人的响应，无形中就能节省许多能源。

在台湾也有许多环保志工，在社会各角落致力于资源回收、垃圾分类，不遗余力地以行动宣扬爱惜地球资源的观念。

在屏东万丹纯朴的乡村，有对志同道合的夫妻，将三百多坪的祖产土地，提供作为环保站；附近乡民都很支持，白天来做资源分类，晚间就齐聚大广场，摆上桌椅话家常，凝聚邻里之情。

大家相聚一堂，不但享受清凉的晚风，满天的星光，还有人与人之间那份浓郁的情感；除了同心落实环保，更有彼此交流、鼓励的心灵环保，为呵护地球尽一份心力。

节约能源人人都可以做到，在日常生活中，处处用心，就能减少一分消耗，例如几件轻薄的衣服，可以用手洗净，就不需要使用洗衣机；一个人开一辆车，就排放一辆车的二氧化碳，所以我们最好选择大众运输工具，或者提倡开车共乘。

如何呵护地球？大家必须有共识，要降低地球的污染，改善温室效应，人人有责，唯有每个人从小处着手，如省电、环保、减少污染等，点滴累积即是一股很大的力量，就能还给大地一个自由呼吸的空间。

智慧领导者

> 人要知“道理”。“道”就是路，“理”就是方法，做人就要懂得学道、走路的方法，这样才能稳步地行在正道上。

修行就如学走路，走得通，就是正道，行不通，就非正道。行于佛道，也要有正确的方法。佛陀启发我们的智慧，就是教导我们步上正轨，不要偏差。

佛陀住世时，有许多弟子跟随佛陀修行，有的弟子真正用心依教奉行，也有弟子无法做到，总是贪图名利或急功好利，而无法去除烦恼、贪欲。

佛陀为此对弟子说了一则故事——林中有只鹿王，它有两个儿子，一只叫做瑞相，一只叫做黑暗。鹿王年事渐长，想把领导鹿群的责任传下去，但它无法决定要把领导权交给哪一个儿子，便对它们说："我将山林中的鹿群分成两批，由你们分别带领前往深山，谁能将鹿群安然带回来，就将领导权交给谁。"

由于适逢农田收成之际，农夫担心农作物遭受破坏，就广设陷阱捕猎动物，所以老鹿王特别交代儿子，领导鹿群必须运用智慧选择路线，对于何时起程、休息都必须谨慎。

鹿子黑暗并未将老鹿王的叮咛听进去，没有慎选出发的时机，也没有选好路线，不分早晚、方向，就急着带领鹿群赶往深山。许多捕鹿人探清鹿群的行踪，暗中设下陷阱，猎捕了不少鹿只。

另一鹿子瑞相运用智慧，首先避开捕鹿人打猎的时间，才带领鹿群出发，同时也慎选安全路线，让全部的鹿群安然抵达深山，度过农作收成的捕鹿期，让所有的鹿群平安归来；反观黑暗带领的鹿群，往返两趟都遭遇各种陷阱网捕，鹿群因而丧命，只有黑暗存活。

老鹿王就说："领导者最重要的是，有智慧领众选择正确的道路，躲避危险。瑞相鹿子做到了，而黑暗鹿子则太愚痴了。"

佛陀也教育弟子们，人人本具智慧，倘若急功好利，就会忽略运用智慧；若能保持冷静，就能以智慧去除无明。

人要知"道理"。"道"就是路，"理"就是方法，做人就要懂得学道、走路的方法，这样才能稳步地行在正道上。